時代潮人

主编◎蔡东士

南方日报出版社
NANFANG DAILY PRESS
中国·广州

图书在版编目（CIP）数据

时代潮人 / 蔡东士主编. — 广州 : 南方日报出版社, 2016.10
ISBN 978-7-5491-1474-0

Ⅰ. ①时… Ⅱ. ①蔡… Ⅲ. ①名人－生平事迹－潮州②名人－生平事迹－汕头
Ⅳ. ①K820.865.3

中国版本图书馆CIP数据核字(2016)第238317号

時代潮人

SHIDAI CHAOREN

封面题字：吴南生
主　　编：蔡东士
执行主编：林惠俗
出 版 人：周洪威
出版统筹：谭庭浩
责任编辑：黎　衡
封面设计：佃燕婉
内文设计：肖晓文
责任技编：王　兰
责任校对：阮昌汉
出版发行：南方日报出版社
地　　址：广州市广州大道中289号
经　　销：全国新华书店
印　　刷：广州汉鼎印务有限公司
开　　本：889mm×1194mm　1/16
印　　张：25.75
字　　数：350千字
版　　次：2016年10月第1版
印　　次：2016年10月第1次印刷
定　　价：88.00元

投稿热线：（020）87373998-8503　读者热线：（020）87373998-8502
网址：http：//www.nanfangdaily.com.cn/press　http：//www.southcn.com/ebook

序一

蔡东士

潮汕地区历史悠久，人杰地灵。独特的潮人文化精神孕育了无数英才。潮汕自古就是“十相留声”的神奇土地，更是宋“前七贤”、明“后八俊”生长的海滨邹鲁。近代，潮汕先辈乘坐“红头船”四海闯荡。而今，潮汕人遍布世界各地。凡有海水的地方，就有潮人；凡有海潮的地方，就有勇立时代潮头敢于弄潮的潮汕乡亲。

遍布海内外的潮汕人，传承了中原华夏文明的根，弘扬了中华民族的魂。他们勤劳刻苦、精明智慧、爱国爱乡、团结互助、勇于开拓、乐善好施，在各自的领域，创造了非凡的成就，赢得了社会的尊重，被誉为东方犹太人。无论是学界泰斗、政界精英，还是商界翘楚，在他们的身上，我们都能看到“重情讲义、重文兴教、重德行善、重商守信”的潮人文化精神。正是这种精神，凝聚和鼓舞着一代代潮汕人，自强不息、拼搏进取、心怀桑梓、兼济天下。

传承和弘扬潮人文化精神，不仅能激励潮人青年开拓进取、奋发有为、回报社会，更能够增强中华民族的凝聚力，团结全世界华人为实现中华民族伟大复兴的中国梦而奋斗。

谨此为序。

（蔡东士系广东省委原副书记、广东省潮人海外联谊会会长）

序

二

许德立

每个人都有自己的家乡。

我生于潮汕，长于潮汕。20世纪90年代，我受组织委派到汕头任市委书记，经过了人生历程中最为难忘的时光。正是这段经历，使我有了报效潮汕父老乡亲的机会，同时也在学习和工作中，特别是在与吴南生、李嘉诚、庄世平、饶宗颐等潮人精英的交流交往中，不断丰富了对潮人的认识。我已年逾古稀，随着年龄的增长，我对潮汕这片热土的眷恋和感恩之情益发强烈，对潮汕历史文化的神奇魅力也有了越来越多的感悟。

文化是一个民族的根，是一个民族的魂。作为中华文化的组成部分，潮汕文化源远流长，底蕴深厚，是千百年来潮汕族群赖以生存和发展的精神支柱，是维系潮汕儿女骨肉亲情的思想血脉。潮汕文化是动态发展的，它在不同的历史时期有着不同的具体内涵和鲜明的时代特征。当今海内外潮人的共同任务，就是要自觉追随时代的变迁，持续推动潮汕文化的创新性发展，使独特的潮汕文化精神薪火相传、永不停辍、生生不息。

历史的发展总是基于一代人又一代人的不断超越。潮汕人文鼎盛，向来人才辈出，灿若繁星。处在当今这个竞争空前激烈的年代，久负盛名的潮人事业的发展，更需要沐浴改革开放的春风春雨，源源不断地造就一批又一批堪当重任的杰出人才。从这个意义上说，《时代潮人》人物丛书的出版，是一件值得鼓励的事情。尽管由于史料和研究工作所限，此书收集和呈现的只是部分精英人物，但它的出版，对于帮助人们领略时代潮人精英的风采，尤其对于激励潮人年轻一代见贤思齐、拼搏进取、继往开来、创造出无愧于前人和时代的非凡业绩，应该还是大有裨益的。

是为序。

（许德立系广东省原副省长、广东省潮人海外联谊会常务副会长）

目录

吴南生：一位长者智者仁者的革命情怀和文化情结

说到经济特区，绕不开一个人：吴南生。

这位九十高龄的改革闯将，不仅是广东省委原书记（时设省委第一书记）、广东经济特区的主要拓荒者，更是特区33年风雨历程的最好见证者。是他，最早提出“广东先走一步”，并以“要杀头就杀我”的豪言，主动向省委请缨创办特区；是他，牵头研制《广东省经济特区条例》，《条例》的颁布，意味着中国正式揭开了创办经济特区的序幕；是他，找到国务院副总理谷牧，拿到3000万元国家贷款移山填罗湖，打赢了特区建设初期的决定性战役；是他，大胆突破计划经济的一潭死水，让特区闯出一条“引进外资，实行市场经济为主”的新路。

吴南生访谈

中国特区：历史选择了市场经济

文/杨剑

广东经济特区的酝酿

——“特区”一词是邓小平定的

黑格尔说：“一定要一步步才能了解一个时代，一步步甚为重要。”

在20世纪70年代后期和80年代前期，当又一次变革席卷华夏大地，广东省委原书记吴南生，被派往深圳特区兼任第一任市委书记、市长。历史的选择，让他站在了中国改革开放的最前沿，在实践邓小平理论的特区舞台上，他色彩纷呈地演绎了自己投身革命、从政生涯中最惊心动魄的一幕。回眸历史，一个拓荒者在没有路时的跋涉，每一个脚印，都有其非同寻常的价值与意义。

记者：吴老，转眼间中国的改革开放已走过而立之年。作为广东改革开放先走一步和创办经济特区的重要领导者与见证人，您能否为我们介绍一下您参与创办经济特区的机缘？

吴南生：谈这个问题之前，我要先说，办成这个特区，靠的是天时、地利、人和。天时，就是（中共十一届）三中全会。三中全会做出了改革开放的决定，否则，一切无从谈起。地利嘛，应该说广东总是得风气之先。你看，从太平天国，戊戌变法的康有为、梁启超，到孙中山和大革命时期的北伐战争，都是从广东开始的，这得益于一种地缘优势。特别是毗邻香港，从办特区来说，深圳、珠海这样的地理环境太好了。人和嘛，我想是各方面的。港澳同胞多、华侨多，特别要强调的是，经过“文化大革命”，我们共产党的内部、我们国内广大的干部群众，都迫切地希望改革。因为我们搞了那么多年的穷社会主义，大家实在是受不了了！

受不了还不好讲，因为你不知道社会主义是怎么搞的，以为它就是社会主义。以为社会主义就是这样搞的，搞阶级斗争，搞计划经济。

“十年浩劫”让大家都觉悟起来，觉得我们这个国家不改革不开放就不行！每一个人都要想一想，为什么一个国家搞得这么穷，搞得这么绝对化！我想三中全会上，小平同志把握住了这个脉搏，尽管还有很多不同的思想，但总的来说是要改要变。海外的许多爱国同胞，包括港澳同胞也期待着我们能拨乱反正。

所以我说没有这个条件，特区是办不成的。

记者：有一个脍炙人口的说法，说是吴南生的一出“回乡记”，促成了经济特区的胎动。吴老，在国家刚刚结束十年“文革”动乱，百业待兴之初，您是如何在汕头那座小城酝酿、提出并筹办中国经济特区的呢？

1982年，深圳特区成立伊始，广东边防总队官兵铺设“二线”电缆

吴南生： 说来话长。那是1979年初，待省委分工，要我到汕头去传达十一届三中全会精神，在那里，我前后呆了两个多月。汕头是我的家乡，是一个比较早开放的城市，于1858年《中美天津条约》开埠。不知怎么搞的，连恩格斯的著作里都写着："其他的口岸差不多都没有进行贸易，而汕头这个唯一有一点商业意义的口岸，又不属于那五个开放的口岸。"汕头在解放初期和香港差距并不大。30年过去了，特别是经过"文化大革命"，眼前的这座城市真是满目凄凉，比我们小孩子的时候都还穷呵！那段日子我睡不好觉，闭上眼睛就想：我们当年豁出性命扛起枪杆闹革命，可不是为了换取眼前这样一片江山啊！

我当初的想法，和大家是一样的，觉得非变不可。不同的是我跟海外的联系比较多，知道外边的情况多一点。一般来说，广东干部都有这个特点。那时，叶剑英元帅在广东住，他对广东的情况也比较了解，他跟我讲，南生呵，我们的家乡很穷，你们有什么办法没有？要多想想办法啊！

深圳特区成立初期，拓荒的建设者

老帅的嘱托对我们有着很大的促进和启发作用。我问过许多人有什么办法没有。一位朋友对我说，你敢不敢办像台湾那样的出口加工区？敢不敢办像自由港这类的东西？如果敢办，那就快了。他说，你看新加坡、香港、台湾……他们的经济是怎样发展的！他一说，我恍然大悟：要改革，就必须有体制上的改革。但因没有经验，可以先从点上寻求突破。所以我最初提的意见，就是划出一定的地方，减税收，简化手续，打破条条框框，下放权力，彻底开放。就是要突破计划经济的束缚，把市场经济引进来。

记者：您这个意见是什么时候向省委领导提出的？

吴南生：1979年2月21日的夜里。当时我正感冒发烧，但是心情很激动，迫不及待地发了一封长达1300字的电报给习仲勋、杨尚昆同志并省委。2月28日下午，我从汕头回广州，当天晚上，习仲勋同志就到我家中和我交换意见。3月3日，省委开常委会议，我在汇报工作时说，现在老百姓的生活很困难，国家的经济已经到了崩溃的边缘，我们应该怎么办？三中全会决定改革开放，我提议广东先走一步。我说我是喜欢下象棋的人，（我原来下棋下得不错的！）先走一步，叫作“先手”，就是先掌握主动权。要贯彻三中全会的决定，我主张广东先走一步。

先走一步的那个“子”怎么下呢？我提议先划出一块地方，用各种比较优惠的政策来吸引外资，把他们先进的东西吸引到我们这个地方来。这个地方，我建议设在汕头。当时汕头是全省除广州之外，外贸最多的一个城市。其次，汕头的华侨和海外华人也是全国最多的，在外面有很多有影响的人，我们可以动员他们回来。第三，如果万一办不成，那也影响不大，它僻在一边嘛！我说如果省委同意，我去办。要杀头就杀我！一说，大家都赞成。

我们省委在改革开放这一点上，总的意见是比较一致的。习仲勋同志就说，要搞，全省都搞。4月份中央开工作会议（1979年4月5日——28日），赶快准备一下，向中央打报告。就在那次会议上，习仲勋代表广东向中央要权。

记者：能介绍一下习仲勋同志向中央报告的详细情况吗？

吴南生：1979年4月5日，中央工作会议开始。4月8日，习仲勋在中南组发言。他说现在中央权力过于集中，地方感到办事难，没有权，很难办。接着他提出：“广东邻近港澳，华侨众多，应充分利用这个有利条件，积极开展对外经济技术交流。这方面，希望中央给点权，让广东先走一步，放手干。”

4月下旬的一天，习仲勋向中央政治局常委汇报，他郑重地提出，希望中央给点权，让广东能够充分利用自己的有利条件，在四个现代化中先走一步。习仲勋还说，如果广东是一个“独立的国家”（当然是借用的话），可能几年就搞上去了，但是在现在的体制下，就不容易上去。他代表省委正式向中央提出广东要求创办贸易合作区的建议。

记者：据说当时确定特区的名字经历了很多波折？

吴南生：是的，这个地方起个什么名字好呢？叫“出口加工区”，和台湾一样，那就糟糕了；叫“自由贸易区”，就好像资本主义摆在脸上了；叫作“工业贸易区”吧，又不像……好几个名字摆弄来摆弄去的。当时叶帅在广东，我和仲勋同志去向他汇报，叶帅很高兴，说：“好呵，你们赶快给小平同志汇报。”

小平同志听说广东要“先走一步”，划了那么块地方老定不下个名来，就说：“就叫特区嘛，陕甘宁就是特区。”这句话很重要！有了这么个名就好办了。

那叫什么特区好呢？先定了个名字叫“出口特区”。所以，中央4月工作会议的文件上就写着试办“出口特区”。文件上写着要试办特区的不只有广东的深圳、珠海、汕头，福建的厦门，还有上海的崇明岛。不知为什么后来上海不搞了。

记者：邓小平同志关于经济特区有三句著名的话：“就叫特区嘛，陕甘宁就是特区。中央没有钱，你们自己搞。要杀出一条血路来！”据说是您最早披露的。但现在对这三句话的来源有很多不同版本，您能否给我们详细介绍一下，这三句话是什么时候说的，对谁说的，是谁第一次公开讲出来的。

吴南生：在1979年5月3日下午《省委常委会议记录》和同年5月26日习仲勋同志《在省委四届三次常委扩大会议上的讲话》两个文件中，习仲勋同志曾两次传达过小平同志“要杀出一条血路来”这句名言。仲勋同志在1992年7月为《改革开放在广东——先走一步的实践与思考》写的《序言》中提到：“1979年4月的中央工作会议期间，……党中央对广

2010年3月，吴南生（左）在潮汕历史文化研究中心视察

东的工作极为关心和支持，批准了广东省委关于在改革经济管理体制方面让广东先走一步的要求，同意广东搞一个新的体制。在这次会议上，我知道邓小平同志对改革开放的决心很大，说这次‘要杀出一条血路来’，充分表达了我们党搞中国式的社会主义现代化的决心。”

那么，“就叫特区嘛，陕甘宁就是特区”这句话是小平同志在什么时间同谁说的呢？是1979年4月在听谷牧同志汇报后说的。同年10月，又向习仲勋同志谈过。1979年4月，中央工作会议召开期间，各个小组会议发言后，谷牧同志向邓小平同志汇报说：广东省委提出要求在改革开放“先行一步”，划出深圳、珠海、汕头等地区实行特殊的政策措施，以取得改革开放、发展经济的经验。但是，这些地方该叫什么名称才好？原来有“贸易合作区”“出口工业区”等等，都觉得不合适，定不下来。小平同志很赞成“先行一步”的做法。他说：“就叫特区嘛，陕甘宁就是特区。”当天晚上，谷牧同志在晚餐后散步到中南海东南角，又见到小平同志，小平同志一见他就问：“谷牧，今天上午我说的话你听明白了吗？广东那几个地方就叫‘特区’。”谷牧同志说：“明白了。”

当天晚上，谷牧同志给习仲勋同志打电话，告诉他这一消息。第二天上午，习仲勋同志找到谷牧同志，问："叫作'特区'了，那以后广东还管不管？是不是直接由中央管？"谷牧同志说："不是，还是由广东管。"这从《省委常委会议记录》中可以找到。半年后，1979年10月17日下午，习仲勋同志传达十一届四中全会和省、直辖市、自治区党委第一书记座谈会精神时说："广东搞特殊政策问题，临走前向小平谈了，他同意要快一点、宽一点。台湾统一了还不是特区？香港回归了还不是特区？1937年陕甘宁就是特区。"

至于"中央没有钱，你们自己搞"这句话，当时小平同志常说，也只有他才能说得出来。而把三句话串在一起说，是在1984年4月6日下午，中央书记处和国务院在中南海怀仁堂召开的沿海部分城市座谈会即将结束前，我在会上最后一个发言时说的。那是第一次公开说这三句话。当时谷牧同志说，南生，该你发言了。我说，我就不说了吧。谷牧同志和特区来的几位同志都说，你一定要发言。于是，我发了言。在讲到1979年4月小平同志说："就叫特区嘛，陕甘宁就是特区。中央没有钱，你们自己搞。要杀出一条血路来"时，心潮澎湃，抑制不住大声说：这，就是中国特区的由来！

小平同志的这三句话，是他在1979年4月前后讲的，但不是一次一下子讲出来，而是我把它综合起来讲的。

记者：听说后来汕头差一点就被排除在特区之外了……

吴南生：1979年4月，中央工作会议同意了广东省和福建省的要求，决定在广东的深圳、珠海、汕头，福建的厦门等地试办出口特区，还决定派主管这方面工作的中央书记处书记、国务院副总理谷牧率领工作组前往广东、福建考察这几个地方，和两省省委一起研究，共同起草实行特殊政策、灵活措施的文件。

5月14日，谷牧率领一个工作组到达广东。在这期间，谷牧同志和我单独交谈。他说，中央有个意见，汕头市办特区的条件不够，只办深圳、珠海，你的意见怎么样？我说，谷牧同志，如果不在汕头办特区，我也不负责特区了。这不是因为汕头是我的故乡，而是因为办特区的建议是在汕头酝酿开始的，海外和港澳的朋友们都知道。不办了，我就失掉信用了。一个没有信用的人是不能办特区的！谷牧说，啊，我明白了，那么，推迟办行不行？我说，行。这就是中央决定缓办汕头特区的内情。

记者：吴老，中央正式同意建设特区是在什么时候？

吴南生：1979年4月中央工作会议讨论同意的。6月6日，广东省委将报告上报中央。7月15日，中共中央、国务院批转广东省委、福建省委的两个报告（即著名的1979年中央50号文件），决定对广东福建两省实行“特殊政策、灵活措施”，要求两省抓紧有利的国际形势，先走一步，把经济尽快搞上去。决定在深圳、珠海、汕头、厦门试办“出口特区”。并指出，“出口特区，可先在深圳、珠海两市试办，待取得经验后，再考虑在汕头、厦门设置的问题”。

中央这个重大决策，备受粤闽两省人民和海外同胞的热烈欢迎。改革开放的春风，给南粤大地带来了盎然春意。

主管广东经济特区工作
——南生，你去当中国的孙悟空吧

谷牧说：“办特区，就看你们广东的了，你们要有孙悟空那样大闹天宫的精神，受条条框框束缚不行。”

习仲勋当场就说：“南生，你去当中国的孙悟空吧！”

1980年4月25日，中共广东省委常委会议决定，成立广东省经济特区管理委员会。5月4日，省委任命吴南生兼任广东省经济特区管委会主任，副省长王宁、曾定石兼副主任，秦文俊任副主任，代表省人民政府负责对全省三个特区的统一管理，并直接经营深圳经济特区。

6月12日，省委任命吴南生兼任中共深圳市委第一书记，市革命委员会主任。

作为主要拓荒者，从1979年起到1985年9月，吴南生参与和见证了广东经济特区所有重要决策和重大事件。

记者：中央同意广东、福建先走一步，建设特区后，您就成为广东特区最早的负责人。

吴南生：中央50号文件下达后，省委为加强对经济工作的领导，成立了由刘田夫、王全国和我组成的三人小组，省委决定让我把主要精力放在特区方面。1979年9月20日谷牧再次来广东，仲勋等向他汇报了贯彻执行中央关于广东先走一步文件的情况。22日，谷牧与省委负责人谈话。当仲勋等提出是小搞、中搞还是大搞的问题时，谷牧强调说："中央是要广东先行一步，要广东大搞，小脚女人小步走就起不了这个作用。广东要快马加鞭，抢时间走在全国的前面。"他还说："办特区，就看你们广东的了，你们要有孙悟空大闹天宫的精神，受条条框框束缚不行。"习仲勋当场就说："南生，你去当中国的孙悟空吧！"于是我全力负责三个特区的规划和筹建工作。

我原来主管宣传文教科技等方面的工作。临行前，我曾请这些单位的负责人和高等院校的党委书记、校长到省委会议室座谈，我说我要"弃文从商"去办特区了。多年的经验告诉我，经济不发达，文化、科学、教育事业是发展不了的。希望特区能办成，赚了钱，支持你们大力发展科学文化事业！之后，我和他们一一握手作别，这一别就30多年过去了！

记者：您负责广东特区工作之后，即前往深圳实地调研，最初确定的发展思路是什么？

吴南生：谷牧回北京后，9月28日至10月5日，我和省委政策研究室秦文俊、外经部门王志义等同志驱车前往深圳，走访了沙头角、蛇口和几个边防口岸，同深圳市委主要负责人边看边议，在许多问题上交换了意见。当时深圳经济非常困难，1978年深圳农民分配收入平均每人134元人民币，同期香港新界农民收入13,000多元港币，两地农民收入差距很大。深圳偷渡外逃的人越来越多，据不完全统计，历年外逃的共有六七万人，耕地丢荒9万亩。新成立的深圳市委要以很大的精力去抓"外逃风"问题。原来的深圳镇不足3万人，没有什么工业基础和技术力量。深圳改为特区后，市委对重点抓什么、经济如何规划等一些根本性的问题，众说纷纭，莫衷一是。我们和市委负责人经过反复交谈，明确了解决"先走一步"这一首要问题，强调要力争在较短时间内在深圳建设一条"富线"。

回到广州后，我向省委上送了《关于加快深圳建设必须解决的几个问题》的报告。在报告中提出了关于农业生产、发展旅游业、建立福田出口加工区、建立沙头角试验区和蛇口工业区等12个问题。1979年10月31日，我主持召开“出口特区”工作座谈会，讨论研究举办特区的方针政策和做法。随后，为省委草拟了向中共中央、国务院《关于建立出口特区几个问题的汇报提纲》。

关于蛇口工业区问题，此时还没有解决，主要是地租价格没有定下来，影响同外商谈判。招商局认为省里定的价格偏高，对外商缺乏吸引力。我在报告中提议，按招商局的要求，每年每亩上缴广东省4000元港币，从“六通一平”完成后开始征收。11月18日，由我主持，省、深圳市和招商局的代表在协议上签了字。建立蛇口工业区的问题，至此全部解决。蛇口工业区从此成为深圳特区的一个组成部分，也是先行和示范部分。

记者：虽然中央在1979年7月就同意了广东、福建建设特区，但是当时所说的特区还不叫“经济特区”，而叫“出口特区”。后来为什么改成了“经济特区”？具体是什么时候改的呢？

吴南生：1979年4月中央工作会议后，“要办特区了”的消息传布得很快，我们当然很高兴。可是，北京有另一个声音说：“他不懂！陕甘宁是政治特区，不是经济特区。”这话有道理，因为陕甘宁确实是政治特区。我们从这里得到启发，于是就叫“经济特区”。

1979年12月12日，中共中央和国务院在北京京西宾馆召开广东、福建两省会议，由谷牧同志主持。中央各部委办有关方面的负责人都参加了，这是当时在北京一次很轰动的会议。我在会上提出，“出口特区”改用“经济特区”的名称较好，含义更确切。我解释特区不仅办出口工业，而且还要办科研、商贸、旅游、住宅和其他经济事业。我说：“我们的意见是，建立特区必须采取‘一快二宽’的方针。快，就是既然看准了，就要立即动手，不要拖拖拉拉，犹疑不决。要大胆放手，争取时间，奋斗10年，把深圳、珠海、汕头三个特区建设成为初具规模的现代化工业基地，在那里建立一条富线。”在汇报中，我还提出了参考亚洲一些国家和地区的做法，将特区土地使用期定为50年。

广东、福建汇报后，谷牧就特区建设等问题做了讲话。谷牧十分赞成深圳特区的路子。1980年3月24日至30日，谷牧受中共中央、国务院的委托，在广州主持召开广东、福建两省会议，检查总结中央1979年50号文件贯彻执行情况，进一步研究试办特区的一些重要政策。会议上采纳了广东省的建议，把“出口特区”更名为具有更丰富内涵的“经济特区”。会后，以中共中央、国务院文件正式下达。

都说改革开放是“摸着石头过河”。用经济特区这个名字，可以说是摸到一块大石头！这个名字很好，名字一出来，反对的声音好像也少了些。

记者：吴老，您筹划特区的第一件事，是研究、起草《广东省经济特区条例》。而这个只有2000多字的条例从起草到公布，用了整整一年的时间，做了13次修改，可谓字斟句酌。在特区还是个“概念”的情况下，当初是基于一种什么样的想法，率先着手起草《特区条例》的呢？

吴南生：当时海外的朋友说，你中国是没有法的。无法可依，无规可循，要人家来投资，谁敢来？特区要同国际市场打交道，就不能开国际玩笑！没有法律，成了办特区最大的问题。这样从1979年开始，我们一直都在学习、研究、探讨外面先进的东西，因为过去我们对外面的情况一点都不了解。

这里，我们要特别感谢庄老——全国政协原常委庄世平先生。当时他是香港南洋商业银行董事长。从1979年春节前后开始，他就为创办特区、创办汕头大学（这两者是同时酝酿、提出和筹备的）而不断奔走于香港和广州、汕头之间。他熟悉世界经济，为我们找来全世界各个自由贸易区、边境工业区、出口加工区的各种条例、资料，几乎我们需要什么资料，他就会立即给我们找到。没有这些资料，我们很难了解外面的世界，难以研究、规划特区条例和制订特区规划。例如，深圳特区面积原计划38平方公里，安排在福田、上步，但在一个市内，就有一个特区与非特区的管理问题。后来了解到美国与墨西哥边境工业区很大，才下定决心把深圳与香港毗邻的地方，全都划为特区。又例如，我在1979年12月向中央报告建议将“出口特区”改称为“经济特区”时说，我们办特区的目的，绝不只是像世界上一些国家和地区的出口加工区那样，单纯为了解决就业和外汇收入问题，我们的特区不仅办工业，还要办农业、科研商贸、旅游住宅等等，所以把“出口特区”改为“经济特区”，含义更确切些。这也是从庄老提供的有关资料中得到启发的。

但光有大把国外和香港、台湾的资料是不行的。你光把人家的东西拿来抄是不行的，有很多东西你看都看不懂。他说房地产，我们根本不知道房地产是怎么一回事！外面的很多名词，我们都搞不清楚。比如说地租，国内是打倒地主的，一听到地租，都反对，可它在外面很普通。外面的东西要拿来研究、讨论，哪些我们立刻能用，哪些是改进后才能用到的。地租不行，就换个称呼，叫“土地使用费”，这也算个发明，现在大家都认可了。还有像工厂管理条例，我们现在连个工厂都没有，你管它什么呢？可以说《特区条例》是借助了外边的材料，不停地研究、商量，用了一年多的时间，写了一次又一次，一次一次地改，这个可以说是摸着石头过河最早、最突出的例子了。

1979年12月27日，广东省五届人大二次会议审议并原则上通过了这一条例。以后，国务院又责成国家进出口管理委员会组织研究论证。1980年4月，广东省五届人大三次会议审议通过了《广东省经济特区条例》（草案）。立法程序是很严格的。

记者：按说，《广东省经济特区条例》只需要广东省人大通过就可以了，后来为什么还要在全国人大常委会通过呢？

吴南生：我跟谷牧同志讲，我们做的第一件事就是搞特区法、特区条例。这个法一定要拿到全国人大去通过，不然，有一天杀了我们的头，还不知道是怎么一回事。也找了叶帅，叶帅是全国人大委员长（五届全国人大，1978年3月—1983年6月），当时他正好在广东视察。我当面请求他把条例提交全国人大常委会讨论通过，叶帅很支持。他回到北京后不久，便要王守江同志（叶帅办公室主任）打电话给我，说北京的同志说，全国人大常委会不审议地方法规，无须讨论广东的特区条例，那怎么办？我请守江转告叶帅：“特区是中国的特区，只是设在广东，所以广东的特区条例是中国的特区条例。我们是社会主义国家，要办特区，没有全国人大常委会通过，正式授权，我们是无法去创办的。”守江向叶帅报告后给我回了电话说：“老帅说‘明白了’。”从电话里，我隐约觉得他很高兴。

叶帅亲自主持全国人大常委会议，江泽民同志（时任国家进出口管理委员会、国家外国投资管理委员会副主任兼秘书长）代表国务院在会上做了有关建立特区和制订《特区条例》的说明。1980年8月26日，第五届全国

1980年，谷牧同志（前左二）在吴南生（前左三）与时任珠海市委书记吴健民（前右二）的陪同下，考察珠海经济特区

人大常委会第十五次会议决定，批准国务院提出的在广东省深圳、珠海、汕头和福建省的厦门设置经济特区，并通过了《广东省经济特区条例》。直到现在，很多人知道特区是1980年8月开始创办的，其实，从1979年4月起到1980年8月正式宣布，有一年又四个月，我们一直在紧张地筹办特区。这或者就叫“怀孕时期”吧，这个怀孕可是好难受的啊！

《广东省经济特区条例》的公布，意味着中国正式揭开了试办经济特区的序幕，也使人们看到了国家的希望。在《特区条例》公布后的几天，最困扰深圳，也是最困扰社会主义中国的偷渡外逃现象，突然消失了！那成千上万藏在梧桐山的大石后、树林里准备外逃的人群完全消失了。这使我们感到非常意外和高兴。

记者：吴老，深圳经济特区总面积达327.5平方公里，当时是怎样规划的？据说，最初的计划并不是首先开发罗湖，而是其他地方。

吴南生：对。我兼任特区工作后，便着手组织三个特区制订总体规划。1980年5月，深圳从全国请来了一流的规划设计大师和工程师共108位，组成一个庞大的规划设计团，先实地考察深圳全貌，然后分成若干工作机构，在借鉴世界先进城市规划设计经验的基础上，进行总体规划，分项研究，精心绘制经济特区建设的蓝图。经过多次讨论、比较，最后确定北面以山为界，南边以深圳河为隔，西部至珠江口岸，东部把可能辟为旅游区的小梅沙划进来，总面积约为327.5平方公里，形成一个东西长49公里、南北宽7公里的狭长地带。我们打算首先开发上步或福田区的土地，通水、通电、通车、通电信，结果一场大雨却促使我们改变了初衷。

1980年7月27日，一场大暴雨把罗湖一带淹成一片汪洋泽国，我和来参加深圳城市规划的专家租住的新园招待所水淹到腰际，专家们呕心沥血制作的规划设计图纸也受到很大的损失，低洼地带到处是告急声、喊救声。我卷起裤腿，蹚着没膝的大水，找到了分管基建的副市长罗昌仁，要求他一定得把水治住，否则无法建设特区。刚考察灾情回来的罗昌仁马上召集工程技术人员研究探讨治水问题。工程师们粗略估算一下，深圳特区光搞"五通一平"，每平方米最少要投资90元以上，第一期开发4平方公里，投资预算也在10亿元以上，而根治罗湖水患，则需要巨额资金。

听了汇报，我想，刚酝酿建立特区的时候，小平同志已在全国多个地方说过，中央没有钱，你们自己搞，要杀出一条血路来！巧妇难为无米之炊啊，我开始为钱发愁。我找到谷牧说没有"酵母"做不成面包。深圳现在还没有条件向国外贷款，能不能给点国家贷款，作为酵母？谷牧当即慨然答应可以帮助要点贷款，并询问用途及还贷办法。

我解释道，深圳特区原来有先开发上步和福田的方案，但都是"老虎吃天，无从下口"。这回一场大水使我们认识到，工程师们的意见是正确的，深圳应该先开发罗湖。这样可以改变国门的面貌，解决年年危害的水灾；另外，罗湖最接近香港，最能吸引投资者，又可以节约开发成本。接着，我介绍，第一步在罗湖开发0.8平方公里，每平方米投资90元搞"五通一平"，要7000万元。开发后，可以拿出40万平方米土地作为商业用地。每平方米土地收入5000元港币左右，总计可以收入20亿港元左右。

谷牧是位建设行家，他认为我提出的这一做法切实可行，答应先帮助贷款3000万元。我喜出望外，对谷牧说，有了"酵母"，特区的建设可以做到不用国家的投资了。

罗湖风波

特区建设从始至终，都不是一帆风顺的。从相关资料中，我们了解到，1980年10月初，在深圳市委那间铁皮临时搭成的小会议室里，挤满了市委常委和工程师们，大家都为有了贷款而高兴。可当讨论到开发罗湖小区时，却爆发了“罗湖风波”。工程师提出，罗湖毗邻香港，是一片旺财、旺地的黄金地段，可先开发作为商业性用地，引进外资，开发房地产及商业，用来还贷付息，积累特区资金，并可改变国门面貌。有的领导却站出来反对说：罗湖地势低洼，年年发大水，开发罗湖，无疑等于“抛钱落水”，劳民伤财，得不偿失，还不如将这些钱用来搞农田基本建设。一时双方唇枪舌剑，各摆各的道理。工程师们认为某些市委领导不懂得城市建设，更接受不了那种高高在上、动辄训人的口气。于是，一位年轻气盛的工程师和两位年长的常委拍桌打凳，互相对骂起来。会议顿时陷入了僵局。

当时由吴南生主持会议，在冷静而详细地听取了双方的意见后，他旗帜鲜明地站在了工程师那一边，并决定立即动工，搬掉罗湖山，填平低洼地。他说：“如果现在不坚决做出决策，耽搁了组织队伍和做好各种准备工作的时间，很快，雨季就要到来，移罗湖山填高罗湖洼地的工作，就要被拖延多一年，而整个特区建设也同样要拖延多一年，我们一定不能这样做！”

但市委内部有人固执己见，竟然私用市委名义发电报给省委，状告开发罗湖是瞎指挥。有人还公开出面横加干预，挑起争论，并多次下令停工。

刚到广东工作不久的任仲夷同志看到电报，立即赶赴深圳，多方了解调查，听取不同意见后，在当晚的市委常委会议上，他语重心长地说：“建设中要听工程人员专家的意见，你们意见不一致，为什么不很好地听工程人员专家的意见呢？”“搬罗湖山，是特区第一个大工程，你们今后要做的大事还有很多，要讲团结。”

12月8日至10日，谷牧在广东省委第一书记任仲夷和江泽民（时任国家进出口管理委员会、国家外国投资管理委员会副主任兼秘书长）的陪同下，视察了深圳特区。12月12日，在广州召开的广东省委常委会议上，江泽民在会上提出：“深圳特区的建设要引起足够的重视。30年的南大门，一下雨就泡在水里。我8月份去就泡在水里，香港来的人，高跟鞋、丝袜子都泡在水里，罗湖、文锦渡，无论如何都要搞好。”

在谷牧、江泽民的大力支持下，广东省委对建设深圳特区首先搬掉罗湖山，填高罗湖区达成共识。那些曾一度极力反对这一意见的人，只好面对现实。至此，“罗湖风波”平息下来。

在成千上万建设大军日夜奋战下，80多万立方米的罗湖山终于夷为平地，罗湖小区陡然填高了2米，低洼处填高了4米。昔日的低洼泽国，变成了道路纵横，高楼大厦林立的新城。

不花国家的投资，建设一个现代化城市（这是计划经济绝对办不到的），深圳经济特区的这一实践，是它对全国的又一个贡献。搬掉罗湖山，建成罗湖小区，是深圳特区的决定性战役，没有这一着就没有今天的深圳。

改革开放三十年的经验

——特区最大的贡献是引进市场经济

经济特区的成立，在当年可谓是石破天惊。

一时间，山雨欲来风满楼。“特区除了五星红旗还在飘扬，遍地都是资本主义”“特区成了走私者的天堂”“特区是现代租界”等各种言论甚嚣尘上。

小平同志深知中国人要真正解放思想，必须得有一批敢闯敢为敢担当的人“杀出一条血路来”！先行者开启改革智慧的精神价值要远远大于深圳一城之发展的现实意义。从另一个角度讲，它的风险性，它的创新性，它的历史价值莫过于此。

1982年那个闷热的夏天，为了向中央说明实情，吴南生光着膀子，挥汗如雨地趴在桌上写《关于试办经济特区的初步总结》第九稿，终因急性心包炎倒下住进了医院。他当时是中共十二大代表，因此不能出席大会。病愈，他手书《孙子兵法》中的名句以自勉：“进不求名，退不避罪，惟民是保。”

应该说中国的市场经济是从特区开始的。

从深圳、珠海、汕头开始，到珠江三角洲，再到全国。

吴南生认为，引进了市场经济，使中国经济进入了世界经济的大循环，这是特区对中国最大的贡献，也是特区之所以成功的根本原因。

记者：创办特区可以说是前无古人的事业，是书本上找不到的，没有现成的经验可以照搬。吴老，您是如何应对改革进程中纷繁杂呈的热点、焦点和难点问题的？

吴南生：尽可能地解放思想吧！尽可能地多学习一些先进的东西。因为有时我们觉得很开放了，外边的朋友看了却说，你这一点都不开放。门关得久了，思想距离是很远的！

我给你讲个笑话。我一到深圳去，看见男青年留长发……那时候深圳农民都是戴个太阳镜，穿着花衣服、牛仔裤在田里赶牛的，许多从内地去的人看不顺眼，我就说统统剪了，还在干部大会上讲了一通。但是行不通，他们照戴照穿。后来，我的儿子小南说，爸爸，这就是你不对了，人家马克思是长头发，恩格斯也是长头发呵！我一想是呵，共产党的老祖宗都是长头发，留长发怎么能说是思想意识问题呢？你看，我也闹过这样一个笑话嘛！

我们办特区有一个明确的目标就是：特区要闯出一条改革经济体制的路子。说白了，就是要改掉那种苏联模式的、自以为是社会主义的计划经济的路子。这个问题从1980年下半年起，已成为特区实际工作中一个非解决不可的问题。我们在1980年底明确提出：特区要以引进外资为主，以实行市场经济为主。这是对中央41号文件（1980年5月下发）中提出的“特区主要是实行市场调节”的进一步发展。实际上，也非这样做不可。1981年5月10日，我向中央汇报工作，其中说到，特区是在党和政府的直接领导和管理下，以引进外资为主的多种经济成分并存的特殊经济区域。我们要利用特区的特殊条件：一是观察了解现代资本主义的发展，并从中吸取对我们有益的东西；二是试验各种改革，尤其是经济体制方面的改革；三是学习国外的先进技术和科学管理方法。

当时，由于各种体制尚未进行改革，具体法规没有制订，特区实际上还处于打基础的阶段，碰到的困难和问题不少。鉴于特区要面向国际市场，以引进外资为主，以实行市场经济为主，因此，特区的一切政策措施，就一定要在“特”字上做文章。

记者：宋代政治家、文学家王安石有两句诗“看似寻常最奇崛，成如容易却艰辛”，可以说是特区建设曲曲折折的历史写照。吴老，您棋着先手，大胆办特区的构想与当时一些人的思想观念和国家经济体制格格不入，您就没有一点顾虑吗？

吴南生：当时全国都在关注特区，都在议论特区。同时，全国也都在要求允许多一点“市场调节”，希望经济体制能进一步改革。一时间矛盾尖锐极了。

1982年1月，冷空气开始大量南下——什么“上海租界的由来”，什么“经济特区成了走私的通道”，什么“特区不是社会主义”！没完没了，铺天盖地……这些都不去说它了，只讲与计划经济有关的问题。

这年4月22日至5月5日，在北京有一次专门为广东深圳而召开的会议，主持人最后讲话说：“我认为深圳搞这么大的规划是不现实的。不是一般的大，而是大得无边。深圳特区面积327.5平方公里，比全世界的特区的总面积还要大，这么大的一块特区面积，全面搞起来不是简单的事情。”

我这里给你说的都是他的原话，有的问题他不懂也说，说得很尖锐，很离谱，像这段：

“特别要指出的是，有人想要和计划经济‘脱钩’，想割一块出去自己搞。我认为搞计划经济是客观需要，不是你那一位领导想怎么搞就可以怎么搞的。你想‘脱钩’是不可能的。现在资本主义国家，包括日

吴南生（左二）与启功（左三）在鉴画

本、美国、法国都认为要搞计划经济。（这就是个常识问题了，他那个计划跟你这个“计划”能是一回事吗？）我建议省计委，你们也建议省委，应该把特区计划管起来。不能讲特区经济是以市场调节为主。有这么大的外资，宏观计划更应该加强嘛，银行管理也要加强指导嘛！因此，特区建设应该纳入计划，要加强特区计划管理……”

你看，“特区主要是实行市场调节”这一决策，是党中央1980年41号文件中定的，他却说：“不能说特区经济是以市场调节为主”，那么，我们提出特区以“实行市场经济为主”，怎么能不犯下有人想和计划经济“脱钩”，“想割一块出去自己搞的大罪呢”？！

记者：吴老您在创办经济特区时，面对各种非议，有一个著名的“约法三章”，具体是什么内容啊？

吴南生：办特区，就是要改掉那种苏联模式、自以为是的计划经济，走市场经济的新路。我们在1980年底即《特区条例》经全国人大批准公布后，就明确提出：特区要以引进外资为主，以实行市场经济为主。当时别人明白不明白我不知道，但我心里很明白。面对各种非议，面对当时重重阻力和压力，我和我的同事们有个“约法三章”：只做不说，多做少说，做了再说。总之就是一句话，要趁那些反对办特区的人糊里糊涂弄不清楚看不明白的时候把经济搞上去再说。

要知道，当时全中国都还把市场经济等同于资本主义，搞市场经济就等于搞资本主义复辟，罪大恶极啊！可谁能想到，20多年后，我们却一再要求人家承认我们是市场经济国家。这种变化实在是太大了！

记者：面对那么多“左”的思想，人民群众中也还有许多模糊不清的概念，你们当时有没有过犹豫？

吴南生：小平同志说，深圳的精神就是“敢闯”。从创办特区中我们深深体会到：要从事这项巨大的改革开放工程，在实际工作方面要有勇气，在理论思想上也要有勇气。没有两方面的勇气是“闯”不成的。

广东的理论工作者和各方面的学者们都很支持改革开放，在理论工作方面做了许多研究。前面说过，1979年8月15日，我已邀请广东的多位学者一块研究特区条例，同时座谈、研究有关改革开放的理论。要闯过这一关，只好向老祖宗求救。1980年4月14日，我在向省人大常委会做《关于我省设置特区和制定特区条例的问题》的报告中，曾非常明确地讲出我们的观点（即广东理论界的观点）。

我们当时的论点是：马列主义的基本观点，从来都不认为社会主义经济和资本主义经济是绝缘的。按照马克思原来的设想，社会主义经济应是在资本主义经济充分发展的基础上建立起来的，它将批判资本主义的不合理的因素，同时继承它的合理因素，并利用资本主义所创造的物质财富来建设和发展社会主义经济。但是事实上，首先建立起社会主义制度的俄国，却不是高度发展的资本主义国家。所以，列宁特别强调要吸收资本主义国家的先进科学技术和有用的管理经验。列宁讲过："乐于吸取外国的好东西：苏维埃政权＋普鲁士的铁路管理制度＋美国的技术和托拉斯组织＋美国的国民教育等等=社会主义"（注：《苏维埃政权的当前任务》一文的提纲，《列宁全集》1985年版第34卷第520页。）

十月革命后，在俄国建立社会主义国家的过程中，列宁的思想前后有什么变化，实践中有过什么问题，我们没有再去研究，但从他这段话即"什么是社会主义"的内容来看，肯定不是"以阶级斗争为纲"的！

有了这些理论上的准备，我们才有勇气面向"左"派的挑战。"约法三章"也是因为有了理论勇气，对那些吵吵嚷嚷，不去跟他们一般见识！好！你"正确"，你表演吧！我就不开口，你要吵就自己吵吧！我"只做不说"。你能怎么样？

记者：据说当时胡乔木同志对经济特区也有不同的看法？

吴南生：我手头存有24年前胡乔木同志谈经济特区性质的记录稿，原文如下：

1982年12月18日下午4时35分至5时30分，乔木同志来蛇口工业区视察，交通部顾问潘琪同志当面向乔木同志请教了当前理论界和在总结蛇口工业区经验中所遇到的几个理论问题：1.我国经济特区的性质是社会主义的、国家资本主义的或是资本主义的；2.特区的经济管理体制是以计划经济为主还是以市场经济为主；3.对外来投资者的方针是否还是限制、利用、改造或采取什么新的方针等问题。乔木同志看了潘琪所递交的这几个问题后说："你提的这三个问题都很大。"在他参观完毕将要离开蛇口工业区之前，他向潘琪同志和陪同的其他同志，就特区的经济性质问题，谈了如下看法：

乔木同志说，特区的性质问题，恐怕不能说是社会主义的，因为如果说是社会主义的，那么全中国都可以建立特区了。特区要按特区的口径，那是区别于社会主义的，不然就不叫特区，恐怕还是国家资本主义，是社会主义国家里面的一小片国家资本主义。本来列宁也没有搞什么全国范围的国家资本主义，我们跟他们的情况、条件更不同。但说成是社会主义的，这就更不好办了。（梁湘同志说，但公开不公开讲是国家资本主义呢？）这个问题，公开讲不公开讲要看必要，就是在什么问题上，在什么时候，有这个需要才去讲，没有这个需要去讲干吗？（梁湘同志说，我们内部要说清楚。）还是社会主义领导下，社会主义国家里面的国家资本主义。我们的国家在社会主义经济里面还有个体经济嘛！就是这种关系。至于我们这些人当然是共产党，烧成灰也是。（梁湘同志说，因为“文化大革命”中有走资本主义道路的当权派，这个问题还是有精神压力的。）当权派嘛，还是社会主义的当权派。

我很尊敬乔木同志。他是我们党和国家著名的理论家。1960年初，他带领中宣部20多位同志来广州，编辑《毛泽东选集》第四卷，住了一个多月。同来的还有康生。我作为主人一直陪同。其间，我还陪他到深圳，这是他第一次到深圳。从那时到1982年已是22年过去了。这次可能是他第二次到深圳。

1982年秋天，我得了心包炎，病情较重，本来要去参加十二大，也去不成了。乔木同志来，我不知道。他到深圳由梁湘同志陪同。梁湘是一位很率直、很实干的老同志。他比我们晚到深圳，对创办特区早期吵吵闹闹的事不清楚，也不知道有“约法三章”这些事，所以就问了乔木同志特区的性质这一类问题。事后，他赶紧把记录送给我看，问：“……他说不是社会主义呵，怎么办？”我说：乔木同志的意见是理论探讨的意见。理论问题，有时几十年、几百年也说不清楚。如果我们不问，他不会说。问了，他不好不答。但他也还会再观察、再思考、再和大家——至少要和我们讨论的。不是说实践是检验真理的唯一标准吗？我们才开始实践，不急于去讨论这些问题。

其实，1979年我们已集中多位理论工作者研究探讨过这些问题，我心中有数，不想再去问别人了，以免引起争论，一争论起来，没完没了，什么事也做不成。

记者：在如此艰难的境遇之下，小平同志南方谈话以及给深圳、珠海特区的题词，对特区建设者来说应该是极大的肯定和鼓舞啦。

吴南生：是的。1983年底，小平同志说："特区究竟办得怎样？我要亲自去看看。"于是，1984年春天小平同志到了深圳，到了珠海。看到经济特区确实是办起来了，确实是闯出一条路子来了，老人家很高兴，为深圳、珠海题了字。回到北京后，他向中央提议，召开全国沿海14个开放城市会议。

4年后，即1987年7月12日，邓小平在会见南斯拉夫外宾时说："我去过一次深圳，那里确实是一派兴旺气象。他们让我题词，我写道：'深圳的发展和经验证明，我们建立经济特区的政策是正确的。'当时我们党内还有人采取怀疑的态度，香港舆论界不管是反对我们的还是赞成我们的，也都有人持怀疑态度，不相信我们是正确的。深圳搞了七八年，取得了很大的成绩。……现在我可以放胆地说，我们建立经济特区的决定不仅是正确的，而且是成功的。所有的怀疑都可以消除了。"

转眼间，30多年过去了。现在的深圳与当年完全不一样了，似乎全中国30多年来走的路，和深圳是大体相同的，那么我们的国家又是什么性质呢？

我一直认为：列宁在十月革命后，从俄国的实际中已经发觉许多问题，他认为，把世界上一切最好的东西包括美国的托拉斯（当然只是指这种经济形式）都加在一起就是社会主义，这是不无原因，也是很有道理的。我曾经开玩笑说过，如果再搞一次"文化大革命"，再来一次"路线斗争"，列宁一定会成为再一次路线斗争的"头号走资派"。非常遗憾的是，十月革命不久，列宁就逝世了。在这之后，斯大林搞的那种高度集中的计划经济和无比专权的"个人迷信"，已经一再被历史的实践证明是假马克思主义，是假社会主义！

记者：作为广东经济特区的主要拓基者，又是深圳经济特区的第一位"行政长官"，您认为经济特区对中国改革开放最大的贡献是什么？

吴南生：1981年后我不再兼任深圳市委第一书记、市长，许多人认为我从这时起不再管特区工作了，不是的。我回到省委，仍然分管特区工作，是省委中有关特区工作的第一责任人。直到1985年9月，我从省委书记的岗位上退下来，才不再分管特区工作。

关于经济特区，尤其是深圳经济特区，很多人写了很多文章，我读过的绝大多数文章都是写得好的。但有一点，许多文章都说不清楚特区所以能办成是由于什么，它对中国的改革开放的贡献是什么？现在回过头看，特区最大的功劳就是敢破敢立，把市场经济引进来了！应该说中国的市场经济是从特区开始的。从深圳、珠海、汕头开始，到珠江三角洲，到全国。我说市场经济是个没有腿的巨人，他走到哪里，谁都顶不住的。引进了市场经济，使中国经济进入了世界经济大循环。我认为这是特区对中国最大的贡献，也是特区之所以成功的根本原因。

晚年对深化改革的思考

——民主政治，是人类的共同财富

吴老晚年心系丹青，散尽珍藏义拍助学，但他从没放弃过对特区路向、对国家命运的关注和思考。

老当益壮，于挥毫中凝神改革之进路；

老而弥坚，于直言中力陈政改之切要。

这是2008年吴南生当选“中国改革开放30年30位风云人物”之一时的致敬辞。对于“愤老”的称呼，老人淡然一笑：“我积极主张改革，但我又是一个改良主义者。”

记者：市场经济给中国社会带来的变革大家有目共睹。现在党的执政理念转向了民主政治建设和以人为本，和谐社会。您能跟我们谈谈这方面的思考吗？

吴南生：关于市场经济和民主政治的问题。我认为，它们都是人类在社会实践中得出的经验，是人类共同的财富。它们都不是专属于哪一个阶级的。什么叫文明？这就是文明。

关于市场经济，还有一个必须不断规范的问题，但这已属于实践中的问题了。从理论上进一步探讨、分析和确定对市场经济的认识，这是中国理论界的历史任务，要下点苦功夫，不是给它戴上一顶“社会主义”的帽子就能解决得了的。

民主政治的问题，是涉及深化改革的问题，涉及我们的改革是只进行经济改革并取得了成就，因而就此止步呢，还是要继续深化，进行政治制度的改革呢？

延安时期，毛主席是不断提倡民主的。他对自由也讲得非常精辟。在七大的政治报告中，他说：“人民的言论、出版、集会、结社、思想、信仰和身体这几项自由，是最重要的自由。”

记者：从七大（1945年）到今天，67年过去了……

吴南生：是啊，在七大闭幕后的35年，即1980年8月改革开放刚开始的时候，小平同志在中央政治局扩大会议上做《党和国家领导制度的改革》的讲话，这是一篇具有历史意义的讲话。小平同志说：“我们进行社会主义现代化建设，是要在经济上赶上发达的资本主义国家，在政治上创造比资本主义国家的民主更高更切实的民主，并且造就比这些国家更多更优秀的人才，达到上述‘三个要求’，时间有的可以短些，有的要更长些，但是作为一个社会主义大国，我们能够也必须达到。所以，党和国家的各种制度究竟好不好，完善不完善，必须用是否能利于实现这三条来检验。”他还说：“斯大林严重破坏社会主义法制，毛泽东同志就说过，这样的事件在英、法、美这样的西方国家不可能发生。”要记住，这是小平同志说的，是他亲自听老人家说的。所以小平同志很遗憾地说：“他虽然认识到这一点，但是由于没有在实际上解决领导制度问题以及其他一些原因，仍然导致了‘文化大革命’的‘十年浩劫’。这个教训是极其深刻的。”

记者：小平同志的这篇讲话我看过，在《邓小平文选》第二卷，确实是一篇历史文献。

吴南生：是的。小平同志经过“十年浩劫”，眼见他同时代的战友一个一个含恨远去，他自己又经历生死难料的两次大落大起，经过举国上下激烈开展的“实践是检验真理的唯一标准”的大辩论，他痛定思痛，作出了这样历史性的讲话。这也是用实践来检验真理后做出的讲话。是“痛定思痛”的真话！你注意到了吗？他讲话的时间是1980年8月18日，政治局讨论通过这一讲话的时间是1980年8月31日。最巧合的是，全国人大常委会批准和公布《广东省经济特区条例》的时间是1980年8月26日。这是中国改革开放大启动的时间啊！

现在，我们回过头来看，小平的三条要求，实现得怎样？这三条要求的本质又是什么？

第一，“在经济上赶上发达的资本主义国家”。2005年，我国的国内生产总值达到18万亿元，是1978年3600亿元的50多倍，应该说，我们在经济领域中的改革工作是有成效的。当然要赶上发达的资本主义国家，还要做很大的努力。但我们已经形成新的生产力，它正在迅速发展。为了适应这一新发展，它正向我们提出强烈的要求，这要求就是小平所说的第二条要求，“在政治上创造比资本主义国家的民主更高更切实的民主”。至于第三，是“并且造就比这些国家更多更优秀的人才”，这也是正在发展中的生产力的要求。

记者：吴老，您对邓小平三条要求的解读很独特、很精辟。

吴南生：从国际上，从我们自身的实践、历史的经验都明白无误地告诉我们，要重视科学社会主义理论的指引，按照生产力发展的要求，改革我们的政治体制，改革那些不适应于生产力要求的上层建筑。

在这里，我想要特别强调的是：要警惕那些已进入市场或可能要钻入市场的权力，警惕那些与管理意识形态有关的权力。进入市场的权力之危险，尽人皆知。贪污腐败的不断发生、矿难的不断发生就足以证明这点。对管理意识形态的有关权力，人们可能还认识得很不够，所以要特别注意改革。因为这些权力会影响或造成错误的理论、条文、规定、措施，甚至某种“人见不得”“见不得人”的权力行为，在上层建筑的反作用下起着破坏和阻碍生产力的作用。新中国成立后，意识形态领域是“左”祸的重灾区，多次有关政治、理论、文艺等意识形态的“运动”所造成的历史错误，已给了我们沉痛的教训，尤其是“江青＋康生”这种模式所起的破坏作用，大家都是很明白的，是千万不可再重复的！

再多说几句。要知道，权力和资本都是无限地扩张的。资本的贪婪，尽人皆知。这不属于我们今天要谈的问题。而“权力使人腐化，更大的权力使人更多地腐化”这一警语，是古今中外有无数事实可以证明的。只有民主政治是限制权力无限量扩张的政治制度。所以，毛泽东说，像斯大林那样的事件“在英、法、美这样的西方国家不可能发生”。但是，不从制度上解决，在他的身上就又再次发生了。所以邓小平说要“在政治上创造比资本主义国家的民主更高更切实的民主”——也就是说要用高度民主的制度来保证国家不走邪路，长治久安。

我们不是天天都在说“稳定”吗？这才是真正的稳定。两位老人说的两个社会主义大国的沉痛教训和解决的办法，难道到现在我们还听不懂吗？

记者：中国特色社会主义民主与资本主义国家的民主应该有什么区别？您认为怎样表述比较准确？

吴南生：每个国家的民主制度都有自己的特色，都不可能是完全相同的，就像你不能找到两个一模一样的人那样。老人家说的“英、法、美”就不一样。但他们都有共性、一般性和普遍性。也就是说，在民主这个概念下，不管是什么民主，只要是民主制度，就都是大同小异，虽然形式和枝节上可能不同，但本质是相同的。否则，小同大异，对民主各有各的说法，各有各的表述，那不乱了套，那还有什么意义？

我认为，小平的讲话已经解决了这个问题。那就是“在政治上创造比资本主义国家更高更切实的民主”。共性：民主政治；个性：比资本主义国家更高更切实。也就是说，比英、法、美更高更切实。我想，没有什么解释能比他这句话概括得更好。

记者：改革开放30年，中国经济建设取得的成就举世瞩目，吴老您怎么看下一步的政治体制改革呢？

吴南生：我是个积极主张改革的汉子，但我又是一个改良主义者，主张改良，不主张翻天覆地的革命。我认为，现在的中国，只有中国共产党才能领导进行这场改革，一直改革到实现马、恩所说的未来的社会那一崇高的目标，也就是改革到自己也消亡了的时候，没有这种勇气和决心，就不是共产主义者！但如果搞什么“在无产阶级专政下继续革命”，搞什么“翻天覆地”，我也一定坚决反对到底！办法就是：逐步放开，逐步提高民众的社会承受力，提高人民的理性，逐步加大改革的力度，直至实现民主的目标。目标是唯一的，但具体的途径则不是唯一的。

我个人认为，政治体制改革的第一步应该是进一步开放舆论，一来可以发挥舆论监督作用，这在中国目前权力制衡不到位、法治不健全的情况下尤为必要；更重要的是开放舆论可以开启民智，开启官智，通过心平气和的理性讨论和意见交换，就民主化的利弊、目标、程序、时间表等种种具体问题展开充分的讨论，以达成基本共识，中国的民主转型就可望避免不良势力的扰乱，事半功倍，以较小的代价争取最大的成效。

我们有些官员，一听到“舆论监督”就脸色发青，少数或很少数人还“心怀愤恨”。这都是由于缺乏“民主锻炼”、“身心稍为虚弱”的结果。这种情况必须改变，所以说还有一个“开启官智”的问题。我建议“舆论”不要一下子就捅上报纸，可以渐进。第一步可以先办若干个刊物，从理论上、实践上、外国的正反经验上……种种，让智者尽量发言，让官员们以及读者们增强思维、增广民主知识，然后一步一步开放，如何？

近年来，党中央提出“以人为本”“科学发展观”和“和谐社会”等一系列的理念，特别是“和谐社会”这一极具中国特色的构思。我觉得，这一构思很好。把世界上一切最好的东西都加起来的社会主义，不就是令人和谐的社会吗？在我们的实践经过检验之后，成功了，再加上“主义”两个字，不就是“和谐社会主义”吗？只要我们在民主与法治的轨道上认真行进，和谐社会一定能获得成功！这可能就是小平同志所说的“在政治上创造比资本主义国家的民主更高更切实的民主”的社会。我觉得这种社会主义是会受到人民大众欢迎的，你说呢？

结束语

吴南生是一位有着丰富历史内涵的人物，他深厚多彩的内心世界装着一个时代的历史。在中国从以阶级斗争为纲转向以经济建设为中心的第一次转型中，吴南生是站在改革开放最前沿的实践者；当中国面对从经济建设为主转向制度建设的第二次转型时，吴南生的人生目标也从昨天的创造历史调整到了今天的思考历史。

“如今改革还在过大关，特区使命仍未终结。不忘历史，汲取智慧，继续敢为人先打破体制机制障碍，为中国改革探路。这是我对特区的一点期待。”

吴老话语平静，却是掷地有声。

（本文原载于2008年4月7日《南方都市报》，经吴老亲自审核。《时代潮人》杂志2012年8月增刊转载时作了一些编辑上的处理，作者也作了补充整理。）

多彩的人生
——记吴南生同志

文／沈仁康

一

人们仰望他，就像仰望旷野之上高耸挺拔的木棉树，从土地中吸足养分勇力，开满一树红花，灿烂着蓝天白云；人们感念他，就像感念奔涌的溪涧，从大山深处不息地流来，滋润着两岸的草木。他，就是吴南生，广东省委原书记、广东省政协原主席。尽管他从繁忙的工作岗位上退下来已经多年，但人们仍然敬仰他，感念他，祝愿他。

他1922年出生于汕头市，韩江水养育了他。日本侵略者从“九一八”事变后，步伐不停地进攻中国，中华民族陷于深重的危难之中，全国掀起了抗日运动。当时的他，才14岁，矮小瘦弱，但国难激起了他的灵智，他毅然参加了华南人民抗日义勇军。第二年，他加入了中国共产党。

由于他革命坚定，工作积极，机智勤勉，1940年便担任潮（安）、澄（海）饶（平）中心县委常委，宣传部长；1941年潮澄饶地区分成两个县委，吴南生独自负责一个县委的工作。

1942年6月，国民党特务组织破坏中共南方工作委员会的事件爆发，廖承志、张文彬等多位党的领导同志因叛徒出卖而被捕，党组织遭到严重破坏，这就是震动一时的“南委事件”。在这一危急的关头，党组织决定派吴南生负责掩护南委书记方方等一批领导干部，并把他们一个一个安全送往重庆，到达红岩，转赴延安。但当时的南委秘书长姚铎却对革命前途悲观失望，并且逐渐堕落，生活腐化，勾结国民党恶棍，还有叛变投敌的嫌疑。为了不让党组织遭受更大损失，经请示中共中央南方局（书记周恩来），决定将姚铎送到重庆。监送姚铎的重任交给了吴南生，1943年正月初三清晨，他们先从揭阳搭单车到丰顺汤坑，爬山越岭到达兴宁，乘上破旧的货车走了几天才到韶关，再乘火车到广西桂林转贵州独山，改乘汽车颠簸了三四天才到达重庆。沿途经历无数险阻，吴南生终于安全地把姚铎送到红岩八路军办事处，交给党组织。（后来，姚铎在重庆叛逃回到潮汕，南方局经由吴南生按原先约定的暗语，通知潮汕党组织。经过周密部署，经过两次行动，最后才把姚铎处决了。）吴南生在任务完成后，也没有返回潮汕，而是到了革命圣地延安。

1944年，他到延安中共中央党校学习。延安，是当时中国人民心中的红星。宝塔山屹立，延河水奔流，黄土高原上回荡着“黄河之滨，集合着一群中华民族优秀的子孙……”的雄壮歌声。延安渡过了最艰难的时期，终于迎来抗日战争的最后胜利。

1945年 8 月，日本投降。紧接着毛泽东飞赴重庆与国民党谈判。但是，国民党一面谈判一面准备内战，把它的精锐部队50多万人空运东北，挑起内战。在此之前，国民党在东北没有一兵一卒，从1931年日本侵占东北之后，在那里坚持抗日战争的只有中国共产党领导的抗日人民武装。

当时，毛主席号召延安干部到东北去，说：“中国革命要胜利，一定要有工业！中国工业在东北！”去过延安的人们都知道工业的重要，延安当时只有一间小电厂和火柴厂、卷烟厂，炼不出钢造不出机器。因此人们分外憧憬工业基地。吴南生这一年23岁，热血澎湃，他和新婚不久的妻子许英决定到东北去。他们随中央党校大队踏上征途。

1945年11月，天气已冷，长城内外，寒风刺骨，滴水成冰。从延安到东北，没有什么交通工具，只能靠两条腿走路。他们渡过结冰的黄河，出长城便进入内蒙古境内。原本他们是要去锦州的，可是此时国民党军队从海陆空三路进攻，占领了锦州。他们只好改道向赤峰前进。赤峰形势也不好，国民党军时时可能从锦州向赤峰袭来，于是他们三进三出赤峰。

从赤峰出发继续北上，此时天气已经转暖，春天来了，草原转绿，鲜花盛开。祖国的河山是美丽的，但是内战的战火已经燃起。草原人民过去受王爷剥削，日本侵略时代又受到非人压榨，所以极端贫困，有的牧民一家人只有一条裤子。老百姓是爱共产党的，主动给吴南生他们带路，避过了许多凶险。经过林西，经过巴林左旗，经过阿鲁科尔沁旗，跋涉几千里，历时10个月，穿过大草原到白城子，之后，他又走过半个东北，到了东满——吉林的延边。吴南生在穿越大草原的征途中写下诗一首：

日日征途上，
年年作客中。
愿借千里马，
指日抵辽东。

此后三年，解放军在东北战场血与火的搏斗中，节节胜利。1948年底，辽沈战役后，东北野战军大踏步入关。形势发展很快，1949年5月24日南昌解放，吴南生在南京街头听到广播说，他被任命为南昌市副市长，他还以为是同名同姓的另外一个人呢！他到南昌，这个八一军旗升起的地方，却是一片破败，满处瓦砾垃圾。27岁的他，立即发动群众，整治市容，整治交通，不出几日，南昌城变得面貌一新。不到四个月，他又随军南下，10月1日到达梅县。从淮海战役中逃到潮汕地区的国民党

2011年6月，吴南生出席广东省潮人海外联谊会纪念中国共产党成立90周年座谈会

吴南生（左）与著名画家黄永玉

胡琏兵团闻风丧胆，又从汕头逃去台湾，10月24日汕头解放，进城接管的军代表就是吴南生。

1939年6月，日军占领汕头，当时汕头市委留下吴南生坚持工作到最后才撤退。这时他回到汕头已是相隔整整十年了。1944年他离开潮汕也将六年了。战争中，六年、十年，都是十分艰难漫长的岁月啊！故乡用浓浓的乡土之情欢迎他，他也为重回故乡而精神抖擞，誓要为故乡的建设殚精竭虑。

二

在争取民主革命全国性胜利时期和在社会主义建设探索时期，吴南生同志吃苦耐劳，呕心沥血，做过许多有益于人民的事。在漫长的岁月里，他担任过汕头市委副书记、海南区党委副书记、广东省委宣传部部长、中共中央中南局副秘书长、广东省委书记等职。十年“文革”，他也受到严重冲击，他说过，“文化大革命”的十年，是中国历史最黑暗的一页！他说，我们要世世代代记住，永远不能再让那种邪恶的“权力”重演这样的惨剧！

他的人生价值的真正凸现，他的生命之火的真正灿烂，是在十一届三中全会之后。他是一位睿智的、机敏的、目光深远的人，他的办事作风又是干练的爽快的。他工于象棋，他认为下棋要先走一步掌握主动，他在工作中也喜欢先走一步。他具有创造性、开拓力。他对国家对人民有一种深重的责任心。林则徐说：“苟利国家生死以，岂因祸福避趋之。”吴南生正是这种胸怀、这种情愫、这种抱负。

他主持了广东深圳、珠海、汕头三个经济特区的开拓和建设。

每年除夕他都要写一副对联自勉。1979年写的是：“托天陈大道，披胆语平生。”他用极大的气魄诉说他的胸怀。1980年写的是：“与有肝胆人共事，从无字句处读书。”新的时代给了他新的机遇，使他真正能做开创性的事业。

1978年12月，中共十一届三中全会在京召开，开始了一个风云变幻的、亿万人民翘首以待的伟大时代。

1979年1月16日，省委委派吴南生回他的家乡汕头，去传达全会精神，一住多日。十年“文革”之后的汕头景象却给了他重重的一击：他熟悉的楼房破旧不堪，道路两边搭起歪七斜八的竹棚，成千上万没有住处的人们栖身其中；道路不平，电灯不明，电话不灵；自来水管年久失修，马路上污水横流，臭气熏天……这是原先那个美丽的海滨城市吗？一百多年前，恩格斯称赞它是“远东唯一一座具有商业色彩”的城市；20世纪30年代汕头有“小上海”之称；新中国成立初期，汕头也还是商业繁荣之处，它的经济条件与当年的香港相差不大。然而，亚洲四小龙在崛起，而汕头却在走下坡路。为什么？除了“文革”的破坏外，僵化的机制也限制了社会的发展，甚至在倒退，倒退到经济崩溃的边缘。吴南生痛心疾首，他食不甘味，他夜不能寐，他感受到从未有过的心理压力。恰好，正在传达的十一届三中全会精神，又给他开了心窍，看到曙光正冉冉从天边升起。

他在思索：“穷则思变，我们怎样才能迅速地富裕起来呢？我们怎样才能从铁笼子里突围呢？”就在此时，一位海外的朋友对他说：“你们要富，也不难，也会很快。我问你，你敢不敢办出口加工区？敢不敢办自由港一类的东西？”这个问题太大胆了，要在过去是想都不敢想的“罪犯天条”的问题。但此时，他心动了，亚洲四小龙不就是这样发展起来的吗？我们再不能在死胡同里搞恶性循环了。他心头一亮，心想能不能把汕头划出来，作为改革开放的试点，找出解开“贫穷的社会主义”这一死结的办法。

2月21日夜里，他正感冒发着高烧，但他还是给当时的广东省委书记习仲勋、杨尚昆发了一个1300字的电报，汇报了自己的想法。28日下午他由汕头回到广州，当晚，习仲勋就登门和他促膝长谈。3月3日，吴南生在省委常委会议上谈了自己的想法：

“现在国家的经济已经到了崩溃的边缘，我们应该怎么办？我提议广东先走一步，在汕头划出一块地方来搞试点，用各种优惠的条件吸引外资来办企业，把国外先进的东西吸引到这块地方来。为什么选汕头呢？第一，在全省来说，除广州之外，汕头是对外贸易最多的地方，每年有1亿美元的外汇收入，搞对外经济活动比较有经验；第二，汕头地区的海外华人、华侨是全国最多的，约占我国海外华人的三分之一，其中许多是在海外有影响的人物，我们可以动员他们回来投资；第三，汕头地处粤东，偏于一隅，是省尾国角，万一办不成，失败了，影响也不会太大。”

吴南生说得很恳切，都是从心中流出来的话，他说：“如果省委同意，我愿意去汕头搞试验。如果犯忌要杀头，就杀我好了！”古代不少忠烈之士，就这么死谏过。要在社会主义土地上，弄一块地方搞市场经济，而且是引进外资，在那个时代是太大胆、犯“天条”的想法了。以往已有不少人因为犯忌而被打入十八层地狱，好在此时已是三中全会之后了。

习仲勋接着说：“要搞，全省都搞，也有人提过把深圳办成出口基地的想法。4月中央开工作会议，咱们先起草个意见，到时我带去北京。”

省委常委会议同意向中央提出要求广东“先走一步”，明确了以深圳、珠海、汕头作为试点。但是，叫什么名称好？叫“出口加工区”？叫“自由贸易区”？还是叫“贸易出口区”？都不好。最后决定暂时先安个“贸易合作区”的名称。

叶剑英元帅当时正在广州，习仲勋、吴南生就向他汇报了广东的设想，叶帅听后很高兴，连声说：“你们赶快向小平同志汇报！”

4月中央工作会议开会期间，邓小平同志赞成广东“先行一步”，他说：“就叫特区嘛，陕甘宁就是特区。”小平同志又指示：“中央没有钱，你们自己搞。要杀出一条血路来！”

但是，北京有人反对说：“他不懂陕甘宁是政治特区，不是经济特区。”吴南生听到这些意见，觉得名称有了：就叫“经济特区”好了！1979年12月12日，他到北京，第一次向中央报告有关广东建立特区的问题，提出定名为“经济特区”，中央同意。从此，这个名字走向了全世界。

1980年8月26日，叶剑英委员长主持人大五届十五次会议，通过了《广东省经济特区条例》。从此，“8•26”定位为深圳、珠海、汕头三个特区的共同生日。

《特区条例》公布后，《纽约时报》惊叹道：“铁幕拉开了，中国大变革的指针正轰然鸣响。”

时为广东省委书记的吴南生兼任广东省经济特区管理委员会主任，兼任深圳市委第一书记和市长。

那时的深圳是宝安县管辖下的一个镇，面积仅3平方公里，人口2万多人，全镇最高的一幢楼房是5层，市容陈旧，街道简陋狭窄，连交通指挥岗和红绿灯都没有，人均居住面积仅2.74平方米……

深圳与香港隔河相望，元朗的白色高楼清晰分明，正因为两地经济发展极不平衡，“偷渡”成为这里令人头痛的问题。对饥饿中的百姓讲“社会主义优越性”是没有说服力的。吴南生深入调查时，发现深圳有个罗芳村，深圳河对岸的新界也有一个罗芳村，原来对岸的罗芳村的人全是这边的罗芳村逃过去的。可是，深圳罗芳村人均年收入134元，新界罗芳村则是13,000元；宝安农民一个劳动日收入0.7元到1.2元，香港农民收入60—70港元，相差100倍。当时，从广东以至全国各地聚集到深圳的先后有几十万人，冒死逃港。在宝安县不少地方因为缺乏劳力，土地荒了没人种，稻子黄了没人收。蛇口开发时，沙滩上挖出多少具骸骨，都是当年一些不识水性、溺毙后又被海潮卷回来的冤死者。而“经济特区”创办之后，就再也没有人逃港了，这是后话。

人们多以为中央拨款在建设深圳。否！中央只给了3000万元作为“酵母”的启动贷款。深圳建设资金９８％靠自筹。它创造了在中国进行城市建设的新纪录。

不过60天，搬了罗湖山，填高了一幅低洼地。如果把它租出去，几十亿元就来了。但是，把土地“租”给洋人、“租”给资本家，这可是一个天大的问题。好在一开始筹办特区时，吴南生就已意识到一定会有一场“意识形态”的斗争，广东的理论界和他意气相投，因而在理论上做了许多研究工作，万幸的是，在《资本论》和列宁的著作中，都有关于租地的理论。在十月革命胜利初期，列宁就主张“资为社用”，他说：“不怕租出格罗慈内的四分之一和巴库的四分之一，我们就利用它来使其余的四分之三赶上先进资本主义国家。”讲得多好啊！不过，吴南生还是听从了其他同志的建议：把“土地出租”改为“土地有偿使用”吧，到上面容易通过。吴南生深以为然。于是，“地租”改称“土地使用费”，以后，成为全国通用的新名词。

这个爆炸新闻，轰动了香港。香港的许多报刊争相以显著的版面予以披露。

从1980年到1981年，很快吸引了外资40亿元，这在当时，是一个惊天动地的巨大数字，于是“四通一平”、基础建设的资金都没有问题了。

正当深圳热火朝天地进行建设，滚滚黄尘中初现现代化城市雏形，三天盖一层楼的“深圳速度”得到发扬，可是也传来了不同的声音。

一些老干部在深圳参观后说：“除了天空飘扬的国旗外，深圳已经变了颜色。”某单位曾组织讨论会，主题是“怎样看待前线保国防，后方卖土地”。有的报纸公开刊登《旧中国租界的由来》，影射特区出租土地就是新的“租界”。有人公然吹风说：“深圳发生了惊天卖国案”，说“特区成了走私的通道”，蛊惑人心，制造混乱。有人悄悄给中央写信，说深圳80%的干部烂掉了，有经济问题……神秘的调查组也悄悄地来了，看到的也是两眼墨黑。

这一时期，吴南生感到政治压力特别地重，以上问题都叫他费解而后怕。“山雨欲来风满楼”，这“风”而且不小。他经历过几十年的政治斗争，明白政治斗争的无情。你看，刊登《旧中国租界的由来》的那

2004年4月，吴南生（左）与饶宗颐在谈书论画

份报纸，还附了一篇署名文章，说："外国侵略者通过历次《租地章程》大肆掠夺中国领土和主权的惨痛事实，暴露了中国封建制度及其官僚，在同国际资本打交道过程中的极端腐朽和无比昏庸，对于已经站起来的中国人民来说，它则是不可忘记的一页。""文化大革命"式的大砍刀，又高高举起了！

同一时间，北京有关方面又一再催促，要广东省委写出特区工作总结报告。从筹办特区开始，就不断写报告，现在又要再写，究竟要写什么？……这一责任落在吴南生身上。他和一起创办特区的秦文俊、丁励松等同志一起，一连写了八次稿，都不行。最后，由吴南生亲自动手，写了第九稿，交省委讨论选用。就在这时，由于过分劳瘁，吴南生突然患了急性心包炎倒下了，送医院急救。

所幸，1983年底，小平同志说："特区究竟办得怎样？我要亲自去看看。"1984年1月，小平同志到深圳、珠海一路走一路看，最后他欣然命笔："深圳的发展和经验证明，我们建立经济特区的政策是正确的。"回北京后他又指出："特区是个窗口，是技术的窗口，管理的窗口，知识的窗口，也是对外政策的窗口。"他特别强调说：我们建立特区，实行开放，有个指导思想，就是"不是收，而是放"。

自此，往特区身上泼污的声音，渐次平息。

病愈，吴南生书《孙子兵法》中的名句以自勉："进不求名，退不避罪，惟民是保。"

1981年后，他不再兼任深圳市委书记，回到省委，他仍然分管特区工作，直到1985年9月，从省委书记岗位上退下来，担任省政协主席。

他为创办经济特区所付出的辛劳和取得的功绩，人们是永远不会忘记的。

三

吴南生同志是声誉很高的高级干部，也是一位文化素养深厚的学人。他是汕头大学的创办人。1979年初，他在筹建汕头特区的同时，筹建汕头大学。1980年5月，广东省各界人士组成汕头大学筹备委员会，一致推举他担任主任。1987年成立汕头大学校董会，他被推举为第一、二、三届校董会主席和第四届的名誉主席。吴南生以整整20年的时间，踏踏实实圆了粤东人民世世代代的心愿。粤东莘莘学子视他为蓝天上的星月。

吴南生是作家。1936年起，他在汕头、厦门、香港、上海等地报刊上发表过多篇小说、散文，他在20世纪50年代就是中国作协会员，出版过长篇报告文学《松柏长青》等著作；他是潮剧编剧和改革家，主持并参加创作、整理的潮剧有《辞郎州》《续荔镜记》《井边会》《万山红》等50多部；他还是著名的书法家和收藏家。他眼光独到，兴趣广泛，勇于实践，甚至有点冒险精神。他的收藏故事就是广为流传的佳话。

现在是广东省博物馆镇馆之宝的北宋名画《群峰晴雪图》就是他捐献的。

2003年在广东美术馆展出的“憨斋藏联展”和2006年的“憨斋珍藏书法展”在广州一再引起轰动。“憨斋藏联展”展出了他多年收藏的200多副楹联。“憨斋珍藏书法展”展出了明、清以来80多件诗文手稿、楹联、手卷、条幅，有祝枝山的草书长卷《前赤壁赋》，文征明的小楷，董其昌的行书，还有八人山人、郑板桥、刘墉、吴昌硕、梁启超等人的作品。这些珍贵的藏品大多是经过“文化大革命”的劫难而千方百计保存下来的。

在“文革”中，他被抓带关了 5 年，曾被打得耳膜破裂、满身青紫，直到林彪事件发生后，才得到“解放”，1972年的春节前夜才被允许回家。

1971年，他从韶关犁市广东女子第一监狱（原是关女犯人的地方，“文革”中改为关老干部的地方。广东省委原常委、参加过省港大罢工和长征的老工人领袖冯燊同志也同时关在这里，死在这里）出来，到连山上草“五七”干校监护学习、劳动。那年，他虚龄五十。

在干校，他参加各种劳动，放羊、放牛、种菜、种水稻、上山救火、砍柴……有一次，在高山上砍柴时，被一棵小树压倒在地上，左脚受伤，傍晚下山时又逢大雨，一拐一拐地走十几里地回到干校，一路感想很多，忽然成了一首打油诗：

残阳骤雨下山岗，
不料此身得幸还。
上帝无灵阎王老，
今朝又过鬼门关。

这“鬼门关”是双关名词，原来砍柴下山的地方就叫“阴阳关”，人家用文字美称为“鹰扬关”，是广东、广西交界的大山边一条交通小道，由此可以走向湖南、江西。红七军由广西走向井冈山时，走的也是这条路。吴南生“苦中取乐”，死不了就把上帝和阎王都挖苦一顿，这也是一种顽强做人的风格。

1972年，他被“安排”到广东省毛泽东思想学习班当干事。不久，当时的革委会要他编写一本“语录”，他拒绝了。于是，他再一次被“安排”放逐到一个边远山区的县份，在县革委会办公室的调查组当干事。那里的同志们都对他很好，他在那里也工作、生活得很愉快，于是他又诗兴勃发，作“七绝”一首：

原无追风逐电才，
漫劳子厚代安排。
不随骚人踏雪去，
愿由孺子驱使来。

意思是说：我只是一匹小毛驴，不是什么骏马，没有本事，怎么柳宗元却写文章，“安排”说老虎见到我都怕？最后又把我吃掉了？我不跟那些高贵的人去踏雪寻梅，只愿让老百姓使唤做点什么。“诗以明志”！他就是最会这样乐观、淡泊、调皮、顽强。

就在这时，他听说画家黄胄被批斗为“黑驴子”，七斗八斗，病倒在北京。当时，他与黄胄还不相识，却立即写了一封信，附上这首诗，请一位与黄胄相识的老同志送给黄胄，信中说：“小毛驴，大贡献，当年我们从延安到东北战场，主要运输工具就是它。”当时黄胄身处逆境，得信十分感动，多次将此诗题在自己另外的画作上。“批林批孔”时，专案人员说这诗是“毒草”，要他交代谁写的，黄胄一口咬定是自

2005年9月，吴南生、许英伉俪获颁“中国人民纪念抗日战争胜利60周年纪念章”后合影

己写的，让吴老逃过一劫。他与画家之间的感情就这样深厚。

1977年9月，广东省文联召开省文艺创作会议。其时“四人帮”虽已倒台，但极左遗毒远未肃清。会议最初的两天，照例是由“文化官”宣读文件，气氛相当沉闷。第三天，省委书记吴南生从北京回来，早上的会议一开场，他即隆重宣布，请欧阳山、关山月等一大批作家、艺术家上主席台，坐在第一、二排，原先的“文化官”们则退到后面去。顿时，会场掌声雷动，久久不息。当时在场的胡希明老先生把烟包拆开做稿纸，题诗一首：

旱云犹自掩尘埃，
岭上寒梅尚未开。
闻道北京春讯早，
谢君带得雨丝来。

会前，吴南生经省委同意向中央打报告，要求恢复“文革”中被迫

吴南生著作《松柏长青》。1958年，工人出版社（左）；2009年，羊城晚报出版社（右）

取消的所有文艺学术团体。报告递到中宣部，中宣部迟迟才复电说："由省委考虑决定。"吴南生接到批示后当机立断：平反！并在第二天的大会上宣布：给所有文艺作品及文艺团体平反；恢复作家协会、美术家协会等各个协会，恢复广东画院和粤剧院、潮剧院、汉剧院、琼剧院等……会场再次沸腾了，很多艺术家、老作家泪如泉涌，激动得说不出话来。

吴南生心系文化艺术界，对艺术家们的工作、生活关怀备至。广东画院在"文革"后残破不堪，缺少设施，何谈创作？吴南生对此心急如焚。他在一次大会上慷慨放言："广东画院建不起来，我死不瞑目！"他亲自找到广州市规划局局长，向他要地，又多次跑财政厅落实经费。不久，坐落在风景秀丽的流花湖畔的广东画院，在全国美术家们的赞叹声中落成了！

吴南生对艺术家们的关心爱护，使他赢得了艺术界的无比敬重。艺术家们把他当成贴心人，有什么困难、烦恼都乐意同他"分享"。而吴南生也从不以"官"自居，他很喜欢龚自珍的一句诗："但开风气不为师”。他说：“我只开风气，你爱听也罢，不听也罢，反正我不当谁的老师。”

吴南生同志虽身居高位，但平易近人，没有架子，许多书画家常去他家做客赏画，视他为益师良友。前年，黄永玉到广州举办作品展，吴南生同志多次到场参观，做伴赋诗，走累了，两个老头干脆坐到地上，记者们来拍照，观众来围观，吴南生同志说：“两个老顽童！”全场哈哈大笑。他就是这样平淡、达观。

吴南生同志十分重视教育，关心贫困儿童受教育的情况。1996年4月，他捐出了自己珍藏多年的200余幅书画，拍卖所得全部献给他的故乡，建成了一座有初中和小学的“上仓学校”。最近，他将再一次拍卖他的藏品，再建一座小学和扩充原有的中学。这既是一种有益的社会活动，又是一次又一次无私的奉献。

吴老今年已经八十有五，但他的精神是年轻的，生命是多彩的。

（作者系广东文学院原副院长、省小说创作委员会副主任、国家一级作家。原文载于2007年第1期《广东潮讯》）

饶宗颐：从韩江走向世界的国学大师

“他注定是要写进历史的。”

2011年岁末，94岁高龄的饶宗颐被推选为“具有天下第一名社”称誉的西泠印社第七任社长。接着，他获得了第一届“中华艺文奖终身成就奖”，该奖由中华人民共和国文化部颁出，表彰当代具有标志性的中华文化艺术英才……近期，《时代潮人》记者邀请一位本土文化学者用一句话评价饶宗颐先生时，对方做出上述回答。关于饶宗颐的学术成就，海内外媒体及学界已经有较多报道和介绍。更多人想了解的是，饶先生是如何成为一种文化“现象”的？除了景仰，后人还能从他身上学习什么？2012年三四月间，《时代潮人》记者采访了香港大学饶宗颐学术馆、韩山师院饶宗颐研究所、潮州饶宗颐学术馆等机构的学者及暨南大学饶芃子教授，试图探索并还原饶先生诸多学术成就、学者魅力、大师风范的生成细节。

文化“现象”饶宗颐：

奇迹背后的细节

这是一个大师们纷纷远去的时代。不仅因为大师仙去的步伐加快，更因为时代的选择性遗忘。昔日大师的远去，不仅是时代的漠视，更是文化断裂的征兆……

饶宗颐是潮州首富的公子，他既没有沦为纨绔子弟，也没有继承家族资源从商，而是一辈子耕耘学海，最终成为举世公认的大学者；他从15岁开始续编《潮州艺文志》，至今仍有高质量的研究专著和书画作品推出，超长的学术生命周期少人能及；他通晓六国语言，研究领域包括敦煌学、古文字学、甲骨学、金石学、目录学、史学、书法书画等，出版的著作超过4000万字；他年过九旬依然精神矍铄，还时常参加重要社会活动……他的一生看上去处处都是奇迹，非凡人所能及。然而，任何奇迹的发生都有因可循，或天时，或地利，或人和，那些看上去更像常识的细节，往往推动了奇迹的发生。

天时：难以复制的时代氛围

国学界曾有“北钱南饶”的说法，“北钱”是指钱钟书。1998年，钱钟书逝世后，国学界又有“南饶北季”之说，此时，“北季”指的是季羡林。2008年10月，季羡林和饶宗颐在北京301医院有过一次著名的“世纪碰面”。季羡林表示，饶宗颐是他心目中真正的大师。其实饶宗颐并不喜欢被称为大师，因为他觉得，大师在佛学里是指和尚。虽然声名和学问都很大，但饶宗颐没有接受过系统的学校教育，甚至连初中都没有毕业。假如生活在现今，他很难有机会谋得高等学府的职位，学历的缺陷会成为他一生的羁绊。然而时代选择了天赋异禀的饶宗颐，并将他塑造成大师。

饶家几代都是潮州首富，饶宗颐的祖父曾开办钱庄。父亲饶鄂有兄弟四人，皆有钱庄事业。饶鄂十分好文，将大多数财富用于购书、藏书。据资料记载，饶鄂曾经为东晋高僧法显大师西行印度求法的传记《佛国记》做过注解。他还在家中建起了粤东地区最大的藏书楼——天啸楼，其中藏书近十万卷，相当于一个小型图书馆。饶鄂曾自作一副对联概括自己的一生："卅年入世、卅年涉世、廿年玩世、世事饱经，老来厌谈天下事；藏书万卷、读书千卷、著书百卷、书生结实，闲来学种故候瓜。"

知识不像财富那样可以从祖上继承，但饶宗颐却延续了父亲好文的习惯。受父亲影响，儿时的饶宗颐经常沉浸于书海中。当其他孩子都步入学堂求学时，饶宗颐却独自一人躲进天啸楼里读书。从《资治通鉴》到佛经，从老庄到还珠楼主，饶宗颐无书不读。除了自学，父亲饶鄂更是在写诗、填词、写骈文、写散文等方面系统地指导了天资过人的他。正是在天啸楼里，饶宗颐打下了良好的家学基础，阅读了大量古典文集，且无科不修。现代教育常常为人诟病的弊端之一，就是在强调学科系统性的同时，不可避免地使各个学科相互割裂开来。而饶宗颐的学术特点之一，在于他没有既定的学科界限，非常善于通过多学科的互相渗透与沟通，在几门学科的边缘地带开辟新领域，类似于今天所说的交

"饶宗颐星"命名仪式

叉学科。曾有人问饶宗颐，你为什么能够成为超级大师。他说超级大师我不敢当，但我有今天的成就，最主要的原因是没有上大学。问他为什么，他回答说，上大学能够学到的可能是一个门类或两个门类，但我父亲给我打开的这片天空，或帮我建立的基础，是无科不修，文史哲相通，文中有史，史中有哲，哲中有文。这种家学训练，打开了饶宗颐做学问的“任督二脉”，帮他建成了一种立体做学问、环形做学问的方法体系；他自学的基础，研究学问的基础，在16岁之前就已经打下了，后来只是把格局再扩大或者再挖深而已。

没有接受过正规教育，不在学科之间画地为牢，或许正是饶宗颐之福，也是学界之幸。

在饶宗颐人生之初的16年的记忆里，父亲饶鄂一直四处收集潮州文献，每日在天啸楼研究修订《潮州志》。然而，这样的场景在他16岁那年戛然而止。父亲辞世后，身为长子的饶宗颐既要管理父亲留下的产业，又要完成父亲尚未完成的著作《潮州艺文志》。年少的他迫不得已，只能在两者之间做出选择，饶宗颐最后放弃了家里的生意，选择继承父亲未完成的学术。经过努力，他终于在18岁那年完成父亲的遗志。那本《潮州艺文志》，也为饶宗颐打开了家学与天啸楼之外，更加广阔的世界。

饶宗颐出生于1917年，也就是民国六年。就是这一年，蔡元培就任北大校长，并在就职演说中开宗明义地宣称：“大学者，研究高深学问者也。”这一年，第一次世界大战接近尾，俄国发生了十月革命。当时中国整体的学术氛围自由开放。基于这样的时代背景，加之家学渊源和富裕的家庭条件，饶宗颐从小便拥有了大多数人望尘莫及的学习条件。据熟悉饶宗颐早年家学背景的研究者介绍，他早年在初中读书时，认为学校教授的内容过于疏浅，于是要求退学。饶鄂并没有阻挠儿子的选择。

1906年，清廷废除科举后，新式学校开始兴起，到民国期间，逐渐建立了一套教育体系。这套教育体系是由公办学校、私立学校和外国教会学校共同组成的，具有相当大的包容性和灵活性。学生可以根据自己的实际情况投考不同的学校。民国年间国学之脉还未曾断绝，当时的读书人家庭都很重视对子女的家学培养，钱钟书、钱仲联、陈寅恪等一大批学术大师的学问根底，都是由家学培养出来的。

至于饶宗颐，大富人家的公子，不专注经营却独爱学问，这种选择能被家族坦然接纳，不能不归结为受当时开放、包容的整体时代氛围的影响。

地利：香港成就了东方鸿儒

1935年，饶宗颐遵父亲遗愿完成了《潮州艺文志》，并发表于《岭南学报》1935年的第四卷和1936年的第五、六卷。文章刊出后，引起了时任中山大学校长邹鲁的注意，于是，不到20岁的饶宗颐被聘请担任广东通志馆的专任纂修。抗日战争初期，他又被中山大学聘为研究员。当时中山大学地方志的藏书非常丰富，仅次于北京，这给饶宗颐提供了非常难得的学习机会。

1938年10月，日军占领广州城，中山大学迁往云南。饶宗颐原本打算经香港再去云南，但他在香港大病了一场，只好滞留当地。据史料记载，1938年的香港，云集了大量前来避难的学者，包括鲁迅、胡适、陈寅恪等人，他们在此讲学、任教。此时，朋友们都劝饶宗颐不要去云南了。犹豫中，饶宗颐遇到了商务印书馆前任总经理王云五和大学者叶恭绰，他接受了两位大学者的邀请，先后协助王云五、叶恭绰编《中山大辞典》和《四角号码》，以及《全清词钞》。在此过程中，饶宗颐接触了大量古文字材料和珍本。正因为如此，饶宗颐在香港长期居住下来，并且在1940年推出了成名作《楚辞地理考》上、中、下三卷，他提出的许多观点与楚辞学大师钱穆相左。当时45岁的钱穆已经是大家，而饶宗颐只是23岁的后生。

1952年，饶宗颐进入香港大学中文系任教，全面浸淫在汉学的研究中，并一路高歌猛进，其间推出了《殷代贞卜人物通考》等轰动国际学术界的著作。

饶宗颐曾说过，他是幸运的，很多学者做学问的环境都没有他好。比如有一次，他去日本进行学术访问，按照规定一个礼拜后要回来上课。但他在日本发现了一些感兴趣的课题，于是写了一封信给当时的系主任罗香林教授，要求找人代他上课，等他做完研究后再回港大。这种宽松自由的学术氛围至今仍让大陆学者羡慕不已：要研究梵文，他去印度；要考证甲骨文，他到日本；想研究敦煌学，他去法国……用了半个世纪的时间，饶宗颐的足迹几乎遍布世界各个角落。“世界五大洲除了非洲，我在很多世界文化最高级的研究机构里教过书和做过研究，知道别人是怎样做学问的；我吸收了他们的长处，用到我的研究中来，所以我是幸运的，也是特殊的。”谈及香港对他的影响时，饶宗颐充满了感激。

家学为饶宗颐打下了坚实的基础，而香港给了饶宗颐充分的学术自由和至高的学术尊严。

1962年，因在甲骨学上的杰出贡献，饶宗颐获得被称为汉学界的诺贝尔奖——儒莲汉学奖。1993年，他获法国索邦高等研究院人文科学博士学位。这是125年来，索邦研究院首次授予人文科学博士学位，也是首次授予一名外国人。

饶宗颐在学术上高歌猛进的时期，大陆学者们却不幸遭遇“文革”。钱钟书在河南省罗山县“五七干校”收发信件时，饶宗颐或许正在世界上某个他感兴趣的地方专注地做着研究……

在很大程度上来说，香港成就了饶宗颐。在这里，饶宗颐逐渐成长为“中国文史活的百科全书”“全欧洲汉学界的老师”“当代最伟大的汉学家”等。

当然，饶宗颐对香港同样重要，他让这个世界金融中心绽放出耀眼的文化光芒。余秋雨曾经说过：“香港有了饶宗颐，就不能说是文化的沙漠。”

人和：学问之道“有容乃大”

在人生或事业的不同节点上，遇见什么样的人非常重要，这就是所谓的人和。

饶宗颐年少时，除了家学滋养外，还遇到了两位对他影响很大的老师。一位是他的古文老师王慕韩，教他作古文要从韩愈的文章入手，先立其大，养足一腔子气。饶宗颐曾说文学的修养非常重要，“治一切学问，文学是根本”，因为“文学主情，可以养气”。在学问的道路上能走多远，就看你的“气”“力”如何了。饶宗颐后来在学问上能够打开如此庞大的格局，跟他学文从韩愈的文章入手有很大关系。另一位是他的书画老师杨栻，杨家藏有几十幅任伯年的画，饶宗颐都一一临摹过，这为他在书画方面打下了坚实的基础。

青年时代对饶宗颐做学问影响最大的，则是在香港遇到的王云五和叶恭绰。王云五和叶恭绰都是民国时期介于政治和学术之间的重要人物，又都是著名的藏书家。饶宗颐在协助他们编书的过程中，得以遍读两人家中的珍版藏书，为以后的学术发展开拓了一片新天地。饶宗颐学术中的古文字学、甲骨学、词学、敦煌学等学科的研究，都起源于这个时期。60年后，饶宗颐如此庆幸他当初在香港的奇缘：“我是在一个关键时刻，也是老天有眼，生了这场病，得到了这个机会。这说明学问之事，也是有些机缘的，师友都是机缘。”

1979年，饶宗颐从香港大学退休。但他坚信，学者当退而不休。于是他再度去了法国，在法国高等研究院宗教部讲授“中国古代宗教”课程。此后，他在新加坡开画展，到澳门大学担任客座教授，在中国大陆、日本、美国耶鲁大学讲学，直到2000年，由香港特首董建华先生亲自给他佩戴“大紫荆勋章”后，饶宗颐的脚步才稍稍慢了下来。

如今，95岁高龄的饶宗颐仍未放弃研究学问和写书法，他每天最大的乐趣还是看书、写字和画画。书法已经成为饶宗颐的一项运动，他每天早上7点起床写字，然后9点休息，11点开始看书。

饶宗颐、李嘉诚，作为20世纪自潮州走出来的巨擘，一个自学成才，一个白手起家，成为华人文化、经济上的两大高峰。李嘉诚之后，也许会有更多“李超人”；而饶宗颐之后，许多人担忧后继无人。但饶宗颐说：“我不大担心文化传承会断层。重要的是启发他们，‘啊！原来古代文化也有趣’。像我，一直生活在兴趣之中。”

饶宗颐学术三阶段

饶宗颐学术研究的范围之广，成果之多，在同时代学者中很少有人能与他相比较。根据饶宗颐对自己学问的归纳，他的学问大致可以分为八个门类：敦煌学、甲骨学、词学、史学、目录学、楚辞学、考古学、金石学、书画。

华东师范大学胡晓明博士将饶宗颐的学术生命活动分为三个阶段，认为饶氏治学途径的开展，经过了一个由本土传统学术到海外汉学再到旧学新知相融贯的过程，三个阶段他都能尽其能事、致其曲折，故其学问境界能得其大，可谓“更行更远更生”。三个阶段是这样划分的：

第一阶段（1937年至1949年），饶宗颐早年继父志完成《潮州艺文志》，又撰成《广东易学考》，但这还只是桑梓文献目录之学。后来青年饶宗颐来到香港，跟随学者王云五、叶恭绰，兴趣遂扩大到词史、古文学、诸子之学、考古学和敦煌学。20世纪30年代参加禹贤学会，治学范围扩大至四裔地理之学。1946年撰成成名作《楚辞地理考》。

第二阶段（1952年至1978年），香港中文大学任教时期是第二阶段，代表作是《殷代贞卜人物通考》《饶宗颐集林史林》及《文辙》等。这是大放光彩的一个时期，其特点正是著名学者钱仲联先生所谓“通域内外为一杭”。这与饶宗颐居处香港，得其广结道缘之方便有关，更与其勤于走路、勤于访学、“上穷碧落下黄泉”地搜集材料的治学精神有关。

第三阶段（1978年至现在），他除了继续域外新学（如比较文明史等）的开辟之外，还进行了多次内地之行，如中原考古、四川考古等。他尽量利用前一阶段所积累的多方面的域外新知，再回返内地极为丰富的文史资源，在上古史、地理学、宗教史、艺术史等多个领域进行从心所欲、左右逢源的创造性学术工作。

蔡东士（左）、许德立（右）向饶宗颐赠送纪念品

专访港大饶宗颐学术馆研究中心主任郑炜明

现代社会有专家没学者

文/陈永恒

做学问要凭兴趣

时代潮人：饶宗颐先生研究领域极其广泛。他是怎样平衡博与专的呢？

郑炜明：饶宗颐先生年轻时做研究，完全根据自己的兴趣，喜欢什么就去研究什么，根本不管这个研究会不会给自己带来名和利。但是现在的学人做研究，首先考虑的是能否上核心学术期刊，这个东西会不会在自己评职称时有所帮助，会不会带来经济回报等。现在整个学术界都非常功利。饶宗颐先生同一辈的学人做学问基本跟他一样，觉得有兴趣了，文学也研究，《易经》也研究，甲骨文也研究，梵文也研究。曾经有个学者问饶宗颐先生："你是哪个专业的？"饶先生很幽默地说："唉，很惭愧，我无家可归。"除此之外，这也和现代科学的精细化分不开。现在整个学术界都太强调专业了，一见面就问你是哪个专业的。比如介绍自己是中国文学研究的，这不够专，你要说自己是研究现当代文学的，这仍然不够，非得说自己是鲁迅文学研究的，这才算介绍清楚了。所以现在我们有很多鲁迅研究专家，但他们一旦脱离了鲁迅，可能什么都不懂。很多人也会说，饶宗颐先生的研究面是很广，但是基本没有一个领域能够排第一。确实也是如此，饶宗颐先生不可能和那些一辈子搞鲁迅研究的学者比拼鲁迅研究。

时代潮人：饶宗颐先生的学术研究经历，能给当代学人哪些启发？

郑炜明：其实就像一场体育比赛，有人跑一百米很厉害，经常拿冠军，当然这很了不起，也是他的专项。但是除此之外，还有十项全能冠军。其实饶宗颐先生更像一个十项全能选手。与当代学人对比，饶宗颐先生那个时代的学人更加强调全才，比如说王国维先生、陈寅恪先生等。他们没有受过很系统的专业教育，甚至没有正儿八经的学位。陈寅恪先生就是在西方各个国家、各大学之间游学。所谓游学不仅是讲授自己的学术，更重要的是吸收别人的东西。所以，陈寅恪先生游学十几个国家，也没有拿到一张文凭。但是当他回到清华大学，照样是国学院里面的四大导师之一。当时梁启超就写文章说，“他那些短文就已经比我的长篇大论要厉害”。这就是饶宗颐先生那个时代的制度，只要你获得了一些大学者的推荐和认同，就表明你的学术地位已经建立了。这种情况在当下学界几乎是不可能存在的。

给当代学人的建议就是，不要把自己局限在某一个领域，不要把自己变成专家，而应该成为学者。所谓的学者，是他能够横跨许多领域，成为一种“通人”，成为“究天人之际，通古今之变”的真正的大学问家，不仅能够看到空间，还能够看到时间。

时代潮人：你觉得家学对饶宗颐先生的影响有多大？对比现代的家庭教育，有哪些启发？

郑炜明：中国传统教育是非常强调家学的。在1949年前，还有很多拥有良好家学的学者，比如后来在国学领域比较有名的杨树达、杨伯峻教授等。饶宗颐先生的教育是传统中国家学的典型代表。饶宗颐先生从幼年起，就整天浸泡在家里的天啸楼读书。当时天啸楼藏书有十几万部，基本上相当于一个小型图书馆。没人知道这段时间饶宗颐先生究竟读了多少本书，这种学习的一个好处是，时间只用在自己的兴趣方面。不像现在的小学、中学，有的科目可能你不感兴趣，什么地理、物理、化学等等，但是非读不可。因为你要参加高考，所以必须学这些。所以说，当现在的教育体制化后，你很难有机会让你的孩子完全漫无目的地在家读书，而且现在法律也不允许。比如说香港，不送到了法定年龄的小孩去学校接受教育，是会受到法律处罚的。从这个角度来讲，像饶宗颐先生那样完全由家学培养出来的人才，当今社会上基本没有了。

时代潮人：除了父亲外，还有哪些人在饶宗颐先生成长的过程中起了重要影响？

郑炜明：除了家学，青少年时期对饶宗颐先生影响很深的人主要有

2009年在香港跑马地花园家中接受采访

这几个：一是顾颉刚教授。大概21岁的时候，饶宗颐先生就在顾颉刚主办的刊物《禹贡》上连续发表了4篇论文。当时顾老的刊物几乎相当于我们现在的核心期刊，能够在上面发表论文的都是这个领域的教授级人物，所以说在圈子里是很有影响力的。除了顾颉刚之外，还有孙诒让、顾炎武等。其中很值得一说的是一个名叫林仰山的外国人，1949年前他是齐鲁大学考古系学家，后来到香港大学做了中文系系主任，就是他破格录用了饶宗颐先生。你也知道饶宗颐先生没有任何学位，要不是有顾颉刚和林仰山他们对他的特别对待，应该不会有后来的饶宗颐。

学者要有文化自信心和自尊心

时代潮人：香港对饶宗颐先生的学术研究有哪些影响？

郑炜明：来到港大后，饶宗颐先生主要教授古典文选，他最常开设的科目是昭明文选。除了授课外，饶宗颐先生的研究面也扩大了不少，比如说甲骨学、敦煌学、古典文学、史学都进行了研究。正是依托香港开放自

1960年，饶教授在香港大屿山，46年后，他所站立之处成为“心经简林”所在地

由的环境，饶宗颐先生才有机会与世界上不同国家和地区的汉学家进行交流沟通。有机会做自己想做的事情，认识自己想认识的人。

时代潮人：中国人的性格普遍内敛，埋头治学的多，而既长于治学又善于交流的甚少，饶先生为什么能平衡得如此好？

郑炜明：我很清楚现在的学者对外交流的时候是怎么回事，阿谀奉承、故意迎合，最好让外国人捧他几句，这样他就高兴了，回去也有面子。但是饶宗颐先生是站在中华文化的立场上来交流的，他极其强调文化的自信心和自尊心。比如他现在主编《华学》杂志，他很欢迎外国汉学学者投稿，但是有一个条件就是要用中文。假如他们不懂中文的话，自己找人翻译再投过来。在交流的时候，可以有辈分之分，但是学术观点上人人平等，在这方面他不会做丝毫让步。他曾经在《华学》发刊词上批评中华文化在鸦片战争之后丧失了自信心和自尊心，这是很要命的。所以中华文化的当务之急就是建立自信心和自尊心。只有有了自信心和自尊心，才能做到比较好的文化交流。其实许多国外的顶级汉学家是看不起我们的，因为他们在研究中华文化方面确实做得比我们还要好。

时代潮人：这是学术态度问题还是学术能力问题？

郑炜明：本质上这是一个态度问题。其实我们在做汉学研究时是有先天优势的，我们的母语是汉语，我们资料的取得又比他们方便。但我们经常采取学术工程这样一种运动化的模式，希望能取得某方面研究的突破。但是研究是需要时间的，不可能在你需要的时候就出成绩。所以许多学术工程成为烂尾工程。上个月，一个很有名的法国汉学家汪德曼先生来香港大学开讲座，整个现场都很好，但是在提问环节很多人问“中国文化怎么办？”“未来该怎么走？”这样的问题。汪先生很恼火：“这是你们自己的问题，不要凡事都问外国人，觉得他们说的什么都是对的，对自己一点自信心都没有！”所以说，需要重建我们对学术的态度、自信心和自尊心。

做学问没有退休之说

时代潮人：这些年中国的经济表现很好，但是中国的文化怎么就越来越没有自信了呢？

郑炜明：自从五四运动之后，我们本来可以很好地发展科学，大量引进先进技术，但是我们错过了那一段。以致现在像钟摆一样，到了另外一个极端，整个社会都倡导理科，一下子就科技至上了。现在大学的校长和国家的领导都是理工科出身，而不是文科生。

时代潮人：我们发现一个很有意思的现象，饶宗颐先生的很多学术成果都是在退休后才弄出来的。这就有点不能理解了，退休之后本应该养养花、遛遛狗什么的。饶宗颐先生的学术生命周期为何这么长？

郑炜明：我觉得这还是个态度问题，饶宗颐先生没有制度内的那种心态。所谓的制度内心态就是指退休了就退休了，授课终止了，学术研究也停止了。但是饶宗颐先生经常讲要退而不休，他说做教授和学者的人，应该关注的是学问，而不是退不退休的问题。“学问哪有退休的说法呢。”他经常批评现在大学的退休制度，“对于研究中华文化的学者来讲，60岁退休太早了，这个年龄刚刚读过几本书，还处在研究的入门阶段”。现在许多教授一退休，就不做学问了，说自己没有职位，也没有办公室。其实搞学术是个人的事情，和你担不担任院长，是不是博导没有关系，所以饶宗颐先生一直做学术到88岁。他说之前的几十年基本都在积累，到了后面这二十几年才把这些积累整理出来。

时代潮人：无论哪个领域，功名或多或少会削弱人的斗志、分散人的精力。在这方面，学者也不例外。饶宗颐先生早就奠定了他在学界的地位，荣誉无数，但名与利似乎并没有束缚住他，他为什么能如此超然？

郑炜明：饶宗颐先生很看重的是自己的研究，只要研究做出来了，他的书照样出，著作放在那里，迟早是有人要看的，短时间内没有人知道也没关系。有不少香港学者说，我们学问做出来了，但是内地的学者都看不到，做了等于白做。其实这是进入了一个误区，还是把自己的研究和外人的评价、社会的功名等结合起来，这是很不好的现象。其实只要你的学问做得够深够精，将来做学术史回顾的时候，历史总会对你有个说法，最后还是公平的。

时代潮人：饶宗颐先生是潮州人，他对潮学研究的最大贡献是什么？

郑炜明：饶宗颐先生认为潮州文化和中原文化，甚至是唐朝以来的文化，他们之间的关系并不陌生，甚至还有许多继承关系。他的父亲饶鄂老先生因编写《潮州艺文志》劳累过度，在饶宗颐先生16岁那年便匆匆离开了人间。后来饶宗颐先生继承父志，一方面将父亲的诗文遗稿编成《天啸楼集》，另一方面旁搜博采，拾佚钩沉，完成《潮州艺文志》，后刊于《岭南学刊》，成为潮学研究的重要史料，一直被沿用至今。饶宗颐先生对潮学的研究是很专业的，对于那些自己不擅长的领域，比如工业志、科技志等，他就请相关专家协助。所以他开创了方志研究一个新的体例，这些体例一直到现在还被学界推崇。

时代潮人：饶宗颐先生今年95岁了，但是仍然坚持参加重要的学术及社会活动，身体健康、精神矍铄。他在养生方面有什么好的心得或秘密？

郑炜明：心态很重要。比如他现在应酬依然很多，他也知道许多人请他吃饭是有很强的目的性的。但是饶宗颐先生说："那没关系呀，反正我每天也是要吃饭的，吃饭的时候顺便认识几个朋友，也不是坏事。"所以说，这就是一种超越世俗的观念。比如说现在很多人结识饶宗颐先生，是要请他写字画画。但是饶宗颐先生说："我知道呀，反正我每天也要写字、画画的，把那些字画给他们就可以了。"他现在就把练字、散步当作健身和运动。至于饮食和休息方面，这就得感谢饶宗颐先生的女儿饶清芬女士，她把父亲的饮食起居打理得井井有条，可以说厥功至伟。

“学问要接着做”的感悟

文/饶芃子

穿越学科边界，汇通众学

饶宗颐先生的学术领域极其广阔，他的研究成果，涉及国学的各个领域，在研究范围、对象和方法上，突破了学科与门类的界限；原创力强，是许多学者公认的饶先生治学的一个显著学术特点。胡晓明

饶宗颐先生出任重修《潮州志》总纂，在修志馆前与诸修志人员合影

教授在《饶宗颐学记》中曾用很形象的语言来表述饶宗颐先生的这一特点："饶宗颐学术特点即尚新尚奇，几乎是打一枪换一个地方，几乎是村村点火，处处炊烟。"还借《圣经》中的"叩门，就给你开门"，说明其尚新出奇而处处获胜。饶宗颐先生的"奇"和"胜"，是因为他有丰厚的学术积淀，学识渊博，能汇通众学，看到问题之所在，发现问题，从问题出发，"接"着前人的话说，提出自己的新看法。饶宗颐先生新近曾对《羊城晚报》记者表述自己做学问的方法："学问要'接'着做，而不是'照'着做，接着便有所继承与发展，照着仅沿袭而已。"这个"接"字，是需要人们好好消化的，这是学术研究方法论的核心问题。从饶先生七十载的治学轨迹看，他是从早年文献目录学开始，到词史、古文学、诸子之学、以及考古学、敦煌学，再扩大到地理学、宗教史、艺术史、海外汉学，以及中外文化交流史等，直至在中西文化交融的视野中，旧识与新学相融合，创新说，立新论。由于他这条"路"是扎扎实实穿越各个学科、门类走出来的，而且环环相扣，彼此互动互促，每一阶段都有原创性的代表作问世，形成一个独特的多姿多彩的跨学科、文类的学术世界。在这个

1997年7月，饶宗颐在广东省潮联青委会的雅集上挥毫

"世界"里，传统所认定的各学科、文类的"门"是开着的，并没有锁闭的边界，所以面对具体的学术问题，就有可能从不同角度、视界去投射，进行学术的交叉整合研究和综合的诠释。

文献与实物互动，新知与旧识交融

"文、物互动"的实证研究方法，也是使饶宗颐先生的学术成果富有原创力的重要途径之一。饶宗颐先生说他的治学程序是反复"磨"原典、原材料，如他对楚国出土文献的研究，前后长达40年。而他在20岁前作《顾炎武学案》时，就学会"走路"做学问，通过实地考察，以文物实证来修正、填补文献记载的偏差、空白。这种"踏勘"的治学方法，使他能放开治学的眼界，做到"在纸上之文献到地下之文物之间，随时建立一种有机的生动的联系，使其学术生命常具生生不息的活力"。

近20年来，随着世界性文化的转型，多元文化崛起，横向开拓、寻求参照，成为这一时期文化发展的一个突出特点。在这种新的文化形势下，东西方特别是中西方文化交往日益增多，中国学者对中国历史文化的研究有了新的思考方向。当中有两点是比较明晰的：一是认识到中国文化源远流长，有自己独特的阐释体系，在研究中应特别重视，挖掘和发展本民族的这种文化属性，并将其推向世界；二是认识到文化不是封闭的个体，而是不断变化发展的，研究本国文学不应只局限在本民族的文化视野内，而应扩展到与其他文化的"对话"之中。正是着眼于此，近几年，许多学者都十分重视对中国传统文化的研究，希望回返自身文化源头寻求资源，发现、认识自身文化的特点和优势，如中国独特的思维形式、言说方式等，并将其推向世界，成为新的世界多元文化景观的一员。读饶宗颐先生的著作，感受他开放的学术视野和方法，我认为，饶宗颐先生以他所走的道路和在世界汉学研究上卓越的建树，为我们眼前的探索提供了一种典范，树立了一个光辉的榜样，开拓了一条把国学推向世界的充满阳光的学术道路。

（作者系暨南大学教授、著名学者）

陈凯旋：日化王国低调的掌舵人

提到苹果，很多人会想到乔布斯。提到万科，很多人会想起王石……然而，尽管中国有几亿人用立白的产品，却很少人会将立白与陈凯旋联系起来。今天，越来越多企业家走向前台为他们的企业吆喝并将自身塑造为企业品牌的一部分，陈凯旋却一如既往地低调，淡定地做立白的幕后推手。媒体鲜有机会走进他的内心世界和他的家庭。然而，当社会需要、员工需要、市场需要时，他却毫不犹豫地走向前台，尽显企业家的敏锐、责任和使命。在他的营商理念中，企业应该高调，长袖善舞，勇立科技的潮头、市场的潮头；而企业家，应该不显山不露水，运筹帷幄。低调，或许是陈凯旋的性格，或许是他的独特商业策略。近期，我们数次前往位于广州市荔湾区动感小西关德星楼的立白企业总部，对陈凯旋和他的团队进行了多方位的采访。立白是陈凯旋的杰作，也是时代的产物；走进陈凯旋与他的日化王国，其实也是追寻一个民营企业在中国改革开放浪潮中迅猛发展的轨迹。

大赢在德：

高调做事，低调做人，打造百年立白

潮汕人自古善营商。改革开放以来，他们的商业触角更是敏锐地深入几乎每一个有利可图的领域。然而，在众多潮商中，真正能称得上企业家的比例并不高。一般商人长于在流通过程中获利，对商品的忠诚度不高，什么能赚钱就做什么。与商人相比，企业家更专注塑造品牌，像培育子嗣一样专注、持久而倾心，企业家甚至带有浪漫主义色彩。对于陈凯旋，1994年是他人生的重要分水岭。这一年，他从赚取买卖差价的商贩努力地往一个企业家转型。自此，他的人生与“立白”紧密相连、荣辱与共。

“做企业真的很辛苦”

“做企业真的很辛苦。”

2012年7月3日上午，我们采访完立白企业集团党委书记许晓东后，终于见到了陈凯旋，这是他说的第一句话，也是唯一一句与采访内容有关的话。

说这句话的陈凯旋，是年销售额过百亿元的著名日化企业广州立白企业集团总裁、广东省日化商会会长、广东省政协常委、广州市荔湾区政协副主席、广东省潮人海外联谊会名誉会长……在外人眼里，他的企业、他的人生如同他的名字，辉煌而凯旋，已经站在了鲜有人能及的高峰。然而，如果了解中国的产业环境和日化行业的市场竞争状况，我们就不难理解陈凯旋的这句吐槽。

2007年5月，陈凯旋和李嘉诚（右）在一起

如今，中国日化行业的市场化程度非常高，立白的竞争对手中，既有宝洁、联合利华这类老牌世界500强企业，也有浙江纳爱斯这样改制成功的国内现代企业，其他名不见经传的小企业更是多如牛毛。中国大众消费者的品牌忠诚度并不高，他们对日化产品的选择更注重性价比，通俗地说，就是又好又便宜。但是，要让消费者认可，就必须提高产品的科技含量，同时进行频密的广告投放，让经销商和消费者在认知层面接受你的产品。而近年来，原材料、人工、渠道、新品开发、品牌传播、融资等方面的成本节节攀升。由于成本升幅过快，不少日化行业的企业家或主动或被动地收缩战线，转战房地产或投资金融产品。这是基于现实的一种理性选择，难以用是非对错去衡量。在一次面对媒体谈立白的战略方向时，陈凯旋表示：不炒股，不进入房地产；实实在在地做品牌，虽然很艰难，但还是要坚持到底。如果见到什么好赚钱就丢掉原来的去做别的，以后本土品牌就越来越少了。立白企业集团党委书记许晓东在接受《时代潮人》专访时，也明确表示，立白不做非相关多元化的投资。在这样的市场环境下，执着而专注地做实业，而且高调地表态，

2011年11月，广东省潮人海外联谊会会长蔡东士（右）向陈凯旋颁发“情系桑梓扶贫助困突出贡献奖”

不收缩战线，不随便转移，怎能不苦？

“做企业如做人，我们不能留下大笔的财富，但至少可以留下一个让人尊敬的名声。”立白的专注，其实也是陈凯旋的执着与坚守。

陈凯旋出生于1958年，一降临人世就面临饥荒。他们这一代企业家，普遍经历过因物质匮缺而导致的生活窘迫，这种经历最终沉淀为对那个年代的集体记忆，让他们有着与生俱来的使命感及济世的情怀。

1979年，中国实行改革开放政策以后，大量涌入的外资成为推动经济发展的引擎。管理、品牌及技术优势，加上从中央到地方给予外资的超国民待遇，外资企业顺势在广阔的中国市场上全线布局、攻城掠地。几十年过去了，越来越多人发现，当年让渡出去的市场并未如愿换来技术，民族企业、自主品牌在“与狼共舞”的过程中，不是被吃掉，就是被迫寻找差异化生存策略，退居食物链下端吃些小鱼小虾以避开正面竞争。涉及十数亿人生活消费的日化产品领域状况也相类似，联合利华、宝洁、高露洁等世界巨头都有超过100年的历史和积累，大军压境下，国内不少老品牌，例如活力28、小护士、中华、高富力等，纷纷被外资收购并逐渐淡出消费者视线。而洗洁精、洗衣粉、洗衣液等产品，由于陈凯旋和他统领的立白企业的坚持，几乎独树一帜地在市场上与外资品牌抗衡。据了解，在宝洁内部列出的中国市场竞争对手名单中，立白是唯一一个连续八年都上榜的中国品牌。

1994年前后，由“低买高卖”的商人转型为办实业时，陈凯旋也许想不到会有今天所能企及的高度。在一次讲话中，他无限感慨地与听众分享他的经历：我们选择了一个不被看好的行业，选择了一条注定充满坎坷的道路，我们深知自己的弱小，所以我们走一步看一步，从产品、市场、工厂、渠道、品牌、知名度，一步步地提升，一点点地学习。失败的变数太多，我们尽可能地走得小心，走得平稳。

陈凯旋没有告诉我们过去有关苦和难的细节。也许他认为，那些是一种自然而然的经历。那个年代的潮汕同龄人，几乎都有着类似的经历。我们从其他媒体的描述及他身边人的介绍中，还原出早年的陈凯旋。

从1975年开始，他在广州黄埔港的工地上打工，从事“最没有前途”的泥水匠工作。1988年，宝洁进入中国，落户位于黄埔的广州经济开发区，其厂区距陈凯旋打工的工地并不远。1988年春节前，陈凯旋用3000元积蓄买了满满两箱洗衣粉、洗发水回家。那时，从广州坐车到普宁要一整天，几乎还没有物流的概念。那时，从广州进一箱洗衣粉到潮汕地区卖，可以赚30元。尝到甜头后，陈凯旋就此当起了“倒爷”，每周奔波于广州与潮汕地区倒腾商品。那是一个“垃圾都能卖出价钱”的年代，物资短缺，流通不发达，商品买卖几乎是卖方市场。改革开放初期，在许多人心目中，经商就是不务正业，甚至是投机倒把，因此，大多数人只好安于贫困、稳定的生活。陈凯旋抓住了这个特殊年代的良好商机，一年过后，他跑遍了潮汕地区的各大乡镇，并积累起了人生中的第一桶金。

然而到了1989年，生意没那么好了，贩卖一箱洗衣粉的利润最低时只有5毛钱。一方面，他的贸易生意遇到了瓶颈，另一方面，他心中始终有一个情结，那就是要真正拥有自己的产品。因为做贸易，无论卖什么，无非是在帮别人赚钱的同时自己也或多或少地赚一点钱，而除了钱，自己什么都没抓在手里。另外，20世纪90年代初，在乡镇或农村，厂长是一个让人听起来肃然起敬的名头，甚至比乡长、村长更响亮。陈凯旋也打算办一个工厂生产洗衣粉——这是每家每户几乎天天都要用到的生活必需品，而且他熟悉这个市场。

“有事业心的人，做事都是为明天做准备，为未来做准备。”1991年，陈凯旋去北京中国工商总局注册了立白商标。

1994年，陈凯旋和哥哥带着五个人来到广州注册了一家公司，在麓景路的一座大厦租了三间办公室，“白天当老板，晚上睡地板”。作为洗衣粉及洗涤用品品牌名称，就算到了今天，“立白”这个词都非常形象、贴切。中国人偏好白，白往往意味着干净、漂亮，民间有一白遮百丑的说法。究竟谁最先想起“立白”这个词？据许晓东介绍，这是陈凯旋想到的。然而，他是在什么情境下想起这个日后成为著名商品及企业品牌的词，我们无法获得更详细的解释。

接下来的故事，几乎成了立白企业神话的标准版本：陈凯旋动员了一批亲友，他们成了打下立白江山的功勋，在中国的不同区域忠实地执行着陈凯旋制定的商业策略。为了打开销路，陈凯旋花了5000元钱在电视上为立白做广告。为了建立起销售网络，他扎进各地批销市场，锁定在当地排名列前的经销商，并说服他们专销立白……OEM在20世纪90年代的中国是一个非常新鲜的概念，但立白一开始走的就是OEM模式：自己的团队专注于销售渠道建设、品牌推广与管理、产品开发，而找有生产设备及能力的国有日化企业代加工。

今天，这些策略早已成了各种企业经营管理教科书中的经典内容，那些与陈凯旋、与立白有关的案例四处传颂。实际上，一个企业的成长过程非常复杂，有企业家个人独特魅力，有特殊的时代背景和市场机遇，还有许多多多不为人知的因素。

获誉无数的陈凯旋一如18年前起步创业时的低调。提起今天立白的成就，他几乎每次都说，立白是苦出来的，立白的每一分钱都是在苦海里捞出来的。20世纪80年代前出生的人，对“苦钱”这个词语一定不会陌生，在这个词语中，苦不是形容词而是动词，非常贴近地说明了企业发展及财富积累过程中的艰辛。后来，“苦钱”这个词逐渐被赚钱、捞钱、洗钱等替代。如果没有企业家愿意踏踏实实做实业，而是迷恋用金融手段在虚拟市场逐利，那么，市场经济就失去了扎实的实体基础。这年头，连做餐饮的“海底捞”都涉足商业地产了，陈凯旋及他领导的立白企业依然专注于单品利润空间并不高的日化产品，这是一种难能可贵的坚守。立白做大后，陈凯旋依然简朴低调，不像其他一些企业家，发达后会用报复性消费来弥补过去所经受的苦难。陈凯旋穿“金利来”，这是香港曾宪梓创造的二线服装品牌，小有名气，但很少有人会将它与奢华联系起来。陈凯旋不喝酒，甚至因为胃病，连潮汕人一向钟爱的工夫茶都舍弃了，他喝白开水，而且喝出了甘甜的味道。他打羽毛球、游泳、看书。他还研究老子的《道德经》，并和员工分享他的阅读体会。

好企业，要有好文化

文化不仅是生产力、创造力，更是参与全球化语境下竞争的“软实力”。立白的发展正是一个最好的诠释。

陈凯旋将立白企业的成功归结于良好的文化基因。“立白能够走到今天，与立白的核心文化是分不开的。我们的指导思想是国家好、社会好、消费者好、员工好、客户好，立白才好。”与时代共赢，或许是立白所倡导的好文化的核心。

有研究显示，中国新创企业的生命周期平均只有4.5年，能持续下去并做大做强的也是凤毛麟角。此外，即便已经立住脚的，在国际商业舞台上的竞争力依然有限，普遍缺乏发展后劲。政府、经济学术界及企业家都深入反思过这个问题，他们的共识是，企业文化是中国民营企业的短板。在商界，有“十年企业卖产品，五十年企业卖品牌，百年企业卖文化”的说法，但是，大部分民营企业依然只是一味追求商业利润，对文化软实力价值的认识普遍不深，不知道怎样在自己的非文化产品中融入文化概念元素，真正渗入企业或产品血液的文化元素少之又少。近几年来，因问题产品被公众与市场抛弃的一些知名民企，表面上，这是经营管理方面的问题，而根源在于缺乏健康的企业文化：当一个企业内部，自上而下全都认为利润至上，甚至逐利成了唯一目标时，这个企业就容易剑走偏锋，甚至迷失方向。2010—2011年，在中国共产党十七届五中全会与六中全会上，文化及文化产业被推到一个非常重要的位置。国家层面的文化大发展、大繁荣战略，将文化产业列为国民经济中的支柱产业，这些重大举措既是针对过往发展中普遍存在的问题，也是引导未来的方向。文化是个性的，也是柔软的。对于企业来说，可以购买先进技术、可以挖来高端人才，唯独无法购买、克隆文化；对于产品，一样的工艺、一样的材料，因为品牌差异，市场表现千差万别，而品牌的内涵就是文化。在采访过程中，当被问起“立白与竞争对手最具差异化的竞争优势是什么”时，许晓东肯定地回答：立白的好文化。这句话并非应景式的即兴之言。

2012年4月，立白企业总裁办专门编写了一本名为《好企业，好文化》的册子，用数十万字详细地阐释什么是立白所崇尚的好文化。年过九旬的广东省委原书记吴南生欣然题词：好企业，要有好文化。

那么，立白的好文化究竟是什么，好在哪里？

在参加广州市委宣传部组织的市民大讲堂“羊城学堂企业文化月”上，作为主讲嘉宾，陈凯旋系统地阐述了立白的“一、五、十”文化：“一”，是指一个经营管理总要求，“改革、创新、快速、高效”；“五”，是指“五个立”核心价值观，“立信、立责、立质、立真、立先”；“十”是指十颗心，“爱国心、感恩心、亲缘心、分享心、利他心、包容心、简朴心、平常心、自省心、自信心”。

如果单纯从文本上看，这些口号式的语词既不简练，也不新颖，比如爱国、责任、感恩、诚信……几乎是妇孺皆有所闻的常识。而实际上，中国人、中国企业，最缺乏的是对常识的理解和尊崇，因为在功利、浮躁的社会中，捷径、速成、窍门等远比常识更有市场。而在立白，这些常识性的文化，并不是企业外宣材料中的文案，而是早已渗透进立白经营管理中的每一个细节，并成为立白成功的优良基因。作为一家民营企业，立白不仅有自己的党团组织、工会，还成立了统战部、武装部。这些既非研发或生产，也与企业的经营管理没有直接关系的部门设置，目的就是让员工主动参与社会活动，在这个过程中逐渐培养他们对国家、对社会、对立白的责任感。在某种意义上，民企与国企的终极使命殊途同归，都是企业公民，通过具体企业行为造福社会，让各方面和谐共赢。

许晓东在解释立白的“一、五、十”文化时强调说，企业文化是一种凝聚人心、提升核心竞争力的无形资产，是企业生存发展的原动力。优秀的企业必须有与之相匹配的企业文化，优秀的企业文化也是提升企业核心竞争力的内在需要，这样才能使企业在不断的创新中发展、在持续的发展中领先。

在某种意义上，立白的“一、五、十”文化也是陈凯旋在创业过程中的感悟，是他从员工及客户身上总结出来的。立白的文化，可以成为大企业的文化，也可以成为小企业的文化，还可以成为家庭文化，甚至个人文化，因为立白的传统精神和文化与中国的传统文化一脉相承，非常简单、朴实，也非常实用。就是这样简单得近乎是常识的文化，一步步造就了今天的立白。

达则兼济天下

“全国最富的人群在广东，最穷的人群也在广东。”汪洋书记2010年前对广东省贫富差距的一句话，一直让陈凯旋耿耿于怀。

同样在2010年，陈凯旋在省内考察市场期间，了解到一些偏远贫困地区学生校舍岌岌可危的现状，他好似胸压巨石。

立白集团沐浴着党的改革开放春风发展壮大，多年来，企业在高速发展的同时，始终坚持一肩担业绩，一肩挑责任。作为一家立足于广州，成长、发展于广东，面向全国的民族日化领军企业，18年来立白成功打造了一套独具特色的企业责任运作模式，其核心就是“立信、立责、立质、立真、立先”的五立核心价值观和责任感文化，立白凭借“五立”蓬勃发展，透过“五立”饮水思源，立白人相信正是全社会源源不断的动力推动着立白的高速发展，立白要用感恩之心回报国家，用真诚之心奉献社会，用关爱之心回馈消费者。18年来，立白一直努力践行“立信、立责、立质、立真、立先”的核心价值观，致力于做专做强做大、振兴民族大日化，致力于产业报国、振兴中华、报效国家和民族，致力于创世界名牌、做百年立白；一直努力为消费者提供更优质、更环保、更有附加值、更符合广大消费者需求的安全健康产品；一直积极关爱民生、匡助教育、周济孤贫，以高度的社会责任感和感恩的心态回馈社会，热心公益慈善事业，关心弱势群体，先后为各种社会公益事业累计捐款将近两亿元。

2010年6月30日，中共中央政治局委员、广东省委书记汪洋在广州中山纪念堂宣布“广东扶贫济困日”正式启动，省人大常委会主任欧广源，省长黄华华，省政协主席黄龙云，省委常委、常务副省长朱小丹等省领导及社会各界代表共1600多人参加了启动仪式。启动仪式上，省长黄华华代表省委、省政府向全省人民及海内外各界人士发出“扶贫济困、共建和谐”的倡议，立白集团总裁陈凯旋在活动现场代表立白集团郑重捐出3500万元扶贫资金，用于支持省内贫困地区的教育事业，这是立白集团继玉树地震后的又一次巨额捐款。有人问，捐3500万元扶贫要卖多少洗衣粉？陈凯旋总裁说：“至少数百车，但回报社会不能用这来衡量。”陈凯旋总裁的善举也得到广东省领导的高度赞扬和肯定，受到汪洋书记等省主要领导的亲切接见。

在2011年6月30日第二届“广东扶贫济困日”上，立白集团秉承一直以来的社会责任感和感恩心态，再次捐出1000万扶贫济困资金，大力支持广东省扶贫济困事业。当天上午，中共中央政治局委员、省委书记汪洋，省长黄华华，省人大常委会主任欧广源，省政协主席黄龙云，在广州会见了立白集团总裁陈凯旋等爱心企业代表，并对他们表示感谢。

立白集团多年来一直热心公益，并对广东的慈善事业做出实质性的贡献，因此得到政府部门的一致肯定。6月28日，在广州市召开的“2011年广东扶贫济困日暨广州慈善日活动动员表彰大会”上，立白集团获得“羊城慈善先进集体突出贡献奖”，是日化行业中唯一一家获此殊荣的企业。而在6月30日的“2011年广东扶贫济困日活动启动仪式”上，立白集团再次获得“2010年度广东扶贫济困红棉杯金杯”奖。

面对众多美誉，陈凯旋一如既往地表示，感恩社会，回馈社会不仅是立白集团长期坚持的准则，更是每一个立白人发自内心的真诚心声和行动。立白集团将继续以高度的社会责任感和感恩的心态回馈社会，为构建社会主义和谐社会做出更大的贡献。

目前，立白集团成为国家商务部“万村千乡市场工程”全国范围的合作伙伴后，立白将开发适合农村需求的日化用品，以优惠价格供应“万村千乡市场工程”企业，为农家店提供商品陈列设备等相关知识培训，立白还将投入1200万元改善农家店条件。据悉，立白创建至今，已累计为社会公益事业、慈善机构等捐款过亿元，为构建社会主义和谐社会贡献了应有的力量，在社会和行业中树立起很好的口碑和较大的影响力。

【走近陈凯旋】·精彩观点

关于人才

人在前，才在后，先为人，后为才。立白培养人才，不但要教他们做事，更要教他们做人。

最开心的事：发现人才最开心，立白需要帮助，需要有更多的人才来分担。

用人之道：留住关键的，用好现有的，引进所需的，培养发展的。

关于事业

有事业心的人，做事都是为明天做准备，为未来做准备。

没有任何一条路是畅通无阻的，做企业其实就是一个不断解决问题的过程。我们看到了太多规则的瑕疵，我们不断完善，不断地改变规则，所以就有了机会。很多人抱怨找不到机会，问问自己，你对规则的理解和利用有多少？

我们选择了一个不被看好的行业，选择了一条注定充满坎坷的道路，我们深知自己的弱小，所以我们走一步看一步，从产品、市场、工厂、渠道、品牌、知名度，一步步地提升，一点点地学习。失败的变数太多，我们尽可能地走得小心，走得平稳。

做企业如做人，我们不能留下大笔的财富，但至少可以留下一个让人尊敬的名声。

办法总比困难多。没有不可能，没有做不到，只要有准备，只要有行动。

以帮助换取理解，以培训换取进步，以真心换取感动。

我最大的愿望，就是将立白做成百年企业。

关于人生

把心速放慢、调平，和平地感知世物，以善良之心待人做事。

包容是智慧，包容他人才能成就自己、成就企业。

胸怀有多大，平台就有多大，凝聚力就有多大，事业就有多大。

人必须靠自己，去磨炼修行，有大难就有大悟。

失败不是成功之母，失败之后的总结才是成功之母。

人之所以快乐，不是你得到的多，而是你计较的少。

我们要感谢家人。我尤其要感谢我太太。因为她一看到我黑着脸，就对我做手势：把拳头松开，舒展手指，提醒我放松身体、放松心灵。

【延伸阅读】·主要荣誉与社会公益

荣誉篇

2011年7月，立白集团党委荣获“广东省先进基层党组织”和“全国非公有制企业双百佳党组织”称号。

2011年6月，中国企业社会责任年会在京召开，立白集团因积极履行社会责任、表现优异，成功进入“2011（第三届）中国社会责任优秀企业”榜单。

2011年6月30日，广东扶贫济困日上，立白集团获“羊城慈善先进集体突出贡献奖”和“2010年广东扶贫济困红棉杯金杯”。

2011年1月，立白集团荣获“2010南方致敬慈善公益创新奖”。

2010年11月，立白集团荣获“广东省非公有制企业扶贫济困回报社会突出贡献奖”。

2009年6月，立白集团总裁陈凯旋获“中国公益事业形象大使”光荣称号。

2002年至2008年，立白集团连续七年荣登“中国私营企业纳税百强”榜。

2008年12月，立白集团被授予“广东省改革开放30周年功勋企业”称号，集团总裁陈凯旋被授予“广东省改革开放30周年功勋企业家”称号。

捐赠篇

2011年，出资768万元赞助全国九运会，支持体育事业。

2010年6月30日，广东省首个扶贫济困日成立。陈凯旋在启动仪式上代表立白集团捐出3500万元扶贫资金，用于支持省内贫困地区的教育事业。2011年6月30日，立白集团再次捐出1000万元扶贫济困资金。

2010年3月30日，在广州市民营企业家抗旱救灾“献爱心送甘泉”仪式上，陈凯旋代表立白集团向西南灾区捐赠价值30万元的一万箱矿泉水。

2009年12月29日，向广州医学院第一附属医院捐赠200万元。

2008年，向四川省汶川地区捐款100万元人民币；与此同时，立白集团员工还自发组织向灾区捐款捐物，用于援助灾区抗震救灾和灾后重建工作。

2007年，赞助贵州省400万元，支持农民工“我的兄弟姐妹”行。

2007年1月，在“爱如春潮”活动中捐款100万元，为促进革命老区教育、医疗事业发展做贡献。

2004年6月，出资200万元，与广东省人民医院合作开展“光明365”医疗扶贫，为贫困眼疾患者捐助医疗费200万元，使百名老人重见光明。

非典时期，立白集团为北京、广东、湖北、湖南、内蒙古等省市部分重点医院和医务机构捐款200万元。

向广东省“全民安居工程”捐款100万元。

向四川广安光彩小学捐款40万元。

向原广州市芳村区慈善会捐赠50万元。

戴德丰：爱国爱港爱乡的『食品大王』

在现今社会中，每个人积累财富的手段不同，对待财富和名声的态度也不同，但大多数人一辈子为财富和名声所累，哪怕他们早已攀上了常人难以企及的高峰。如何更好地利用自己的财富和名声，让这些身外之物发挥更大效用，这不仅是有所成者，更应该是整个社会思考的议题。戴德丰的大格局就在于，他不是将自己定位为一个成功的港商、一个充满爱心的慈善家、一个长袖善舞的社会活动家，他更热衷于利用自己多年积累起来的商业经验和广泛的政商资源打造一个沟通管道。这个管道有助于香港与内地省份的政商交流，让双方甚至多方优势互补、合作共赢。对他而言，这绝不是一名商人的闲事，而是他作为一名全国政协常委的分内事。

乐天达观戴德丰：

做人做事开心最重要

“开心最重要”。

在三个小时采访过程中，这句话戴德丰说了超过10次。无论谈及他的生意、他从事的公益慈善活动，还是食品安全问题、广东的双转移战略、粤港合作等，他随时能敏锐而乐观地说出其中的亮色。长远的眼光、敏锐的观察力、与人为善的亲和力、包容的胸襟和不断创新的智能，加上临事镇定、头脑清晰、全力以赴。戴德丰的开心，源自他内心的真诚、睿智和从容。

做食品是一门令人开心的生意

在广九直通车香港红磡站出口处，有一家四洲集团旗下的食品零售店——“零食物语”。离港前候车时，大多数内地游客会被这里琳琅满目的食品吸引，纷纷将他们手中零散的港币换成精美的手信。这些手信构成了游客对香港的记忆，也让接受手信的人感知到香港的味道、对香港有了舌尖上的期待。一座有魅力的城市，需要标志性人物、标志性建筑，更需要标志性细节。相对于香港发达的金融业，更多人感知香港是从美食开始的。美食是香港的标志性细节，这个标志性细节离不开四洲集团的食品，更离不开戴德丰。

时代潮人： 四洲集团最初是做食品代理的，当时为什么会想到做这门生意？

戴德丰： 我是从1971年开始代理日本零食的，至今做食品生意已经40多年。很多事情充满了偶然性。当年，我认识的一个叔辈刚好接手了一项

2010年，戴德丰荣获金紫荆星章，于礼宾府举行授勋仪式，由行政长官曾荫权先生颁授勋章

食品代理业务，他来我家做客时问我有没有兴趣做食品，还说，如果有兴趣的话就带我去日本。我一听可以去日本，当然有兴趣了。出于年轻人的好奇，反正就是想去日本看看。到了日本，看到很多背着书包的小学生手里拿着零食，电视里播放的食品广告更是精彩纷呈；去食品工厂参观，也被那些赏心悦目的食品吸引。有了这些美好的体验后，兴趣自然而然就来

促进粤港青年交流，每年全资赞助暨南大学优秀生访港

了。一次偶然的际遇，开启了我的食品事业，一做就是40年。

时代潮人：做食品生意至今，您成功的关键是什么？

戴德丰：我个人认为，其实做人与做生意的道理是相通的。做人，第一要努力，第二要诚信，第三要创新；做生意也是一样，离不开努力、诚信、创新。这个世界上没什么捷径，机遇再好，如果不努力，一切成功都与你无缘。“商者无域，诚者无疆”，如果你没有诚信，别人就不会和你做生意，真正好的生意，一定是你好我好大家好，不能只考虑单方面的利益最大化。这就像夫妻过日子，丈夫说非常幸福，而妻子成天抱怨婚姻不幸。这样的婚姻真能幸福吗？目前，我们代理着全世界30多个国家的著名食品品牌，最大的客户来自日本和巴西。40年来，我们和很多国家建立了良好的合作关系。能够将产品做好的企业很多，但能将生意做大，需要更高的智慧。至于创新，怎么强调都不过分，“一招鲜吃遍天”的年代已经过去了。现在的世界跟以前不同，不能总想着以前如何，而是要走在市场、行业甚至是世界和时代的前面。

至于做人，还有一点非常重要，就是要广结善缘、多交朋友。有一句俗语，“一个好汉三个帮”，如果你没有朋友，没有人支持你，做什么都会很困难。就算你非常厉害，单打独斗赚了钱，也不会开心。有了朋友，你可以和他们分享自己的经历和成果，自然开心很多。当然，朋友也不能滥交，朋友有益友和损友之分，不是什么人都能拉来做朋友，而是要找好朋友。做生意则要找好伙伴，可以共同打开市场的伙伴。所以我认为，成功其实很简单，做对了人，做对了事，自然就成功了。

时代潮人：您非常专注于食品行业，包括后来做酒楼、开咖啡馆、设农场等，基本都与食品有关。您为何没有像其他企业那样，选择多元化发展路径，什么赚钱做什么，比如房地产、金融产品炒卖？

戴德丰：我们是做食品生意为主，投资为副。其实做食品生意的门槛很低，很多人都在做，在街边开个快餐店卖粥粉面，或者开个士多店卖牛奶面包，这些都算，但做大做强并不容易。我们现在的业务是相当具规模的：第一，我们有21间食品工厂，主要生产自主品牌食品。第二，我们有自己的销售渠道，售卖自产或代理的产品。第三，我们有80多家零售店，有自己的餐厅、酒楼。第四，我们还有自己的种植和养殖基地，为自己提供食品的原料。第五，我们的食品业务多元化，主要从事上述食品原料供应、食品制造、食品代理、零售、餐饮连锁店，此外还有投资控股业务。

时代潮人：近年来内地食品安全问题备受关注，甚至一些知名品牌也卷入其中，被曝光后声誉极大受损，甚至因而退出市场。您觉得为什么会发生这样的事件？

戴德丰：最主要的原因是商业道德问题。做食品和做人一样，要有最基本的底线，监不监管，你都要自觉去坚守道德的底线。食品是入口的，关乎人的健康甚至性命，厂家怎么能为了赚钱用假原料、低品质的原料呢？如果道德这一关失守了，光靠监管，食品安全根本无法保证。所以大家都应该用优质原料做优质食品，令消费者食得放心，食得开心。

时代潮人：食品行业发展很快，竞争也很激烈，您认为未来食品行业会有哪些新的机会点？

戴德丰：民以食为天，虽然消费者对食品的需求量总体不会有太大变化，但对品类、口感、食材、外观设计等，不同时期会有不同要求。这也是为什么我刚才说永远都要创新。食品行业竞争非常激烈，要保持产品的竞争优势，一定要主动去研究新食材、新口感、新工艺。除了口感更好外，更健康、更低碳、更个性、更品味，或许是未来休闲食品的发展方向。

时代潮人：在商业方面您做得很成功，您有什么好的经验可以分享给后辈？

戴德丰：其实很简单，后辈年轻人，还是离不开要努力，要讲诚信，要敢于创新；此外，要开朗一点，懂得关怀他人。这些看上去很平常的道理其实并不简单。做生意有技巧，但好的品性远比商业技巧重要。

做慈善能让自己更开心

与其他企业家做慈善相比，戴德丰更平实：他的善举是多方面的，既抚孤济困，又赞助多种类型的文化交流活动。他的慈善动机更是朴实："有福才可以做慈善，做慈善能让自己更开心。"在香港，戴德丰的乐善好施及慷慨是出了名的。除了扶贫、支持教育和多方面慈善活动外，他每年还赞助超过100家大小民间社团。在内地，遇上地震之类的突发性灾难，他也会慷慨解囊。2008年，汶川地震发生后，他不仅捐款200万元，还积极促成震区的产业恢复项目。戴德丰先生是广东省潮人海外联谊会名誉会长，他竭力支持广东省潮联会从2004年起组织的扶贫助学活动，以及从2000年开始，每年举办"普宁市戴德丰博士高考中考优秀奖"颁奖，奖金多达1000万元。每年中秋前夕，戴先生还和广东省潮联会一起到潮汕地区的革命老区和贫困地区扶贫慰问，每次的慰问金和慰问品达160多万元。从2005年至今，已进行八届慰问活动，钱物总额多达1300万元。2009年在广州举行第十五届国际潮团联谊年会，戴先生任筹款委员会主任，他带头捐赠300万元。当然，因为他的善举，他也获得了很多赞誉，在"2011南方•华人慈善典礼"上，时任代省长朱小丹就为戴先生颁发了"南方华人慈善人物"奖。类似的奖项还有许多许多。戴德丰重视这些荣誉，重视的原因，倒不是这些荣誉可以给他带来商业利益，而是他觉得自己受到别人或组织的肯定，所以开心。与这些代表荣誉的证书或奖章放在一起的，常常是一封中学生的感谢信，或是一页内地政府官员写来感谢他的善举或感谢他推动内地与港合作的致谢公函。

从2011年开始，戴德丰每年夏天都赞助几十名暨南大学优秀学生访港，不仅安排他们参观香港群力资源中心、香港立法会、香港中联办、香港青年协会等机构，还邀请前行政长官董建华的夫人董赵洪聘女士、立法会主席曾钰成先生和青年协会总裁王鸣女士等名人接待来访的大学生，与他们分享做人做事的经验。在与首届优秀学生访港团成员座谈时，他告诉年轻人，“人生中，要有高人指点，贵人提拔，小人监督”。在他看来，有高人指点，关键时候可以少走弯路，有贵人扶一把，就有了新的可能。这种帮助他人扶携他人的感觉给戴德丰带来了另一种形式的开心，与做食品生意时的开心全然不同。很多学生回校后给他写感谢信。其中，一个学生这样形容他：“勤奋乐观”，41年来，每天早上5点半就起床上班；什么大问题到他这里，他都是以两个笑得深深的酒窝去面对；“关心别人，乐于奉献”，在家乡为学子设了奖学金，每年，都会回家乡亲自为他们颁奖。

时代潮人：您的善举好像和别人的不太一样，涉及的范围很广，似乎哪里都有您的身影，为什么？

戴德丰：我是开心和乐观派的人，对推动和谐社会、幸福社会都乐于贡献。更准确地说，我做的很多事情，其实都属于公益。公益的范畴

香港四洲集团向汶川学生赠送六一儿童节礼品

比慈善更丰富。比如近两个月我搞了一个粤港合作项目，这个不算慈善，这是服务社会，属于公益范畴。这项工作与广东的“双转移战略”有关，现任行政长官梁振英来了，广东省政协副主席汤炳权来了，外贸厅厅长梁耀文也来了，都是为了推动粤港合作。除了这些政商层面的公益活动外，在教育方面，我也做很多与年轻人成长有关的工作。

谈及公益，还有一件事，那就是全香港的社团有什么活动，不管是关爱老人的活动，还是青年协会的活动，只要找到我，我都积极赞助，或者是食品，或者是资金。每年我赞助的香港社团超过一百家，如果折现，总金额达2000万港币。

我倒真没仔细想过为什么会这样做，我觉得只要是好事，值得做的事，我都会做，可能这是与关怀社会、追求开心有关。

时代潮人：赞助这么多社团，您有什么选择标准吗？

戴德丰：这些社团都是在香港合法登记的，而且很有代表性，所以他们提出要求，我都大力支持。比如，成龙举办“成龙杯”，我也支持他，送些水、花生、薯片等。我和成龙是好朋友，经常互相支持。

时代潮人：您几乎每年都会亲自去潮汕四市扶贫。您亲自去和委派代表去，最大的区别是什么？

戴德丰：我亲自去，人家会更开心。做事要讲气氛，如果我亲自去，场面更热烈，更能鼓舞受助的贫困户或学生们。不然，就是单纯发钱发物，感染力不够。

时代潮人：美国钢铁大王卡内基说过一句话，“在巨富中死去是一种耻辱”。您认可他的观点吗？

戴德丰：我同意他的观点。有钱如果没有好好用，真是一种遗憾。行善的话，自己好，别人也会更好，大家都好。

时代潮人：您告诉暨南大学的访港大学生，“人生中，要有高人指点，贵人提拔，小人监督”。如何理解这句话？

戴德丰：做人希望有高人指点，关键时候有人点化，你就不需要走那么多弯路。再厉害的人，也有需要别人扶一把的时候，这个扶你一把的人就是你的贵人。至于小人监督，则是提醒年轻人，要警惕小人，做人行事要更谨慎。

时代潮人：您是在香港长大的，在活动中与大陆年轻人也有很多接触。您认为内地年轻人和香港年轻人相比，特别是现在的90后，最大的差异是什么？

戴德丰：我个人观察到的，香港年轻人因为处在香港这座国际大都市中，见识相对会多一点、更开放一点。内地的年轻人不是个个都有机会外出，见识可能会相对较少。但是，内地的年轻人都很棒，拥有他们的特点，只要更努力，前途无限。

乐天达观，内心充盈，忙而不盲

戴德丰很忙，仅仅在最近3个月，他就组织策划或参与了多项交流活动：2012年7月6日，策划组织并参加粤港食品行业专场对接会。7月16日，任香港广东外商公会访问团团长，带队赴汕头、揭阳、潮州交流考察。8月22日由广东省政协港澳台侨委员会与香港广东各级政协委员联谊会联合主办的“粤港共促‘双转移’暨肇庆高新区投资推介会”于香港举行，梁振英特首出席并取得圆满成功。8月23日又有第十二届“普宁市戴德丰博士高考中考优秀奖颁奖大会”。紧接着，又要准备一年一度的广东省政协粤剧“四洲杯”粤港澳粤曲演唱大赛颁奖晚会，当晚邀请到广东省委书记汪洋、省政协主席黄龙云、省委副书记朱明国等领导出席。9月24日有潮汕扶贫。然后是10月1日香港广东各级政协委员联谊会独家赞助维港烟花会演，当晚出席的主礼嘉宾有香港特别行政区行政长官梁振英、中联办副主任李刚、中国人民解放军驻港部队司令员张仕波、政委岳世鑫、外交部驻港特派员公署副特派员姜瑜、政务司司长林郑月娥、广东省政协副主席覃卫东、秘书长杨懂、律政司司长袁国强、中联办协调部部长沈冲、广东省委统战部常务副部长蒋乐仪及发展局局长陈茂波。每一项活动，外界看到的，也许是报纸上的一条消息、几张照片，也许是电视新闻中一闪而过的几个镜头，其实这些活动普遍有着“桥梁”或“平台”意义，能推动或促成政府、行业的某项决策。策划组织这些或许在公开场合只有几个小时的活动，除了耗费资金外，还需要在议程设置、人员联络方面做大量工作。作为多个社会组织与峰会的带头人，戴德丰的工作量大得常人难以想象。在9月5日接受我们采访的过程中，他从西服口袋中掏出一张近期行程表，上面密密麻麻写满了各项活动安排。与忙碌相比，他的状态很好，丝毫没有疲态，他自言，工作就是休闲，所以不觉得累。谈及家庭，戴德丰很开心地介绍说，儿子很帅，女儿很美，他们如今都在四洲集团工作，将来会继承他的事业。谈及教育子女的经验，他认为，主要有三点，对人好、有信用、开心。教育子女一定要身体力行，用实际行动影响后辈。做慈善是对孩子最好的心灵教育。戴德丰的名字是父亲起的，源自《国语•晋语六》中的厚德载福，意指有德者才能多受福。对于戴德丰而言，无论做生意为自己积累财富，还是为公益事业奔忙，本质上都是受德行的行动，他的内心时刻充盈，忙碌而不盲目。

时代潮人：您的很多活动其实与生意没有直接关系，为什么还要去做呢？

戴德丰：我是开心的人，我喜爱推动和谐和幸福社会。我不仅是商人，作为全国政协常委、广东省政协常委、香港食品商会会长，我要为国家、为香港多做贡献，这是我的职责。

时代潮人：据了解，您的父母在很早就来香港了，您更是土生土长的香港人。尽管如此，您对家乡的感情却非常浓。这种乡情是如何形成的呢？

戴德丰：我第一次回乡下，是13年前。那时，家乡普宁的县委书记通过南洋一位著名商人来找我。书记很坚定地告诉我，说我祖籍在普宁某某镇某某村，希望我能回普宁走一走。两三个月后，他们又来，请我去普宁。我就这样“被认祖归宗”了。

我跟他们到了我爷爷辈所在的村子，乡亲们夹道相迎，叫我阿叔。我才知道，原来我的辈分蛮高的。转了一圈，发现那里没有学校，只有一间简陋的房子，村里的小孩都在那里读书。于是，我就建了一所学校，可以容纳600多名学生。建了学校后，又设置了奖学金，还为乡人修建公路等。在做这些事情的过程中，逐步有了与家乡的情感连接。后来来往多了，对家乡的感情就更加深了。

时代潮人：德丰小学就是那时候建的吧？

戴德丰：是的，在1999年兴建的，那时出了约300万元。以前我没有想过要回去，因为已经没有亲人在那里了，但是回去后一看原来是这样，就想帮忙。所以什么事情都要有人推动。而很多事情，一旦开始后，就会越做越多。

时代潮人：您有几个孩子？

戴德丰：两男一女。男的帅，女的美。

时代潮人：他们是否在您的公司工作？

戴德丰：大儿子管理生产方面的业务，女儿负责广告，小儿子负责零售。

时代潮人：将来退休后是否会把四洲的工作交给儿女们？

戴德丰：这是肯定的。

时代潮人：在教育子女方面，您有什么个人体会？

戴德丰：在我看来，后天的影响很大，不过我觉得有三成是先天的。十分幸运，我的孩子都是很好的，不用怎么教，他们都很明白事理，所以我没怎么骂过他们，我对他们很有信心。教育小孩，我觉得最重要还是要做他们的榜样，如果他们有错，好好说他们，千万不要骂他

戴德丰与夫人戴胡美蓉、长子戴进良摄于礼宾府内

们，因为骂会很伤感情。

时代潮人：您平时最主要的休闲方式是什么？

戴德丰：我平时5点半起床。我每天的工作都是“休闲”，现在接受采访也是“休闲”啊。当然，专门的休闲也有，比如早上起来跑步就很轻松，坐下来打坐也很舒服。我住在飞鹅山，那里空气很好，早上6点半到7点，我就往外远眺，有些角度看景色美好得不得了。

时代潮人：在全世界，潮汕籍商人的表现好，商业成就比较高。您认为潮籍商人的表现卓越与潮汕文化有没有关系？

戴德丰：有关系的。潮汕人拼搏，讲义气，也很有气魄，说到做到。潮汕人很要面子，当然，这不知是好事还是坏事。不过，恰恰是要面子，所以他们一定会想办法把工作做好。

戴德丰对公共事务的建言

谈广东的投资环境：香港的投资吸引力有赖于其多年培养的经济自由度和完善的法制。这对广东而言有一定的借鉴价值。如今讲投资环境，更重要的还是在于良好的营商环境和完善的法制法规。

谈“双转移”战略：“双转移”战略具有前瞻性，随着珠三角地区经济高度发展，需要腾出更多的空间来发展高端产业，因此将一些不适应珠三角的产业转移到粤东西北地区，为高端产业腾出空间是有帮助的。

谈广东的优势：香港加广东等于一个日本，这不仅指人口和面积，主要指的是经济总量和发展潜力。要保持广东的竞争力，重要的还是要做好粤港澳合作，优势互补，形成合力，发挥《珠江三角洲地区改革发展规划纲要》《粤港澳合作框架协议》和CEPA协议的政策优势，发展成为亚洲具有吸引力的城市集群，这样才能保持大家的竞争力。

关于粤港合作的前景与模式：如今广东要转型升级，为未来30年的发展寻求新的增长点，仍离不开唇齿相依的香港。近年来香港的竞争优势仍然十分突出：资金雄厚的金融中心、人才鼎盛的专业服务、四通八达的国际网络、高度自治的“一国两制”，香港更连续17年被评为全球经济自由度最高的地区。而这些优势，正可以为广东的经济转型提供人才、经验等支持，香港完全可以担当好广东联系国际市场的桥梁，并协助广东提升专业服务水平，与国际接轨，达到双赢。广东可以通过借鉴香港打造营商环境的经验，在现阶段的投资环境、营商环境方面下些功夫。

对服务业在粤港合作中地位的认识：广东提出转型升级，其中也把发展现代服务业作为转型升级的重要支点。香港目前GDP增长主要来自服务业，其中物流、金融及电信服务等产业在全球都占据着重要的地位。香港在吸引外资推动服务业发展方面的一些经验，对广东而言具有一定的借鉴意义：一是实行低税率的自由贸易政策和投资政策。二是推进“前店后厂”式发展战略；三是构建完善的法律法规体系。

谈及内地近年出现的食品安全事件：香港可以帮助广东在提高食品安全及提升产品形象上取得突破。香港业界应该配合政府，并联合广东业界，为广东乃至整个内地的食品行业带来好的影响，共同引领全国业界提高食品安全和质量，重塑形象。另一方面，广东则可以为香港业界提供庞大的消费市场，达到互惠互利、双赢发展。

受助青年眼中的“高人”和“贵人”

回想大一的时候，第一次参加广东省潮联会的颁发助学金大会，面对着那么多慈善的企业家与和蔼的领导，我心中充满了暖意。他们的关心与鼓舞更让我激情澎湃，促使我更加努力地学习下去。其中给我印象最深的是香港四洲集团主席戴德丰先生的讲话，他向我们提出为人处事的三大重要因素：要勤奋，讲信用，有头脑。这九个字简洁而意义深远，我以此为座右铭，指导自己处理学习与工作上的问题，引领自己不断向前发展。

——首届受资助潮籍优秀大学生张燕青给戴德丰先生的信

今天，我作为获奖学生代表在这里发言，感到无比荣幸和激动。在此，让我代表全体获奖同学向戴德丰博士表示崇高的敬意！戴博士艰苦创业，终成商界巨擘，为香港乃至全中国的食品业发展做出重大贡献。您在取得事业的兴旺发达时，仍怀着拳拳赤子之心，热心支持和资助普宁家乡教育的发展，慷慨解囊，对高考中考的优秀学生给予奖励。金钱有价，情义无价，您的义举善举让我们每一个普宁人敬佩和感动。我们将继承和发扬戴博士爱国爱乡、无私奉献的高尚精神，常怀感恩之心，拼搏进取，决不辜负戴博士对我们的殷切期望。

——普宁二中2012届毕业生黄泽扬在戴德丰博士高考优秀奖颁奖大会上的发言

在2011年的访港过程中，我们不仅了解了港岛的风土人情和港人的爱国情怀，开阔了眼界，更倾听了您逸趣横生的讲话，在了解您的传奇的个人经历中，学会了许多做人、做事的道理。我想，这才是我们在访港活动中得到的最宝贵财富。您在香港中联办的一番讲话，如醍醐灌顶，让我获益良多。我至今仍时常想起您说过的那句话："人生中，要有高人指点，贵人提拔，小人监督。"对我们而言，您无疑是访港学子的高人兼贵人，正因为有您的鼎力支持，才有了暨南大学今天的成绩，才有了优秀学生访港团的诞生，以及正在筹建的暨南大学优秀学生访港同学会。

——暨南大学首届优秀学生访港团成员佘炀杰

2012年6月5日至6月8日，暨南大学第二届优秀学生访港团非常荣幸地受到您的邀请，来到香港进行了为期四天的参观、访问和交流。在戴先生的全程资助和悉心安排下，此次活动得以圆满成功地举办，暨南大学师生受益匪浅。在此，全体访港团成员向您表示最诚挚的感谢！四天的行程，像一张多彩的画卷一样，把这颗东方明珠的日与夜、静与动、景与情都一一展现在我们面前，使我们对香港有了进一步的了解和认识，进一步加深了同学们对香港同胞爱国爱港、积极参与国家政治和经济建设热情的了解和认识，感受到了香港不同的教育氛围和办学特色……我们的感激之情绝不仅于这一刻，它充满了整个行程。从您与我们每个人的亲切握手，到您与我们挥手送别，我们始终洋溢着幸福与感恩。您的勤奋和乐观令我们佩服，您的关心使我们感动，您的奉献让我们立志将暨南精神发扬光大，争取将来像您一样，为母校、为两岸、为祖国的发展做出自己的贡献。

——2012年暨南大学优秀学生访港团致戴德丰先生的感谢信

对话

和“别人的孩子”建立感情

——食品大王谈代理生意经

做代理，经常被比喻成帮别人养孩子，或因缺乏感情，不愿意投入太多精力将别人的孩子拉扯大，或担心孩子养大了又被亲生父母要回去。所以，做得既大又持久的代理商凤毛麟角。戴德丰和四洲却创造了奇迹：不仅将别人的孩子养大，还和孩子们的生身父母建立了良好关系。四洲是如何做大代理生意的？戴德丰在2012年9月5日这天接受了《时代潮人》和香港一家政府培训机构的联合采访。

问：您当初代理了哪些品牌的食品？

戴德丰：一开始代理百利兹。

问：这个品牌现在还广受欢迎。

戴德丰：是的，很少有食品品牌可以维持这么长时间的兴盛——40年。说起来也有点奇怪，我代理的食品品牌都很“长命”，百利兹超过40年，脆脆虾饼，也是40年。“卡乐B”从1976年开始，到现在也有36年了。

问：1970年香港很少商行代理日本食品？

戴德丰：我是香港代理日本零食先驱者。当时香港是英国殖民地，所以一般代理英美的商品，不然就是内地的，比如五丰行，很少人代理日本品牌食品。

问：当年为什么会对日本品牌有信心？

戴德丰：其实信心是慢慢来的，好像感情一样，需要慢慢培养。有时你看一个人，觉得难看，但相处久了又看顺眼了。

问：你当初引进日本食品要投资金钱，还要做宣传等，是不是要考虑方方面面？

戴德丰：现今的企业一旦做大后，再做项目就很复杂，手续程序很多。但在我那个年代，就简单得多。当初我拿了这个代理，就想办法尽全力去做，一路做下去。如果从代理的品牌来说，那些大洋行代理的英美食品品牌都很响亮，相比之下，我们就小多了。但是现在很多大公司都倒退了，那些代理商都没有了。为什么呢？因为有些牌子往往做大了就会炒掉原先的代理商。四洲不是，40年了，持续这么久，产品越做越多，越做越好。

问：您很少和美国人做生意，是因为文化差异吗？

戴德丰：是的，美国文化很不同。一切按合同办事，很少谈什么业务感情，所以与美国业务关系较少。

问：作为代理商，你怎么预判合作方的潜力？

戴德丰：靠感觉。看一个产品，先看这家公司的背景，然后去见老板。见了老板后还不行，还要去工厂看看。凭我的观察去决定。比如现在与我合作的知名百货企业——大创，其他人很难找到机会和他合作，但他来找我了，我们都拥有优越的伙伴关系。

问：在商业关系里，合作的前提是大家要有共同的兴趣、共同的目标。那在四洲这么多年的发展中，你觉得这个说法对吗？

戴德丰：通常我们对日本公司是很好的，而且他们也很尊重我。我们通常是一起考虑怎么把事情做好，最重要是合作嘛。合作就是相互配合。不管是做朋友也好，一起合作也好，最重要是合理和尊重，否则就没意思了。

问：据我所知，四洲和日本很多知名食品品牌合作了几十年，一个企业经历这么长时间，极有可能在管理层方面有一到两代的人员更替。以您这么多年的代理经验，您会不会觉得两代人之间有很大的差异呢？如果有，有什么方法可以调节？

戴德丰：很可能今天他是老板兼决策者，明天换了另一个决策者后，整个合作方式都被颠覆了。虽然说公司有原则之类的东西，那也只是书面上的。如果想把工作做好，无论如何换人，无论换的是谁，双方都要互相配合、相互理解，一句话概括就是会做人。所以我们一定要提升自己，不管是做人还是做生意，都要有魅力。

日本有些公司竞争非常激烈，按理说他们不会找同一家代理公司的，但在我们这里又例外了。因为他们不找我们就很难打开香港市场，或者做得没那么成功。这就是四洲的魅力。四洲的发展分为四个阶段。1971年开始做代理，但做代理是很难控制的。所以第二阶段是做生产，自己加工食品。第三阶段是打品牌。从1971年到1993年，整个行业都认识四洲这个名字。牌子是很值钱的。第四阶段是高增长。

问：如果两个十分著名的日本品牌同时找上四洲代理他们的产品，这两个品牌一直都视对方为强劲的竞争对手。那么四洲会不会因此处于一种“夹心饼干”的尴尬地位，甚至被质疑“四洲为我的对手付出得更多”？

戴德丰：这是对一个代理公司的协调等各方面能力的考验，同时也是对代理公司魅力的考验。在四洲，从来不会出现问题中所提到的尴尬。因为我们会努力让对方看到我们的付出，比如市场调查报告，比如市场推广活动。

问：可否这样理解，对方找您做代理，是觉得您会做得好、可以成功，因为你们有这样的实力？

戴德丰：是啊，所以要看清自己的实力在哪里，怎样最大程度地发挥出来。“零食物语”开设于1995年，四洲产品（包括代理和自产的）销量并不差，为什么要搞一个零售店？因为从1971年到1995年，我们是没有零售店的，产品需要摆放在超市里，但超市并没那么多空间上架。于是想到自己开店，“零食物语”就是在这样的情况下开设的，专卖新东西，结果市场反响很好。这就是创新。

许钦松：吞吐大荒，时代气象

2012年，“吞吐大荒——许钦松山水画展”先后在北京、广州两地持续两个月有余。其展览规格之高，吸引人数之多，引起反响之热烈，在当下中国美术界，实属罕见。

从艺40多年，许钦松横跨版画、油画、山水画甚至插画、连环画等多个领域。他的作品屡次在全国获奖，多次在日本、澳大利亚、马来西亚、加拿大等国家展出，部分作品还被中国美术馆、人民大会堂等机构收藏。

人们似乎难以相信，在身兼第十一届全国政协委员、中国美术家协会副主席、广东省文联副主席、广东省美术家协会主席、广东画院院长等诸多职务的情况下，许钦松还保持着惊人的创作量和巨大的创新激情。金秋十月，本刊记者走进位于广州流花湖畔的广东画院三楼专访了许钦松，听他谈绘画，谈故乡，谈人与自然，谈一直坚守的理想……

许钦松：
艺术是我生命的延续

“这段时间接受采访太多了，说得太多了。上个季度新浪网那边统计点击率，有关我的新闻排名排在第三位，吓死人。”

一走进广东画院三楼的办公室，许钦松就迎了上来。在这间墨香扑鼻的办公室，高大的书柜上排列着数十排书籍。还有不少画作、书籍或悬挂或堆砌在墙角。

言谈间，很容易发现，在许钦松宽厚儒雅的外表下，收藏的是其内心的壮阔波澜、远见卓识。他的版画“操刀刻骨铭心，握笔得意忘形”，笔起刀落间，刻画的是对生命和宇宙源源的哲思；他的山水画，重山川的雄浑宽阔及由浓墨笼罩的苍茫气象，散发出磅礴的气息和涌动的生命力。

作为潮汕农民的儿子，他秉承了澄海人踏实、勤勉而有责任感的特质。他稳稳地站立在此时此地，如一棵树，沐着时代之风，浴着喷薄朝阳。这是一种务实，一个生命个体对时代洪流的谦卑。

启蒙

1952年5月，许钦松出生于广东澄海县一个许姓村庄。他现在还担任着广东潮人海外联谊会和广东许氏宗亲联谊总会的名誉会长。其祖先还可追溯到宋代潮州名贤许驸马——许珏。

说起自己的祖先，许钦松满脸自豪。他说，曾祖父是前清举人，做过官，离任后在村里建了一座非常大的住宅，许钦松从小就和家人、族人居住在里面。许钦松的祖父是一个秀才，没有做过官。到父亲的这一代，已经是普通的农民。但不管怎么说，许家还是有一些文化底蕴的。

许钦松还记得，小时候见过曾祖父留下的一大堆文稿、诗稿，还有许多藏书。

许钦松说，妈妈喜欢看潮剧，因为许家的宅子很大，20世纪50年代末的时候，住进了一个潮剧团，有许多演员，经常排练节目。演员们的服装和化妆深深吸引了年少的许钦松，他没事就拿起笔在课本的空白处画舞台人物。看累了画累了，许钦松就在旁边睡一会觉，在嘈杂的人群当中，年幼的许钦松已经学会了闹中取静。或许他对于绘画的爱好就是这样埋下根的吧。

那个时候剧团每天晚上排练，做完作业的许钦松就在锣鼓声、弦乐声底下入睡。几十年后的今天，很多人都很疑惑，公务缠身的许钦松怎么还有如此多的创作时间和这样多的作品产生呢？“正是这段经历锻炼了我在很嘈杂的环境中专注地学习。看准一个东西我就很专注，我从小好像就是有这个能力。”

体味到临摹乐趣的许钦松一发不可收，开始找来各种画册临摹，中学美术老师也对他循循善诱。专业的训练来自澄海县文化馆，许钦松

南粤春晓，中国画，500cm×250cm，2008年

说："那个时候有个农民版画讲习班，我是在正儿八经的老师的领路下才走到这个份上的。"不知不觉中，在潮汕地区浓郁文化滋养下，许钦松慢慢成长。

转折

1972年，许钦松到了广州美术学院绘画系版画专业学习。1975年7月大学毕业，由于在校学习成绩好，还担任了学生干部，各方面表现都不错，许钦松被选中留在了广东省文化局。

许钦松回忆，他学国画实际上比学版画还要早。潮汕地区学画画的风气一直都很浓厚，到今天仍然是这样。在他读高中的时候，同学家里有一套《芥子园画谱》，只允许借给许钦松一个星期，他就在这一个星期中把整套画册都临摹下来，可见他用功的程度。但许钦松在学了一段时间国画以后，就转入了版画。从此，他游刃于版画与国画之间，成为一位跨专业的画家。长年从事版画的创作，版画中的一些优势和特点，如力量的元素会潜意识地进入许钦松的国画，促进了他对国画的创新，使得国画更有整体感，更有力度。许钦松的山水画，用笔如斧，挥洒自如，像"刀刻的山水"。

毕业之后的很长一段时间内，许钦松的主要精力都集中在版画创作上，同时，也不放松对国画山水的研究和创作。20世纪80年代末，他的首次个展就是山水画展。到1998年，许钦松在广东美术馆展出70多幅版画作品作为阶段性总结后，才正式将版画搁置。"越到一定的年纪，就越强烈地想去画中国画，我想这就是所谓的初恋情怀。"但不管许钦松以后作何种画，总能看到版画经历的影响。

许钦松认为，近代以来，一个画家从事不同画种的创作乃是十分正常的事，约有70%以上的国画名家是其他画种出身，如徐悲鸿、林风眠和吴冠中等原来学的都是油画，石鲁、赖少其等学的是版画。按许钦松的话来说，一个艺术家应该是个大杂家，样样都要懂一点。

许钦松的灵感不仅来自各画种之间的糅杂，更来自文学、音乐等其他艺术形式的撞击。或许很少人知道，许钦松曾经是个文学青年，做过文学梦。在美院读书的时候，他就把整部《鲁迅全集》啃下来。他也很喜欢沈从文、张爱玲、张恨水的作品，也曾在《羊城晚报》等不少报刊发表过文章。一次有位从海南岛来广州出差的很久没见面的同学对他说："你这个名字起得不好，容易跟人家重复，我昨天就在报纸上看到一个跟你同名同姓的作家的一篇文章，写得非常好。"其实，这篇文章就是他写的。

音乐与绘画的关系是直接的。许钦松说，音乐是无形的线条，绘画是无声的音乐。它们都是通过节奏、韵律来给人以心灵上的感受，一个是通过眼睛，另一个是通过耳朵。而绘画也有轻重、起伏、快慢，韵律节奏也相通。例如弹钢琴，钢琴的音域很宽，如果只弹中间的一小段，那就很窄了，就像用墨点两下画两笔，墨没有用充分，很难体现浓淡相宜的效果，而我喜欢一支笔点墨直到充分用完，那样力度也就出来了。许钦松认为，艺术家的综合素质积累对艺术水准的提升，有很强的发酵作用。

突破

进入21世纪，许钦松开始发力山水画。他一直在自己的山水画创作中寻求某种结合与突破：让人类在传统的山水画中消失，用360度的全景构图，来反思自然为人类所用的惯性思维。用许钦松的话来说："人在自然面前是微不足道的，人类应该敬畏自然。我构造了一个苍茫的世界，是古老的、混沌初开的山水世界，我的作品试图跨越时空回到远古时代，找回现代人类所缺失的精神力量。"

自从担任广东画院院长、广东省美术家协会主席以来，许钦松的工作非常地忙，在他的画室也是办公室中，每天都要处理单位的行政事务、接待来访客人，有时还得出去参加一些会议和活动。很多时候是边听电话边画画，他说"这是锻炼自己的脑子"。他还说："画画还是回到家里更方便，每天晚上都要忙到一两点，天一亮就要起床。"

许钦松说，不管处在什么位置，他都是个平常人，他的真正身份是个艺术家，艺术已经成为他生命的一部分。他的心灵有源源不断的激情和冲动，需要通过画笔来表达，所以，许钦松觉得自己适合于搞艺术创作。由于艺术成就突出，许钦松被广东省宣传部定向培养，成为当时全省两名“跨世纪之星”的一个，另一个是现在的广州美院院长黎明。

“我觉得，我是为艺术而生的，因为我的绘画艺术能不断地延长我的生命。我的人消失了以后，我的作品还可以留给人类，留给爱好我的艺术的人，故而，我的生命依然存在，我的思想、我的情感依然存在。”许钦松如是说。

钟楼望茨坪（井冈山写生），2010年

许钦松艺术创作活动简介

《山区初春》《岸边小趣》（国画，1979年）收入《广东国画选》。

《晓风残月》（版画，1981年合作）入选第七届全国版画展。

《踩波曲》（版画，1984年）在日本横滨市举办的“第六回日中交流美术展”中获优秀奖。

《潮的失落》（水印木刻，1989年）获第七届全国美展银奖。

《浪迹》（水印木刻，1990年）获第十届全国版画作品展览铜奖。

《心花》（水印木刻，1991年）获“庆祝建党70周年全省美展”银牌奖、“91中国西湖美术节银奖（版画最高奖）”。

《心花》（水印木刻，1992年）获“日本国·中国版画奖励会”金奖，被日本国际版画艺术博物馆收藏。

《潮的失落》（版画，1993年）获广东省第四届“鲁迅文艺奖美术一等奖”。

《庇护下的小树》（版画，1994年）获“广东省庆祝建国45周年美术作品展览”铜奖。

《访尼泊尔木刻组画》（1998年）入选第十四届全国版画展。

《潮的失落》（版画，2006年）被评为“广东美协50年50经典作品”之一。

《南粤春晓》（国画，2008年）悬挂于北京人民大会堂万人主会场外厅。

《南岭朝云》（国画，2008年）为广东省人大贵宾厅创作。

国画《岭云带雨》、《空谷回音》、《豪雨》等作品编入2009年中国美术评鉴。

《高原甘雨》（国画，2009年）被中国美术馆收藏。

《山水》（国画，2010年）参加“第九届中国艺术节——全国优秀美术作品展”，并编入《中国风格·时代丹青》画集。

《春云漫度》《云岚晓烟》（国画）参加“第十二届中国上海国际艺术节——写意中国·中国国家画院2010大写意国画邀请展”，并编入《写意中国·中国国家画院2010大写意国画邀请展作品集》。

《漫云随风》（国画，2010年）参加中国艺术研究院中国画院双年展。

国画《高原雨》《斜照》《九华暮色》2011年在葡萄牙参加“水墨中国——中国当代国画精品展”。

对话

在自然面前，人微不足道

文/陈言

关于“吞吐大荒”与侵权：

《岭云带雨》很有中国元素

我就是一只雄鹰，自由地翱翔在群山峻岭之上，俯瞰祖国的大好河山，广袤的大地、神奇瑰丽的自然，都在我的胸中。

——许钦松

时代潮人： 2012年6月，热播纪录片《舌尖上的中国》宣传海报被指抄袭你的作品《岭云带雨》，当时这件事反响很大，能否简单讲一下经过？

许钦松： 侵权这种事碰得多了。比如我以前在书店看诗歌集，他们（作者）把我的版画切成一小块一小块放在诗歌背后做配图。更严重的侵权是假冒我的作品在市面上流通，或者临摹我的作品去卖，拍卖行、画廊都有。

张发财设计《舌尖上的中国》海报时，也在想到底什么能代表中国元素，找来找去最有代表性的是中国山水画。而且据他自己说是几百张作品中就挑中了这张。还有一个巧合是，这个纪录片热播的时候，我的展览“吞吐大荒”也在举行，然后就有网友发现这个问题，于是就一下子在网上散发开来。实际上我从来不关注网上的事情，我在忙自己的展览。后来记者问我，我才注意到这个问题。我还回头专门去看了那个纪录片，发现果然是这样。张发财在这个事发生的两三天之后，给我发了道歉短信。但这条短信淹没在数千条祝贺我展览成功的短信当中，当时没心思看，他的号码又是陌生号码，所以就没有发现。

时代潮人： 后来才发现短信了是吧？你是怎样处理的？

赤足沟山谷之瀑布（见证新汶川写生），41×32cm，2010年

许钦松：他通过一个朋友说，人家给你道歉啦，你赶快看看短信；他还说要来广州找我私了。这个事就变成一个事啦，《舌尖上的中国》那么火爆，我的展览又那么火爆，两件事碰到一块。另一方面，我是广东美协的主席，维权是美协的一个重要工作，另一方面媒体都报道了，舆论压力就在那里，所以逼得你没退路了。后来经过磋商，我说补偿不

一定要，但要正儿八经地公开道歉。一开始叫我上北京接受他们的道歉，我说那不可能。哪有自己犯了错还叫别人上门接受你道歉的呢。中央电视台还是很有诚意的，带了一个队伍过来道歉，张发财还写了一封道歉信，并且在道歉会上读了，然后交到我手里。这样之后我就说，《岭云带雨》无偿给《舌尖上的中国》使用，他们很快就在电视纪录片上把我的名字加了进去。同时我也考虑到自己也蛮喜欢《舌尖上的中国》的，假如因为这个事情影响到海外发行的话，对中国来说也是种损失。毕竟，它到国外发行也是宣传中国文化。

时代潮人：这幅作品是在什么状态下创作的呢？

许钦松：这幅画最大的特点是把大西北的高川和南方的云雾巧妙地结合在一块。作为北方的景观来讲就没有那么多的烟雾，而南方的山确实也支撑不起这么大的一个构图，这么一个气势。让北方的山和南方的烟雾融合在一起，就呈现出另一种感觉——在雄浑博大当中体现这种灵动、湿润、蓬勃的生机。整张画就像一部交响乐一样，蓬勃的升腾的力量。当然在国画的语言和技法上有很多新的突破，比如把水墨发挥到这么淋漓尽致。能把水墨的灰色表达到这个地步，在传统、同代人当中都是没有的。

时代潮人：这个作品有原型吗？

许钦松：因为看的山多，包括尼泊尔、新疆等地很多的山，它是一个意象的东西，是综合，但是呈现出来是一个比较可信的场景。就像鲁迅先生说的文学作品里头的人物，鼻子来自哪里，眼睛来自哪里，嘴巴来自哪里，他是一个综合体。

时代潮人：在这些意象的结合过程中，尤其是南方和北方元素结合过程中有没有遇到困难？

许钦松：那肯定困难。因为在中国，山水画是所有画里头成就最高、理论最完备、技法也最完善的。历朝历代出的大师也最多。其实中国山水画的发展是很缓慢的，比如看明代的作品跟看清代的东西，大家都分辨不出来，所以大家把它说成是明清山水。唐代跟宋代变化也不是很大，但宋代是山水画最辉煌的顶峰状态。面对这么深厚的传统，面对这么多的顶峰，现代的画家如何超越如何突破，如何把传统的山水画跟当代审美价值、审美眼光结合起来，同时也要彰显时代精神，是个很难的课题。

第二个困难是视觉上的。我们传统的视觉是散点透视。所谓散点透视就是把人在自然中看到的景象，比如在山底走看到的景色怎么样，在山中走看到的景色怎么样，在山顶上看到的景色怎么样。若干个视觉的段落组合在一个画面上，所以叫作散点透视。它已经形成了几千年，也没有人去改变它。但是我们身处的时代已经不是古人的那个年代，现在我们进入了太空，登上了月球，将来还要上火星，此时来回望地球，注意这个回望很重要，此时回望看到的地球表面其实就是褶皱，这种皱褶就是山岭。我们平时看到的高山，在高空上看只是很浅的褶皱。所以你会看到我的山水画大部分采用的是从太空鸟瞰的视角。这种视角表达起来有一点难度，所以很多细节没法展示。这时你会看到大量灰色的应用，恰恰是这种灰色的应用使得山水有一种意外的苍茫景象，同时大块的黑色让画面整体的感觉变得厚重，笔墨的互为所用则造成了深浅变幻的光感。这种用灰色过渡的方法，不仅让云遮雾绕之中的“厚重”山水立马生动，更增加了一份辽阔无边的大气象，的确有如“吞吐大荒”之境。

时代潮人：这与古人完全不同的视角，你是如何找到的？

许钦松：1996年，我作为访问学者去尼泊尔讲学。当时我在尼泊尔待了20多天，很想出去写生，但是中间不得不忙很多展览的事情，也没有多少时间四处走走。恰好我有一个朋友和美国的航空公司关系很好，所以他就开直升飞机带着我出去看。在尼泊尔的高原上，从高处向下俯瞰，你就知道纵横千里的深度和一望无际的广度。身边云雾涌动，感受到强烈的生命气息扑面而来。从几千米的高空俯看崇山峻岭，我深感震撼：山的体量竟是这样大。一个山岭的概念，就应该是眼前这种绵延千里、一望无边的广阔景色。由此给了我学术探索的新思考：在现代人的视角中，我们如何体现传统山水文脉承接之外的现代审美意识？现代人的视角在传统山水画中应该有怎样的呈现？现代人不仅居住在高楼大厦中，飞机也成为日常交通工具，甚至我们可以从宇宙飞船的高度看地球，所以，现代人具有高空遨游视角的记忆来源。因此我将视角极大地提升、扩大，仿佛自己是一个遨游天际的飞翔者，穿越一道道云层，向深远的地方飞去。我就是一只雄鹰，自由地翱翔在群山峻岭之上，俯瞰祖国的大好河山，广袤的大地、神奇瑰丽的自然，都在我的胸中。

关于生命力与创新：

尊重并敬畏自然

作为一个画家，除了本身须承担当代的社会责任外，在当代语境中，他如何定位自己、如何承担文化责任，这很重要。继承传统的笔墨程式，应注入现代精神和现代审美的元素，方能生发出新的鲜活的生命力。

——许钦松

时代潮人： 2012年4—6月间，你的个人作品展“吞吐大荒——许钦松山水画展”在北京、广州展出，吸引了海量参观者。为什么取名“吞吐大荒”？这次展览还有哪些你觉得还可以做得更好的地方？

许钦松： 2008年我到汶川震后灾区写生，一到灾区我就惊呆了，我看到了大山发怒抖动之后留下的痕迹，它的力量好像潜伏在山体深处，说不准什么时候发出它的怒号。山的力量像钢铁一般，实际上它的精神是来自山的身体的内部深处，而且我们追寻原生态的东西。这就是为什么我的画展叫作“吞吐大荒”，这个“荒”就是没有开发过的，没有人去过，没有耕种的地方，是个原始状态。“荒”就是自然的博大。“吞吐”就是一种气息，自然的气息，像太极一样地运行这样的气息。这个名字是我们一伙人一起研究得出的，是要把我的学术思想提炼出来。这个名字说得很贴切，而且跟我的艺术思想又切合。

如果说此次展览还有什么可以完善的地方，那么应该组织十个八个讲解员，让大家更了解我的艺术。

时代潮人： 很多人在看你作品的时候，最直观印象就是“大”——大气度、大笔墨。这种“大”好像掩盖了“人”的存在，而你又说山水画的本质是要表现“人与自然”的对话，人都躲到角落里甚至不见了，那要怎样对话？

许钦松： 传统山水画讲究“可望可及，可居可游”的审美观，实质上这种审美心态的出发点在于人类凌驾于自然之上，以征服者自居。在现代社会高速变化、物质充溢的情况下，人类的精神发生了某种变异。我们不断向自然索取、征服。为了开矿，将大山轰炸得千疮百孔，为了围海，残忍地用机械拉直海岸优美的曲线……改变了自然原本生动、鲜活、具有灵性的东西，人类的诗性情怀也因此不断受到损伤。城市中人们很难再仰望到美丽的星空，在建筑的森林中，我们的双脚离开温暖的土地、纯粹的阳光、清新的空气太久了。重返大自然，成了时下一种强烈的呼声，表现出了现代都市生活者对大自然真切的向往却又有着无奈的“隔膜”的尴尬境地。

而我意识深处，与自然是平等对话、天人合一的心态。所以我总在画中使人类踪迹消退，排除人类对自然的侵占，追求大自然最原生态的东西。从现代回首，我穿越时空，向远古的天空飞去，不断跨越，不断进入，栖息在那混沌初开的洪荒时代。从现代回望，又从远古走来，在这种反复的轮回中，我寻求着那经久不变的自然规律，及它赋予人类那种亘古的精神。几千万年来，大山没有因为人类的生息而变异，山依旧是远古那样的山，这内在深蕴着一种坚韧不拔、经久不衰的精神，它符合人类灵魂最深处的渴望。那种未经尘埃污浊沾染的山，或许可以涤荡人们已经麻木、疲惫的灵魂，使人获得心灵暂时的宁静。我的画，是源于现实生活的可视可感的“实在之景”，并且，我有意识地运用“焦点透视”手法强调其“真实性”，又用环视的角度尽可能把景物揽括进去，另一方面，那厚实雄壮的山水、云雾又是超越于现实、矗立在宇宙之间的，从气势恢弘的气象中，不仅看到“浩大”，也能看到“深情”，一种类似“宇宙意识”的哲学。观者爱它们，是因为他们“虽不能至，心向往之”。

时代潮人：你能否为我们解读一下，你笔下山水所承载的“义理”的内涵？

许钦松：我有一本书叫作《此岸，彼岸》，此岸就是指我们在这里仰望，我们没有进到里面去，而不是说你哪里有没有房子。它主要是精神的回望，而不是说画里一定要画个人才体现人与自然的关系，那样理解艺术思想就很浅层。面对自然这种博大的东西，人显得非常渺小，很微不足道，这是在根本上解决了思想主导的一个问题。至今还没有这样一个画家在思想根本上去叩问这样的主题，解决这样的学术问题。因为人是站在画面之外的，所以，人类摆脱了人与自然的关系，跑到太空上去看，人类本身的本位回到太空再来思考人与自然的关系。人与自然的关系不是带入人本身与自然的关系，是超越了人本体在高空回望地球，再来思考人与自然的关系。我在看人与地球的时候，已经不是代表我的人类的身份，而是超越了本身，从万物和谐共生的角度来思考。

时代潮人：中国传统的山水画，往往更多的是画家们以山水画寄托情思。你希望通过作品表现什么？

许钦松：中国以往的山水画常常被误解为古代文人雅士、题诗赋曲，调侃几笔，就为文人趣味了。十多年前，文人画在全国风行一时，现在已慢慢消退了。这其中的原因是值得深思的。第一，现代画家并不是传统意义上的文人身份；第二，现代艺术家并没有传统意义上的文人情怀，缺少综合素养、深厚的文化积淀，难寻古人锦心绣口的潇洒；第三，当代已远离孕育文人画的成长的社会审美背景。这几个要素大大抑制了文人画的发展。中国传统文化的宝库，留给我们很多遗产去继承和开掘。目前，美术界出现对传统文化回归的潮流，再度把古人的山水画拿出来重新演绎。做一个画家说容易也十分容易，学习一下传统笔墨，把山水画把玩一下，调侃几笔，也不管出来的作品是个人的，还是艺术史的，单纯继承着传统的文脉，这样也可以得一“画家”的雅号。但是，真正的画家难做，难在将中国传统山水画放置在高速发展的当代社会时，画家自己的定位，还有你是否有突破的魄力和能力？你是否用实际行动践行你的创新？与古人相比，哪怕你毕生心血只是迈出了小小的半步，对文化的推进起了一点点作用，那么，未来的艺术家也会对你的探索表示尊重，艺术史也会为你记下一笔。如果你只是“把玩”，不断重复古人，千篇一律，而对当代艺术没有思考，靠卖弄笔墨而毫无实质建树，舒舒服服过一辈子，将来的艺术史怎样定义你这个画家呢？

所以，记者提出的问题也警示我去思考：作为一个当代画家，除了本身须担负的社会责任外，他的文化责任在哪里？画家创作的出发点、定位太重要了，这才是判断你是否能成为“大师”的依据。趁现在自己还爬得动（画画所用的站梯），我要多创作大的画作。

关于童年与潮汕文化：

我是杂家，什么都喜欢一点点

举个例子，我们的小提琴协奏曲《梁祝》，它是用越剧的调创作的。《梁祝》的作者是上海音专刚刚毕业的，第一场演出受到很大的批评，说小提琴西洋乐器怎么弄成这样！？看不习惯。一开始很多人批评，但它现在是世界名曲。所以艺术这个东西必须要相互融合。

——许钦松

时代潮人：你出生在潮汕，可以说是海边长大的孩子，为何画面多为北方山川大河，而不是海洋？

许钦松：我是农村的孩子，童年生活在河边，踏着实实在在的土地，双脚可以真切感受到土地的温度。枕边的摇篮曲，则是家乡江水拍打江岸的声音。二十四个钟头沉浸在自然的呵护和养育中，我似乎与自然融为一体了，因此对大自然的四季的寒来暑往、潮起潮落都特别敏感。这种感悟自然、随意进入的特质，可能是城市的孩子无法领悟的，也可能是我有别于其他艺术家之处。几十年来，我喜欢直接面对山水，因为自然的巧妙变化随时随地都可以进入我的心里，一种瞬间的永恒常常令我感动，把这些深情浓意融进山水画。这可能就是我“诗人情怀”的本源吧。

时代潮人：你在一次采访中提到，想在将来画博大的海。你这个计划大概在什么时候能实施？

许钦松：我画了，全都卖完了。怎么说呢，汕头人的性格好像比较爱外出，漂洋过海。小时候在老家，晚上睡觉的时候，江水拍岸的声音都听得到。我很小的时候，很喜欢一个人坐在河堤上看太阳下山，看江对面的河堤远远的一处地平线。所以我有一个地平线情结。你看我的山水画作品里面总有一条地平线隐隐约约地出现。地平线深处有一个未知的世界，很广阔的天地。我坐飞机跨越那么高的山总有一个地平线，就幻想着我能展开飞翔的翅膀，能够飞到我未知的世界里头去。所以《此岸，彼岸》这本带有宗教意味的书也和大海有关系。我们站在此岸，不知道大海深处彼岸是什么样的，带着一种很辽阔的、没有边界的想象。

时代潮人：中国的山水画，一般画水都是山川河流，画海洋的东西却很少很少。

许钦松：有，但是不多。我过去画了很多。像这本书（指《中国新闻周刊》许钦松特辑）就有一幅，那幅画吴邦国委员长特别喜欢，他说你这个海浪怎么会这么亮呢？这个白色是涂上去的还是本来宣纸的颜色？就是那幅《沧海无浅波》。

时代潮人：你的绘画灵感来自哪里？童年的经历和潮汕文化对你成长有什么帮助？

许钦松：我觉得家乡对我的成长影响巨大。有位哲人说过，没有童年就没有诗人。童年对一个艺术家影响很重要。包括现在的莫言，也是家乡对他有巨大影响，才成就了现在这么伟大的作家。

我记得有几个事情对我影响很大。一个是潮剧。我的祖屋很大，我的爷爷也是一个文艺分子。在20世纪五六十年代初，我们家就住进了一个潮剧团。他们每天晚上排练。我睡觉总听到一种潮剧的锣鼓声和弦乐声，它变成一种习惯，这个东西进入我的生命里头去了。

我妈妈很喜欢看潮剧，隔壁乡有表演我也跟着去，也不懂里头唱什么，顶多问哪个是好人哪个是坏人。更多的是特别喜欢戏服图案造型，所以经常在我课本的空白地方，画演戏剧的人物服装和动作。

我家对面是华侨楼，这栋楼的一对夫妻在国外，只有一个孤寡老人在家。因为是华侨的缘故，楼里到处有很精美的木雕，也有书画。别的小孩不允许进楼去，就允许我一个人进去。她知道我不会去弄坏它们。

另外乡下唱歌册，有唱本，很有古韵。用潮汕话写的诗词，它保留了很多古韵的东西。这个人演唱，唱完又解释讲的是什么。等我看得懂文字的时候发现这个歌词很优美、很古典，文学很深厚的人才能写出这种东西。像我们现在戏剧里头的唱词，都有很高深的文化底蕴。

然后就是每年一度的元宵灯会、中秋灯会啊，张灯结彩，各家各户弄好了来比赛，评奖。每家每户要会画会弄。那时候虽然还小，但每年的春联是我弄的。我在乡里头小有名气，邻家都找我写。我看到我的春联贴出来也很高兴，很骄傲。

过去潮汕人来广州读书不方便，好多人坐船到上海读书或谋生。也有很多人在上海做生意，有了点钱就买一两幅书画回来，挂在客厅里头。另外我很小就被作为澄海文化馆的美术青年来培养，文化馆有个裱画室，我没事就去溜达。总之，就是有各种各样综合的经历，对自己的成长都有好处。

时代潮人：在成长过程当中，有没有哪个老师对你的创作影响比较大？

许钦松：我觉得黄新波对我的影响比较大。黄新波是我们画院的首任院长和省美协主席。那个时候我刚从广州美术学院毕业，分配到文化厅，就是他把我从文化厅调过来的。他的艺术思想是很开阔的。而且他的作品很有哲思，很深刻，而且无所不在。他的代表作《年轻人》不知道你们有没有看过，一个姑娘拿着一支铅笔，后面是太空跟高压电，是一部经典作品。他受美国的肯特的影响，他的艺术思想对我影响也很大。他主要画版画，他也画油画，油画画得很好，有表现主义的东西。他的油画造诣也是给版画成就掩盖了。

影响这种东西很难说，每一个时期都有不同的影响。小时候对传统的膜拜，崇拜得五体投地，什么都是唯传统是尊。但是随着眼界越来越开阔，特别是跑的地方多，用国际视野来回望传统中国画，就发现它很多问题，才敢于挑战这个古老的艺术。所以我是大杂家，样样都喜爱一点。喜爱一点文学，也喜爱一点其他。养分比较丰富，营养的成分比较复杂。

时代潮人：你从事绘画40多年，从版画到水墨山水画，你是怎样给自己定位的？你认为自己最擅长的画种是什么？

许钦松：我在广州美术学院学习的是版画，20世纪90年代，可能是我版画的成就淹没了山水画。但原本最初学习的是中国画，我学习中国画的时间更长。现在，我在国画创作上全力以赴。

由于职业角色的转换，很自然的，我把自己对版画的理解、版画元素带入山水画中。版画讲究用刀，“刀工”就会带来劲、健等特质。你看人们对碑拓书法如痴如醉，其实石碑临摹的书法跟人们看到的碑上成型的书法是有区别的，这区别就在于，刻碑用的是刀，刀刻与生俱来的苍劲、古朴、力量，再融入本身摇曳生姿的书法，两者结合产生了质的飞跃。这点给我很大启发。况且，这种“以笔拟刀”在宋代山水画中是有迹可循的。因此，我将版画刀工带入山水画中，使得山石结构像刻出来的，这是一个慢慢摸索、不断进步的过程，两者结合从不自然到自然，逐渐成为了我的个人特色。

过去的一百年当中，有一大批从事其他画种的画家，进入中国画的领域，推动中国画的发展。比如说徐悲鸿，徐悲鸿出国留学画的是油画，到了一定年纪之后才画回国画。还有石鲁，延安时期画的是版画，后来转入中国画。我们赖少其先生也是从版画转进来的。刘海粟是从油画转过来的。包括李可染原来是画水彩的，都是接受西洋教育的，再转入中国画的。李可染先生早年在香港画漫画，画插图。像吴冠中（以前）也是画水彩画油画，也是在70岁左右，进入到中国画。这样算下来很多，几乎占掉大半。没有听说，你这一行（画一种画）就不能碰别的，好像画地为牢对吧？我也有比较复杂的身份，比较难界定我的身份。我也样样都搞，宣传画、连环画、油画水彩什么都搞，还有漫画。实际上，艺术没有明确的界限。毕加索也样样都搞，连雕塑都搞。

时代潮人：你鼓励画家更多的是成为一个杂家？

许钦松：是的，我们要鼓励不同种类互相吸收，这样才有创新。举个例子，我们的小提琴协奏曲《梁祝》，它是用越剧的调创作的。《梁祝》的作者是上海音专刚刚毕业的，第一场演出受到很大的批评，说小提琴西洋乐器怎么弄成这样？看不习惯。一开始很多人批评，但它现在是世界名曲。而且是世界唯一的。所以艺术这个东西必须要相互融合。就像我们广州战士杂技团的节目肩上芭蕾，赢得很多国际金奖。本来杂技归杂技，芭蕾归芭蕾，两者没有关系。结果结合起来，拿了好多金奖。所以艺术要鼓励大胆创新，突破。不管你是哪家哪派，只要能为你所用，就是好东西。所以中国画的发展我们这代人面临着一次考验，传统的艺术如何进行改革，进行创新，这是个难题。

许钦松说画

海南的风物民俗给我带来许多的灵感和创作的冲动，我的成名作《个个都是铁肩膀》以及稍后的《海南日记》就是由此创作的。今天的海南之行一路走来，又激起许多的感触、感动和感怀，灵感和冲动一路此起彼伏，得益良多，新的创作正在孕育并有了“胎动”。不管成功与否，海南，我会常来的。

我的心总在漂泊，总在游离，总在寻觅。似乎有一种来自远古的声音在呼唤，我随着声音而去，在空谷里，在原野中，我无处不在又处处不在，随着云烟雾霞升腾，跟着溪泉江河流淌，面对峻峭的山巅和苍莽的原野，有我旷古的追思和恒久的仰望。

我追思，我仰望，我追溯原始和远古，我崇尚天荒地老，我在积墨里沉淀厚度，又在破墨中闪烁灵光，我呼风唤雨，使笔下的世界瞬息万变，我让线条缠住山体，又让泉流直落深潭，我能腾云驾雾、移山倒海、本事非凡，在这山水世界里，一切的一切，我说了算。

近年来，我把研究的课题重点放在“水墨山水”的创作上。在创作中，主要想解决以下几个难题。首先是技巧问题，如何在“厚重”与“灵动”之间寻找一种平衡。作品既要浑厚又要空灵，要使之达至和谐统一。第二，如何使“第一自然”向“第二自然”转换。就是说，要让“眼中的场景”转换为“心中的场景”。第三，也是感觉最难的地方，中国画自古到今固有的符号程式比较多，艺术语言既要有创新又要有承传，两者如何完美结合，值得深究。我希望用5年时间，走进这“水墨山水”，相信一定会找到属于自己的个性语言、个人风格，创造出有新意的山水画作品。

乡间有一胖子农夫，夏收时节常赤裸上身挥汗收割和挥脱稻子。不日，于树下纳凉，一手执扇，一手遍搓身上垢泥，至肚脐处，由里掏出数粒谷子，细视之下，谷子竟长出细芽。此番谷子之成芽，大致与农夫之体温、汗水、垢泥和肚脐之环境有关。

达至艺术的高点须经历这样一个过程：简单—丰富—简练（简约）。大道至简。只追求艺术的丰富性是不够的。简的过程就是一种提升和提纯，是从量变到质变的历练，是品格的练就和修行的超脱，最后才能达到道的境界。

笔墨重要，品格更为重要。笔墨解决的是技艺的品质问题，品格关乎的是画家综合素养的高低。

一个为外显，一个是内修，且互为表里，相互作用。外为内所制，内为外所扬。

施笔墨者，忌庸，庸者，作态也；宛如学人步态，亦步亦趋，忘乎自家脚步。笔墨者，自有本家笔势墨态，当为日日修行，年年磨砺，删腐习而益以新格，门户可立也。

人类的原始涂鸦，未有任何意义的赋予却最具终极意义。绘画史的发展赋予了绘画在人文、社会学、哲学、美学等多层的意义，并以多种多样的“流派”“主义”标示于天下。然而，人类绘画原初的情感表达是最本质的“本源”，不要给绘画压上太多的“主义”，少喊些“主义”，多关注绘画本身。

陈小明：中科院院士的随遇而安

31岁获得博士学位，32岁成为副教授，33岁破格晋升为教授，35岁成为博士生导师，39岁成为长江学者特聘教授，46岁获得“国家自然科学奖二等奖”（第一完成人），48岁被评选为中科院化学部院士……

在别人看来，这是一串奢华的人生奖牌，更是一段毫无坎坷的成长故事，它的完成者是中山大学化学与化学工程学院的教授陈小明，一个出生在潮汕的“化学超人”。他长期从事配位化学与晶体工程研究，是国内该领域当之无愧的“带头大哥”。但如果他告诉你这一切并不是刻意安排，而是主动适应，甚至连考上大学时他选的专业都不是化学，你会相信多少？

五月，槐花飘香之际，本刊记者走进位于中山大学南校区的陈小明教授办公室，和他谈化学，谈故乡，谈大学教育，谈随遇而安的人生态度……

随遇而安

——中科院院士陈小明和他的科学人生

要采访陈小明并不是一件容易的事情。他要给本科生上课，还要指导他名下的多位硕士生和博士生，受邀到大学和研究所做学术交流。他还是中国科学院化学部常务委员会委员，国家自然科学基金委员会化学专家咨询委员会委员，英国化学会《化学通讯》、美国化学会《晶体生长与设计》等期刊的顾问委员。这些职务让他不得不花更多的时间出差，给上级汇报工作，同时作为评委参加行内学术会议。“没办法，这个五月我有一大半时间都在外面。”陈小明无奈地说。

当然，除了这些原因外，在他声誉日隆的这些年，陈小明保持着异乎寻常的低调。在接受过的屈指可数的采访中，《南方日报》记者张胜波这样评价陈小明：“做事踏实，不太喜欢张扬。这或许与他严谨的科研态度有关，也与他甘愿坐冷板凳的心态有关。”

陈小明的办公室简陋得近乎寒酸，这个隐藏在实验区里的办公室毫无特别之处，20多平方米，素白的墙上没有大幅字画，贴的都是学院老师的通讯录和工作行程表。进门左手边的暗红色柜子显然没有经过精心整理，各种奖状、证书和专业书籍摆放随意。作为一个潮汕男人、前院长和一个外人眼中的“成功人士”，他的办公室里没有宽大的办公桌，会客区也没有精美的茶具，他仍习惯于将茶叶直接丢进茶杯泡茶。主位沙发后面贴着一张2011年黑龙江大学举办的第八届全国无机化学学术会议合影，上面写着“化学是我们的生活，化学是我们的未来”。他身上那浅色的西裤显然有些年月，再配上白色的衬衫、黑色的皮鞋，你几乎可以断定这个中年男人有着典型理科男的内敛、低调、不张扬，或许这就是他最真实的存在。

几十年如一日地从事化学研究并非自己的选择，走上学术道路也并非有意经营——他的人生道路平常而不凡。对他而言，人生仿佛就该这样，一步一步向前走，能走多远就走多远。如今，他已是中国科学院院士，为数不多的中国籍的发展中国家科学院TWAS化学奖得主，众人瞩目的学术权威。他常对人解释说：“我靠勤奋、积累和运气，走到今天。”

当过农民，求学之路坎坷又神奇

1961年，陈小明出生于广东揭阳的一个农民家庭。家中有兄弟四人，他排第二。1976年，“文革”刚结束，他也初中毕业了。因为出生于没有地位的家庭，他没有升学读高中的机会，虽然父母很希望他能够继续升学，但也只能回家当农民。实际上，从小学到初中都是在“文革”期间，陈小明没怎么读书，一到农忙就回家帮忙。

陈小明（左一）在实验中指导学生

1977年恢复中考和高考，改变了陈小明那一代人的人生轨迹。这一年，他回校补习，考上了渔湖中学。也就在这一年，当了几年农民的哥哥考上了华南理工大学，这件事对于陈家意义重大，哥哥的高考成功直接激发了陈小明和弟弟们的读书热情。在渔湖中学读高一的陈小明很高兴，学习很用功，成绩进步也快。1978年，他参加高考，上了重点线（一本），可惜没有达到报考志愿的分数，未能遂愿。也就是这个时候，他通过县里举办的数学竞赛和物理考试，被遴选到揭阳一中读高二。1979年陈小明再次参加高考，终于考上中山大学。

这一次，他的高考志愿被改，成了化学系的学生，这是第一个偶然。当时，陈小明的哥哥在华工读书，“为了和我大哥在一起，我的第一志愿是华工建筑系，第二志愿才是中大的化学系”。当时的县招生办干部看到报考志愿单，觉得他的分数可以上中大，所以私下将两个志愿互相调换。而这一小小的动作让陈小明与中山大学从此结下不解之缘。30多年间，他90%的时光都在中山大学度过。

1982年，陈小明报考催化化学专业的硕士研究生。因为意外的原因，他被分配到X射线晶体学方向学习。这是他人生中的第二个偶然。开始时，他觉得与他原先的愿望相差太大，有点无奈，但他仍然服从老师的安排，跟随导师范海福教授（1991年当选中科院院士）学习，被范老师领入晶体学的大门。

硕士研究生毕业后，喜欢当教师的他，到中山医科大学搞了三年生物化学的教学。后来觉得知识水平不够，有必要读博。正巧与范老师有过学术合作的香港中文大学的麦松威教授（2001年当选中科院院士）招收博士生，他就去了香港求学，一去又是三年。这算是他人生中的第三个偶然。“我的导师范教授和麦教授都对学生非常好，都醉心于学术、非常严谨。麦教授很认真，论文通常给我改三四遍，甚至有一次文稿已经定稿、打印好，准备投稿了，他发现一句话有瑕疵，还是要重来。我们做晶体化学研究，经常要画图，画图时很投入，但常常在我们画完的时候一转身，发现麦教授就站在身后，不知道看了多久。两位导师都是对我的一生特别是工作态度影响很大的人。”谈起两位导师，陈小明充满感激之情。

科研达人，做学术要甘愿坐冷板凳

1992年，取得博士学位的陈小明回到中大工作。“那时候，中大的研究条件很差，可以用‘三无’来形容。”

首先是没有仪器：中大没有科研需要的主要仪器。实验室里，既欠缺日常使用的普通小仪器，也没有什么稍微值钱的试剂。那时候，买进口试剂，要等一年，陈小明用“黄花菜都凉了”来形容那种着急的心情。1997年，香港中文大学给中大送了一台单晶衍射仪，才开始有一点起色。其次是没有相关研究基础。在第一次申请国家自然科学基金委的研究项目的时候，基金委的负责人曾经问陈小明：“中大以前没有人开展这个领域的工作，有没有条件做你申请的项目呢？”这让陈小明哭笑不得。第三是没有科研经费：刚到校，陈小明不得不借同事的科研费，东拼西凑，才购买回第一台微机。那时陈小明的工资非常低，“当讲师的工资，还不到出租车司机收入的三分之一”。他过了好几年清苦的日子。

就是在这种条件下，陈小明坚持下来了。他说：“成功主要不是靠聪明、靠天分，而是靠长时间的坚持。我从来不会因为一时的困难、挫折就放弃对科研的追求！”

虽然陈小明在多个场合表示自己是一个“幸运”的人。“幸运”来自好老师、好同事、好单位，但是在学术界，重要科研成果的结成更多还是要依赖长期艰苦卓绝的努力，陈小明也不例外。

对于如何做好科研这样的“硬”问题，陈小明表示，首先科研是一项长期性的工作，天上不会掉下馅饼，要坐得住冷板凳，坐不住，安静不下来的人往往不能取得深层次的研究成果。做科研需要浓厚的兴趣，这点是极其重要的。科研工作者要面对来自外界的压力和诱惑，要保持长久不衰的动力，就需要浓厚的兴趣和强烈的信心。当然，也需要想象力和创造力，善于提出问题和解决问题。

陈小明长期从事功能金属配合物和配位聚合物的分子设计、合成和结构与性能研究，就是金属和有机分子组装。通俗地描述，用金属离子把有机分子粘起来，按照一定规律，可以粘出很多花样，不同的结构和不同的功能。例如柱层式，一些分子做柱，一些分子做层。这样就产生

与导师麦松威教授及师母合影

了有一定结构的化合物。这些化合物可以做成反应器进行化学反应，也可以储存气体，还可以分离气体。这些研究目前还没有直接与日常生活发生紧密的联系，但将来对能源和环境工业会有很大帮助。

在20多年的教学生涯中，陈小明取得了非常骄人的成绩。

1993年以来，陈小明先后主持了国家杰出青年科学基金、国家基金委员会重点项目和国家973计划等国家和省部级科研课题近30项，发表350多篇论文，其中，在化学或材料科学国际上最具影响力的刊物《自然-通讯》、《美国化学会志》、德国《应用化学》、《先进材料》、英国《化学科学》，以及美国化学会《化学综述》、《化学研究述评》和英国《化学会综述》等刊物发表论文近40篇。他的论文被SCI他人引用超过19,000次，个人H指数达80，其中50篇论文被他引超过100次。他曾在国际学术会议上做了40次学术报告。先后获得国家自然科学奖二等奖

1项（“配合物控制合成与晶体工程方法基础研究”，排名第一，2007年），广东省科技进步一等奖3项（排名第一，1998、2006和2012年），求是科学基金会“杰出青年学者奖”（1999年），国家科协、中组部和人事部“第五届中国青年科技奖”（1996年），教育部“全国优秀教师”（2004年），“汤姆森•路透卓越研究奖”（2008年）。2009年成为中国科学院院士。2012年获得TWAS化学奖等系列荣誉。

为人师表，兴趣和坚持同等重要

除了取得杰出研究成果外，陈小明还是一位名师。他指导的30多名博士毕业生中，已经有4人获国家杰出青年科学基金，1人入选中组部青年千人计划学者，2人获全国优秀博士论文奖，6人获全国优秀博士论文提名。

谈到为师之道，陈小明说，最重要的是培养学生的自信与兴趣，“科研是很辛苦的，没有兴趣的话，工作就会马马虎虎”。“就我的理解和感受，兴趣既可以说是与生俱来的一种本能，它与好奇心紧密相连。但是，兴趣也可以后天养成，兴趣是可以转移的，更是可以培养的。我也不是一开始就喜欢化学的，喜欢化学与老师的引导、培养分不开。中学时在揭阳一中，化学科李老师的课就讲得非常生动。”

很多人认为智商是成功的关键，但陈小明不认同这一观点。他认为，坚持才是成功的关键。“比如我自己，在一中的时候，虽然成绩还不错，但不算是最好的学生。从大学本科到硕士研究生期间，我都比较勤奋，成绩尚可，属于优良之列，没有特别突出的表现。既然我没有一些同学聪明，就需要更努力一些。从攻读博士学位开始，我养成了晚上在实验室、办公室工作的习惯，至今未改。我一位很要好的同学，他好几次过年时打电话到实验室拜年，后来，他把这个情节写在了《羊城晚报》上。”

此外，陈小明特别强调合作精神。他说：“实际上，我取得的成绩，离不开我的学生和合作者的努力和聪明才智。”无论是做人、做事还是做学问，陈小明一直都强调踏实。关于这点，陈小明的学生感触很深，大家平日里喜欢用“低调”来形容他，因为他总是那么朴实，踏踏实实做事，肩负着一名教师和科研工作者的责任。

感念桑梓，“家乡给了我很好的养分”

一路走来，陈小明很少抱怨，更多的是懂得在现实条件下抓住扭转命运的机会。几十年过去了，陈小明依然清晰地记得在揭阳一中生活过的岁月。“在一中的时间不长，不到一年的时间。但这却是我人生道路上的一个重要节点，终身难忘的经历，”他说，“一中给我的人生留下了丰富的精神财富。”

陈小明所在的高二8班的同学都是来自农村中学的优秀学生。“我记得当时是9月中旬到一中的。许声建老师当我们的班主任，8班的老师都特别优秀、特别敬业，这是我们的幸运。林树才老师说，我们这个班是紧急集合的哨子吹响后集结起来的部队。这样，我们便成为特殊年代的最特殊的一个班。”

陈小明将在揭阳一中生活的经历总结为三大财富：一是培养了刻

与最早的两位博士毕业生合影，左：童明良；右：龙腊生

苦、勤奋的精神。“当时大家到揭阳一中，目标很明确，就是考大学。但基础知识确实太差，课本不足，老师就根据自己的经验编写教案，基本没有星期天是可以休息的。早上晨跑后，老师就在教学楼前的空地上带我们读英语。老师教得认真，我们也学得认真，当时，学校的任何一个角落都有写上英语单词的小黑板。”他说，“当年真是一个师生齐努力的年代！”

二是培养了团结合作的作风和乐观的态度。陈小明说，当时生活很艰苦，每月的菜金只有4.5元。30多人住在一个用大教室临时改成的寝室里。每周有一片带皮的白肉吃，记得高考的时候加菜，每人一片肉、一个鸡蛋。没有电风扇，更没有空调，虽然生活艰苦，但同学们很乐观，干劲很足，也很团结。在生活上互相照顾，在学习上互相帮助，有同学从家里带来了咸萝卜干，大家也一起分享。生活清苦，学业繁重，但同学们却对未来充满憧憬。

三是形成了尊师的好传统。“我们在一中的时间虽然不长，但老师们的辛勤劳动和谆谆教诲，赢得了同学们的广泛爱戴。时至今日，我们班的许多同学还与老师们保持着紧密的联系，时常向老师问好，报告工作上的成绩和困难，获得老师的支持和帮助。”

陈小明觉得，这些都是让他终身受益的地方，就像勤勉、进取的潮汕文化一样，如影随形，走到哪里就在哪里扎下根。

对话

我这一路走过来，并不是预先安排的

现在回头看，人的发展轨迹确实有很多意外和机遇。

——陈小明

关于化学与科研：

“很抱歉，我还没研究出可以在生活中看得见的产品。”

时代潮人：你当前正在从事的研究是什么？

陈小明：我正在做多孔材料的研究，这种材料可以用来做光电传感、物质的分离和能源气体的储存。多孔材料通常是纳米级的，但内部分布了大量的孔洞，加上它独特的性能，可以吸附某种分子，把两个很相似的化合物或者化工产品分离开来；也可以储存可燃性的气体，用作洁净能源，对未来的化工、能源工业有很大帮助。

时代潮人：你是著名的无机化学家，又在研究配位化学，能不能用简单的语言或例子，给大众讲讲什么是无机化学，什么是有机化学，什么又是配位化学？日常生活中有哪些具体的作用？

陈小明：配位化学里面必须要有金属离子，但是有机化合物一般不涉及金属离子。简单来说，有机化合物一般由碳、氢、氧、氮组成，而无机化合物则通常含有金属等元素。生活中最常见的有机化合物是塑料，我们生病时吃的药片一般也都是有机化合物。而荧光灯里面的灯粉、日常使用的玻璃则是无机的。有机化学和无机化学都是化学的重要分支，它们都是二级学科。配位化学是无机化学的一部分，研究的是金属离子与有机分子相互配合而成的化合物，属于三级学科。

时代潮人：你的发明成果在现实生活中主要有哪些应用？

陈小明：比较容易出应用成果的是应用化学和化工领域，但我做的是基础化学研究，这种研究与实际应用、化工有一定的距离。所以很抱歉，我还没有研究出什么可以在生活中看得见的产品。做科学研究一般来说可以分为两类，一类是基础性研究，另一类是应用性研究。基础性研究一般属于前沿探索类，而应用性研究则是你说的这一类，以实际使用的产品为目标。在化学方面，主要是指应用化学和化学工业。当然也有人的本事比较大，从基础研究一直做到应用研究，甚至产品。

时代潮人：最近的实验过程中有没有出现意料之外且让你非常激动的重大发现？

陈小明：很多实验的结果都是可以大致预期的。完全出乎意料同时又是很好的发现，这种情形是很难碰到的。重大的实验发现，可能出现在以前没有人做过类似的实验，或者是大家做得不够细才没有发现的情况。当然我们曾经也遇到过一些“计划外”且比较有意义的发现。物理和化学还是相对成熟的学科，其基本科学理论已经比较完整、比较严密。换句话说，已经难以遇到对科学有普遍且巨大影响的新发现了，很多科研工作是在解决一些具体问题。

时代潮人：如何在成熟的学科中找到创新？

陈小明：我们的做法是，通过学术会议、文献检索了解全世界的学科动态，知己知彼，再来决定自己做什么，该怎么做出自己的特色，避免盲目跟风，避免做低水平的重复工作。

时代潮人：你目前应该没有实验经费方面的困扰吧？

陈小明：我还记得拿到的第一笔经费是2万元，但从1996年获得国家杰出青年基金后，经费压力就小了很多。随着我国经济的发展，现在科研经费已经大幅度增长，个人的科研经费已经没有什么问题了。

关于中科院院士：

“中科院院士并不神秘，也是普通人。”

时代潮人：我看到你橱窗里有很多奖项，2012年9月，你获得了“发展中国家科学院（TWAS）化学奖”，能否简单介绍下这是一个什么类型的奖？

揭阳一中广州校友会会长陈小明（左）与名誉会长林惠俗（中）、执行会长谢少波

陈小明：我曾看过一份材料，情况大致是这样的：面对发展中国家在科技和经济上的落后情况，大概30年前，一些发展中国家中特别有影响力的科学家联合起来，建立一个国际性的科学院（简称TWAS，总部设在意大利）来促进各国的科学研究，鼓励这些国家的科学家开展科学研究。随后，发展中国家科学院成立了TWAS奖项，分别奖励在数、理、化、生物、医学、农业、技术等方面做出突出成绩、在发展中国家工作的科学家。1987年，第一次有中国人获得TWAS化学奖，到目前我国至少有8人获得这一化学奖励。

时代潮人：2009年你被评选为“中国科学院院士”，能否透露下评院士有哪些具体标准？

陈小明：在我们国家，“院士”评选是每两年一次。在评选之前需要填写一些表格，比如科学技术工作的履历、学术兼职、获得的学术奖励，代表性的论著、专利，同行给予科研成果的评价和引用情况，包括3000字的学术成果与贡献的介绍。候选人必须在这些材料上面签名，保证所有材料的真实性。科学院每两年增选一次，近10年来，每次增选的人数指标都是60人。增选程序非常严格，也很民主。评选的投票人必须是所在领域的院士，但年龄过80岁的院士不能参加投票。也不能跨部门投票，比如数理部的院士不能到化学部投票。所有投票都是不记名的，大家各自在没有他人在旁边的情况下，按照自己的意愿选候选人。在最后的会议评审会上，每个院士都可以发表自己对候选人的看法，可以质询，而其中两轮投票中，每个人投票时都要在投票箱前拍照记录投票过程。候选人得票数必须达到总票数的三分之二才能当选。显然，得票三分之二是相当严格的要求。因此，最近几年每次遴选出来的院士数量都不足60人的预定人数。

时代潮人：在公众印象中，“中国科学院院士”这个群体很神秘，应该都是高智商的天才，是这样的吗？

陈小明：一般都是经过长时间的努力，取得突出科研成绩，才当选院士的。当然，人们容易对不熟悉的工作、领域感到神秘、神奇。比如我自己，对金融期货交易不熟悉，就觉得从事金融工作的人很神秘。院士也是如此，他引起旁人的好奇心可能是因为它头顶“最高科学技术荣誉”，再加上一些科幻电影的影响。其实院士或者科学家只是在某一个特定的领域做很专业的工作，其他方面和平常人一样。

时代潮人：中科院院士的人数是在增加还是在减少？

陈小明：因为院士头衔是终身制的，而且人越来越长寿，因此院士的总人数在慢慢增加。但院士的年龄一般都比较大，而80岁以上的院士自动进入资深院士行列，因此最近几年里非资深的院士人数在不断减少。

时代潮人：对已经是院士的，有没有重新考核或被撤职的情况存在？

陈小明：全世界都没有这种做法，除非是发生了特别重大的学术问题，才会撤销某个人的院士头衔。这是极为罕见的事情，在中科院历史上好像只出现过两次。

时代潮人：院士的专门活动多不多？

陈小明：每年都会有一次大会，还有不少其他活动，例如咨询会议、学术报告会、科普报告会等等。其中，各种科学咨询工作需要调研、讨论，最终形成报告，并向国家有关部门上报，作为政府决策的参考。

关于大学教育：

“基础研究对研究型大学非常重要，是培养人才的主要方式。”

时代潮人：你带的最早的一批研究生是什么时候？到目前为止，你门下的研究生有多少个？

陈小明：我是1996年开始带研究生的。到目前为止，我带出来的毕业生中，博士大概有33人，但硕士不到10人，因为很多学生在我这里读完硕士，接着在我这里读博士。

时代潮人：你带的博士中有80后，你觉得生于这个年代的年轻科研工作者与你们那个年代的相比，有什么差异？

陈小明：就我观察来看，主要有两点比较不同，首先是80后的学生较之前的学生，读的书要好很多，知识面也更广。但是他们读书不一定读得细，反过来，更早年的学生读书可能读得少一些，但读得细一些。其次，早期的学生很多经历过贫困，所以更吃苦耐劳。一个经历过贫困的人，他首先想到的问题是解决温饱，更多地把科学研究看成工作和生存方式。但现在生活水平都高，没有多少人再为温饱担心了，学生的思想都比较活跃，也有主见。

时代潮人：你对“科学成果未能转化为生产力表示遗憾”，你觉得最主要的原因出在哪里？

陈小明：因为我的科研集中在基础性研究，所以与应用的距离比较大。基础研究与应用研究都重要，但应该有所分工。发达国家，做基础科学研究的科学家不太考虑成果转化的问题，因为他们国家中有很多科技水平很高的大企业，具有很强的科技转化能力。一些大企业的科学研究机构甚至开展非常基础性的研究，不一定考虑成果的转化问题。比如美国杜邦公司，它会聘请一些科学家，科学家一进去就给一笔科研经费，也不管你拿去做什么研究，应用性的也好，基础性的也好。但目前在国内，具有很强研究力量的企业太少。对研究型大学而言，基础研究非常重要，这不仅是学术水平的问题，更是培养科技人才队伍的问题。

时代潮人：为什么高校更强调基础研究？

陈小明：作为研究型大学，教书育人和科研才是最重要的事情，它可以提供前沿科学和技术知识。而且基础研究才能培养优秀的科技人才，如果一个国家只是做应用研究，那这个国家是不可能成为真正的科技强国的。只管技术，不懂其根本的科学原理，就是一知半解，就难以发展出更好的技术。早在100多年前，美国物理学会的理事长罗兰教授有一段话说明了基础科学的重要性，他说："中国人知道火药的应用已经有若干世纪，如果他们用正确的方法探索其特殊应用的原理，他们就会在获得众多应用的同时发展出化学，甚至物理学。因为只满足于火药能爆炸的事实，而没有寻根问底，中国人已经远远落后于世界的进步。我们现在将这个最古老、人口最多的民族当成野蛮人。"我认为，基础科学与应用科学或技术同样重要。

关于个人选择：

"最成功的商人，未必是商科学生出身。"

时代潮人：除了紧张、忙碌的科研外，你有哪些业余爱好？

陈小明：前几年我把大部分时间都用在学习和工作上了，所以顾不上什么业余爱好。现在我喜欢和学生打羽毛球，有时候和朋友打扑克牌。

时代潮人：在很多人的心目中，教授严肃刻板，北大前校长周其凤也是学化学出身，他的许多行为曾经引起很多争议，你怎么评价他？

陈小明：我认识周其凤老师很多年了，他是一个性情中人，思想也很活跃，且多才多艺。写化学歌这些事情，我觉得没有什么不好的。难道做了校长之后就不能写歌作曲，不能跪拜自己的父母，感恩辛苦了一辈子的父母？每个人都可以彰显自己的个性，有兴趣和爱好，这样世界才会更加精彩。

时代潮人：你对化学的兴趣来自哪里？

陈小明：我对化学的兴趣是在对化学的接触中慢慢产生的。我当初读本科做毕业论文时，到黄埔区的一个工厂里做电解制稀土合金的试验。我在那边蹲了两个月。发现做研究做实验也很有意思，许多自己不明白的事情，通过做实验慢慢地就知道了它的原理。我的硕士研究生导师范海福老师对学术研究的认真执着，让我获益终身。他是科研上第一个让我有所触动的人，也就是从那时起我觉得科研很有趣也很有价值。

我们那个年代的人，很多人一开始并不清楚自己要做什么，因为我们的见识很少，可以选择的机会也比较少。我现在还清清楚楚地记得，我考上大学，从揭阳来广州的那一天，是我这辈子第一次看到真实的火车。当时县里包了一辆大巴，将我们这些从揭阳来广州上大学的学生一起送到广州，总共有三四十人。大巴路过一个公路、铁路交叉的路口时停了下来，等火车先过，当时车上的人全都站起来看火车。你想想，我们当时的见识是何等贫乏。

时代潮人：但有时候选择多了也是坏事，年轻人经常有选择恐惧症？

陈小明：我觉得，这个时候就应该多和年长的人交流。因为年轻人可能只看到现在，而对过去了解不多，而年长的人往往思考更多，所以在做选择的时候就更加成熟。不要一窝蜂涌向热门专业、行业。我觉得当大家都跟风去做同一件事情的时候，不是一件好事。最好是选择自己感兴趣、基础好的、比较擅长的专业或行业。

时代潮人：你的子女选择了什么专业？你是否会干预他们的选择方向？

陈小明：我不会干预她的选择，毕竟她是一个成年人了，会有自己的爱好和兴趣。我女儿读化学专业，多少还是受到一点我的影响。她现在选择到英国留学，我觉得挺好，年轻人有机会应该出去开开眼界，去感受一下人家的教育和文化环境。

关于家乡：

“十八年的潮汕生活给了我很好的养分。”

时代潮人：你的童年、少年时期是如何度过的？

陈小明：我生于1961年的渔湖。渔湖这个名字，虽说是渔米之乡的意思，但当时正是三年经济困难的时期，那是一个极端贫困的年代。物质生活的匮乏很难用一句话来形容。我是农民的儿子，挨饿是小时候最深的记忆。

少年时期，适逢“文革”，那是一个不读书的年代，在学校里，主要是背诵毛主席语录，忆苦思甜，备战、备荒，学农、学军，有时也会学一些简单的四则运算，学打算盘。那时，没有数学课，叫算术。我记得很清楚，老师连汉语拼音也没教我们。天蒙蒙亮时，我们也会跟着大人去做早敬、唱语录歌。小学只读五年便读初中了，初中也只读两年便算是毕业了。1976年，我初中毕业，15岁正式成为全职的农民，或者叫小农民。那时，如果有人问我，什么是理想？什么是幸福？我的答案一定是：吃顿干饭！看一场电影！其实，电影也很少，我记得，《地雷战》《地道战》和《南征北战》看了很多次。等到1977年恢复高考，我才有机会改变命运。

时代潮人：你对家乡的感情是怎样的？

陈小明：我在家乡生活18年，得到很多父老乡亲以及儿时挚友的关心和帮助，小学（中联小学）和中学（中联小学附中、渔湖中学和揭阳一中），更是得到很多老师的长期培养和关爱。因为学习、工作，我很少回老家去看看大家，没有机会表达对大家的谢意，深感愧疚。

时代潮人：潮汕文化对你最大的影响是什么？

陈小明：我18岁离开揭阳。在此之前，我当过半年的农民，所以深知劳动者的辛苦。就像很多潮汕人一样，刻苦耐劳是我们共同的品质。此外，潮汕人很顾家，我太太也是揭阳人，也是我的中学校友。以前她是一个工程师，经常要到外地出差，孩子小的时候，我照顾不过来，就提议让她来中大图书馆工作，不用出差。这样就可以兼顾家庭，所以说她为家庭做了很大的牺牲。

时代潮人：听说你一直骑自行车上下班？

陈小明：因为我住校内，10分钟就到办公室，所以不必买车。而且我比较懒，不喜欢上街。这些年广州变化太快，很多路我都不认识，也没有时间去学开车。所以干脆就不买了。

时代潮人：在外界印象中，潮汕人善于经商，你能谈一下对此的认识吗？

陈小明：我在读大学的时候考虑过这个问题，我觉得我的性格不适合经商。至于做行政工作，我也不是很喜欢。当老师不用考虑太多杂七杂八的事，所以我获得硕士和博士学位之后，都选择了做教师。

20年前回中大当讲师的时候，教师的工资特别低，我一个月才拿300多元。这点钱当时在广州是什么概念呢，就是自己一个人基本能够达到温饱吧！当时社会上流行的说法是，“教授教授，越教越瘦”。情况好转是在2000年之后。现在好多了。

时代潮人：您想对年轻人说些什么？

陈小明：现在，我们赶上了一个好时代。我国GDP总量已超越日本成为第二大经济体，国力大为提升。但是，我们国家比起最发达的国家，例如美国，还是有很大差距，需要我们继续努力奋斗。我希望家乡的年轻同学们能立志成才，报效祖国，把我们的国家建设成为真正的强国。我期望他们能够培养兴趣，快乐地学习和工作。在一个人成功的诸多因素中，毅力、兴趣是至关重要的，甚至比聪明才智还要重要。有了兴趣，再加上毅力，你就不会觉得工作太累、太辛苦。受到挫折时，你也不会失落。

行行出状元，国家需要的是各行各业的人才。如果同学们立志成为科学家，那么，要有坐冷板凳的思想准备。因为，科学是一项艰苦的探索未知的活动，在探索过程中会失去一些乐趣，但也会得到另外一些乐趣。

脚踏实地不断努力，不断地充实提高自己。谦虚谨慎是不会吃亏的，不懂装懂早晚要出笑话。

既要有个人奋斗，又要有团队合作精神。我想告诉大家，我的科研工作之所以能取得一些成绩，少不了家庭、同事、朋友和学生的支持，不是我一个人在战斗。不论做什么工作，都需要有团队合作精神。

永远不要自暴自弃。人生的机会远不止一次，实现人生的价值，在于不断地坚持与奋斗。

（李虹对此文亦有贡献）

陈小明院士开设的课程与担任的行政职务

陈小明院士先后开设过的课程包括：物理化学实验（本科生）、结构化学（本科生）、现代无机化学（本科生）、配位化学（本科生）、波谱化学（硕士生）、单晶结构分析（硕士生、博士生）、现代配合物研究方法（研究生）等。

1993年12月—1994年11月　中山大学化学系，副教授

1994年12月起　中山大学化学学院，教授

1996年7月起　中山大学化学学院，博士生导师

1996年12月—1998年3月　中山大学化学系副主任

1998年3月—1999年12月　中山大学化学学院副院长

2000年1月—2009年12月　中山大学化学学院院长

2000年—2004年　教育部长江学者计划特聘教授

2010年—2014年　中山大学逸仙学者讲座教授

陈小明院士所获的奖项与荣誉称号

1996年10月　广东省丁颖科技奖

1996年11月　国家科协、中组部和人事部第五届中国青年科技奖

1997年5月　广东省首届“优秀青年科学家奖”

1998年8月　广东省自然科学奖一等奖（第一完成人）：含羧基与多胺基的金属酶模型化合物的研究

1998年　入选国家“百千万”人才工程1997年度第一、二层次人选

1999年　求是科技基金会杰出青年学者奖

2001年　广东省2001年南粤教书育人优秀教师

2001年　宝钢教育基金会优秀教师奖

2004年9月　全国优秀教师（教育部）

2006年　广东省科学技术奖一等奖（第一完成人）：功能金属配合物的控制合成与晶体工程系列研究

2007年　国家自然科学奖二等奖（第一完成人）：配合物控制合成与晶体工程方法基础研究

2010年　芙兰奖（中山大学）

2012年　发展中国家科学院TWAS化学奖

2012年　广东省科学技术奖（第一完成人）：微孔与磁性配位聚合物研究

王兰若：生命不息，追求不止

2013年5月18日至7月5日，“王兰若·黄文凤捐赠书画展”在广东省博物馆隆重举行。这是继1997年之后，王兰若再次向广东省博物馆捐赠重要书画作品。5月18日，“国际博物馆日”当天，广东省委原书记吴南生出席了王兰若的书画捐赠仪式。吴南生是广东乃至全国知名的书画鉴藏家，他对王兰若的作品及其持续一生的创造热情皆赞赏有加。生于辛亥前夕，王兰若历经了一个世纪的风风雨雨，趟过了无数大小劫难。作为画家，他虽偏居南粤一隅，却留下了大量享誉海内外的精品画作；作为人师，他有教无类、桃李满门，弟子方楚雄、王璜生等已经成了中国新生代画家中的翘楚。对王兰若来说，艺术就是他的生命。生命不息，创作不止。1999年8月17日，在中国美术馆举行的“王兰若从艺七十年研讨会”的开场白中，他用带着浓郁潮汕口音的普通话说了这样几句话：“我对画画很用功，但是画得不好。这次到首都来，就是请大家评一评，提一提意见，让我更进一步……”说这番话时，王兰若已经88岁高龄了，但他依然没有放下画笔，创作热情也没有减退。2009年，王兰若不慎跌倒致脑部受伤。高龄患者做开颅引流手术风险极大，他却奇迹般地闯过了这一关。不仅如此，手术后一个月，他就再次拿起画笔，创作至今。对于后人和旁观者，王兰若的生命里全然没有暮色，他的人生就是一场充满正能量的生命艺术。

高山仰止：
王兰若的绘画世界与人生境界

有学者曾撰文分析，在中华民族发展史上，20世纪前50年比过往500年更加跌宕起伏。用今天的话语解读，那是名副其实的大时代：大事件层出不穷、大人物个性十足。时代气息会一点点沁入个体的心性中，形成个体的时代特征。和其时大多数书香家庭一样，王兰若小时候便在父母的引导下开始接触书画。11岁正式跟随擅长山水画的乡贤林芙初学画山水；19岁师从其时已闻名于世的岭东画家孙裴谷；1933—1935年，王兰若在上海美术专科学校（以下简称“上海美专”）学习。当年的上海美专是书画艺术的殿堂级学府。在上海求学期间，刘海粟、黄宾虹、诸闻韵等名师均给过他悉心指导。1936年，为了照顾年迈的父亲，王兰若舍弃了留校任教的机会，返回故里，时年26岁。此后，虽然游历过诸多名山大川、到世界各地举办过画展，但他安土重迁，将艺术生命深深扎根在岭东的故土上。人们评议王兰若在当代画坛的地位时，经常会遗憾地假设，如果他身居北上广，或主要创作活动在北上广，他的声名和作品的影响力一定会更大。但人生的逻辑与假设的情境经常格格不入。“与他同时代的大书画家相比，父亲的心性更加平和，没有那种追求大声名、大气象的冲动，他一辈子安静作画、安心育人。能有所成，自然而然。”书画家王种玉这样评价他的父亲王兰若。回到王兰若的作品上来，很多人会用“精致”和“清逸”两个词评价，也有不少人能从他的画作中品出一种超脱清新的意境来。境由心生，成熟的画作，技法已在其次，画家内在的修为、对人生的悟化等会投射到作品中去。如今，整个社会流转着浮躁气息，书画界也难以免俗，王兰若却难能可贵地将清新、笃定的气息渗透进他的每一幅画作中，并持续将近一个世纪，他是如何做到的呢？

兼收与并蓄

良好的家学传统、名师的悉心指点、勤勉地创作实践，如果要总结王兰若一生的成才因素，大抵如此。然而，一个人的成就，既离不开大势所趋，又与个人的独特经历息息相关。

王兰若1911年出生于揭阳县（今揭阳市揭东县）塘边山村。揭阳素有“画家之乡”的美誉，民间有非常浓郁的学习绘画、鉴赏画作的氛围。据王兰若后人描述，王家祖上家境殷实且重视教育，先祖建书斋三幢，并延请私塾先生广教乡里弟子。故乡人称这三幢书斋为“书斋围”。王兰若的启蒙教育便从书斋围开始。

10岁前，他在揭阳桃都溪围许厝振东学校读书，并跟随父亲学习古文诗赋及药性赋。父亲王秀山是晚清儒生，后来从医。民国初年，中产及以上家庭普遍重视家学，与学校教育追求的标准化相比，家庭教育

王兰若作品《夏日云山》2009年作

王兰若作品《朝霞》1976年作

的个性化很强，生于民国年间的大家多数具有良好的家学背景。10岁那年，王兰若接触到父亲收藏的《六如居士全集》，这是由清代人整理汇编的唐寅书画作品。唐寅擅山水、人物、花鸟，其画作笔墨细秀，布局疏朗，风格秀逸清俊。除绘画与书法外，唐寅在文学上亦富有成就，其诗多为纪游、题画、感怀之作，以俚语、俗语入诗，通俗易懂，语浅意隽。《六如居士全集》对王兰若影响很深，他的很多题画文字随意而充满趣味、别具一格。比如1963年，他在学生方楚雄的一幅习作上题识：大胆与细心并用，楚雄年仅十二，人小胆大，此幅其一例也。

浓厚的兴趣，加上良好的氛围，少年王兰若进步很快。董其昌、王拱、王石谷、黄璧、杨修、曾习经、任伯年等人的卷轴书画被父亲轮换着张挂在书斋中，这些名家之作极大地拓宽了王兰若的艺术视野。

19岁那年，在揭阳一中读书期间，王兰若遇见了贵人——孙裴谷。其时，孙裴谷已是名扬海内外的画家。1918年，孙裴谷从新加坡回国，此后十多年一直在家乡潜心教育。1930年，为了增长见识，孙裴谷去上海及江浙一带游学，在此期间结识了王震、谢公展、潘天寿、诸闻韵等海派名家。在技术层面，孙裴谷极为传神的写实笔法，尤其是不即不离的水墨线条风格，给王兰若确立了明确的范例。孙裴谷对他的提携远远超过了技术层面的耳提面命。孙裴谷在东南亚一带声名远扬，又与海派名家有广泛的联系，他将行业中最前沿的信息带回粤东，让原本偏居一隅的王兰若得以了解更为广阔的天地。或许是受孙裴谷的影响，1933年，23岁的王兰若带着朝圣的心情前往上海美专国画系求学。由刘海粟等人创建的上海美专在中国美术史上有极其重要的地位，其时被称为造就美术大师的实验平台。潘天寿、谢公展、诸闻韵、马孟容、张大千、关良、马万里、汪亚尘、贺天健、黄宾虹等名家曾在这所学校任教，钱鼎、许士骐、李可染、程十发、谢之光等人曾在这里求学，群贤汇聚于此，释放出巨大的艺术魅力。

为什么身居粤东的孙裴谷、王兰若等人纷纷去往上海？这与当时的社会背景关系紧密。民国时期的汕头埠，文化多元，经济活动活跃，新兴事物不断涌现，民众见多识广，普遍不安于现状。而民国时期的上海，十里洋场，处处充满机遇和挑战，吸引了来自全国各地的有志青年前往追梦。其时，大批潮汕商人经由水路入沪经商，活跃而风雅的潮商将闽、浙、沪画家的作品源源不断地带回岭东故乡。潮商的活动，既有效地促进了潮汕地区与外界密切的联系，同时也为本地学子在学识的深造方面铺砌了一条曲径通幽的道路——通过商行亲友的关系到外地求学甚至到国外留学，几乎成了潮籍学人20世纪50年代以前延续教育的最重要方式。

抵达上海后，经孙裴谷举荐，王兰若首先拜会了国画名师诸闻韵，然后进入上海美专国画系深造。为了节省学费，次年他转到收费较低的上海新华艺术专科学校（以下简称“新华艺专”）学习；1935年，又返回上海美专学习，并以优异的成绩成为上海美专国画系第十六届毕业生。在当年的毕业纪念册中，国画系教授诸乐三为王兰若写下了这样的评语：“兰若颖悟轶群，作画天机自得来泸上访道，艺益精进，书画而外，尤工篆刻，锲而不舍，好之弥笃，循序以进，妙境可跻。”据王兰若的后人介绍，毕业前夕，校方已经决定留王兰若任教。但他当时已经是两个孩子的父亲，下有幼子，上有老父，颇多牵挂。父亲经常去电报催促他返乡，不得已，在上海文庙举办“中天国画展览”后，王兰若就急匆匆地收拾行李返乡。在这次展览中，他有一件题为《系累》的画作，画作中一只被绳索绑住脚的公鸡在苦苦挣扎。在某种程度上，这可能是他当时无奈心境的写照。作

1947年，王兰若（左二）与关山月（右一）等人摄于槟城

为25岁的年轻人，他留恋外面的精彩世界。

1933—1935年，是王兰若在外求学持续时间最长、收获最大的生命时段。由于天资聪颖，加上勤奋好学，在沪求学期间，王兰若广泛接触名家，如黄宾虹、刘海粟、王远勃、谢公展、诸闻韵、诸乐三、潘天寿、张书旗等人。耳濡目染，王兰若作品中自然而然就有了海派画家的特点。在新华艺专时，经诸闻韵先生介绍，王兰若结识了汕头澄海籍学生陈镇庭。此后，他们经常结伴到诸先生家作画，并在创作过程中多次得到诸先生的指点。后来，王兰若在杭州旅行写生期间还有机会住进潘天寿先生家中。在那个年代，师生之间沟通与对话的意愿很强烈，沟通与对话的行为也更为普遍。他与刘海粟校长的交往更是情深意重。1981年，王兰若夫妻登黄山时，无意间听闻刘海粟也在黄山，于是他们决定到刘海粟下榻的“散花精舍”拜谒。当年刘海粟年事已高，甚少接待访客。刘海粟的秘书柯文辉因为不认识王兰若夫妻，就以主人正患感冒为由婉拒他们。王兰若留下问候纸条，失望而退。然而，当秘书将纸条交给刘海粟时，他立即表示要见王兰若。秘书出去找了一圈，回来禀报说实在太难找了，黄山那么大，岔路众多。刘海粟却坚持让他去找。功夫不负有心人，柯文辉最终找到了王兰若夫妻。一番寒暄后，师生在“散花精舍”合作巨幅国画：刘海粟画苍鹰，王兰若画劲松。刘海粟年长王兰若15岁，曾经的师生，在饱经岁月与时代的淬炼后，都成了有故事的老人，而不老的则是他们对绘画艺术的毕生追求。

回归与回馈

王兰若没有择善地而居，他回归到岭粤故土，投身教育，希望像孙裴谷那样，桃李满门。然而，新生的中华人民共和国却走了弯路。受时局影响，王兰若对故乡的回馈之路走得曲折而漫长。

赴上海求学前，王兰若已在揭阳炮台镇担任红十字会小学校长兼家乡三峰小学校长。1935年秋，毕业回乡当年，他被聘为汕头友联中学、省立金山中学、东方艺术学院及瀛寰艺术学校的美术教员，开始了他在潮汕地区漫长的美术教育生涯，揭阳、澄海、普宁、汕头等地，都留下了他艺火薪传的足迹。在大的人生方向上，他基本上沿袭了中国主流文人的路径：留下佳作、带出高徒。

回乡不久，抗日战争开始。在此期间，他和众多有担当、有见识的艺术家一样，发挥艺术专长积极抗日，通过绘制漫画、制作标语等行动动员民间抗日力量。他还组织友人上山打游击。

抗日胜利后，中国又踏入内战泥淖。三年内战期间，王兰若曾赴南洋旅行写生。1947年夏天，他在泰国曼谷遇到关山月，并与他一起联袂举办“关王救荒画展”。在南洋期间，王兰若广泛接触了当地的美术界同人，其中包括不少上海美专的同学。时至今日，王兰若的画作在南洋地区的华侨中仍然享有很高声誉，这与他当年的南洋之行密不可分。

1949年后，绘画之外，教书育人成了王兰若的主要工作，他在潮汕故土上辛勤耕耘、荣辱不惊。他创作、办展、教学，生活平淡却充实。1954年，他还为妻子黄文凤塑了一座胸像。在此期间，他创作的《林招鱼跳》《丰收》等一大批反映当时新中国农村发展新景象的作品受邀参加官方组织的画展。此时，一场风暴正悄然而至。

1949年，中华民族掀开了新的历史篇章。新的政府一方面准备接纳像王兰若这般爱国、有民族气节的艺术家，另一方面又怀疑这些经历丰富的“旧人”对新体制的诚意。专注于绘画创作和教书育人的王兰若虽然见多识广，但所见所识仅限于绘画层面，他单纯、耿直，甚至给他贴上“天真”的标签都不过分。

1958年，在那场旨在“引蛇出洞”的“反右”运动中，王兰若因为直言不讳而犯了那个时代的禁忌，他被送去粤北英德矿山劳动改造。作为中国知识分子，公认的底线是不说假话，但这还不够，不说假话并不意味着可以随便说真话或将真话说尽。王兰若究竟在什么问题上犯了忌讳？

据他本人后来回忆说，当时他在汕头某中学任美术组组长。一次开会时，有一位蔡姓教师突然站起来声色俱厉地说：“大家来提一提王组长的反动思想。”此前，这位蔡姓教师一直在想办法移民香港。王兰若听到“反动”两个字又奇怪又生气。他自认一向追求进步，行得端、走得正，他带头的美术组还被评为专区的先进单位，“反动”这顶帽子怎么也扣不到他头上。更何况对方还是一个成天惦记着往香港跑的人，本身觉悟那么低反倒给别人扣帽子？因为无法压制住怒火，王兰若起身拎起衣服就走，“会你们接着开，我就不参加了。”“后来学校几次来人，连校长都来了，软硬兼施让我回去开会，告诉我认个错就行了。但我还是坚持自己是进步的，没什么错可以认，不肯回去。再后来实在架不住他们再三劝说，我还是去了。”时隔多年，王兰若还能清晰地回忆起当时的情形。

这次是开整个学校的“大组”会议，大小干部全都参加了。去之前王兰若还是很生气，责问他们：“怎么样，你们还想把我当右派吗？右派就右派，有什么大不了！”这句气话激怒了更多人，王兰若却浑然不觉。他们回应说，“这么说可以，你在会上也这么说。”在会上，王兰若果然说：“右派就右派，有什么大不了？”就因为这句话，他真的被组织认定为右派了，因为他自己主动承认，校长也在会上口头确认了。就这样，“右派分子”王兰若被组织下放到英德矿山劳动改造。一去就是三年多，比在上海求学的时间还要长几个月。吊诡的是，20世纪年代平反时，在组织部门的档案中，却找不到当年将王兰若划为右派的任何

1980年，王兰若（前左五）在广州文化公园举办个展时与诸画友合影

文字记录。最后下的结论是，假右派。如果当年不那么意气用事，如果能冷静地与组织沟通，也许就可以避开这个无妄之灾。

王兰若将这三年当成是另一种历练。

在英德矿山劳改期间，他负责画画宣传，同时每天登记大家的劳动情况。闲暇时，他就将水泥袋清洗干净，当成画纸在上面作画。在这种特殊介质上的写生及速写作品居然有几十本！王兰若接受劳改时，刚开始并没有收入，还要家里寄钱去帮补。政策变化后每个月才有42元工资，他将其中的30元寄回家，剩下12元，3元吃饭，2元零花……

当年，妻子黄文凤的肺病很严重，肺穿孔，又带着几个孩子，一家人的生活过得极其艰辛。王兰若既不能守在亲人身边，又无法解决现实的生活困顿，心灰意懒的心情从诗作《粤北吟》中一览无余："孤灯千里梦，岁暮惊客心。此身经百炼，铁杵磨成针。流离经几载，贫病逐日深。泪痕新间旧，真理苦追寻。是非那堪问，风霜故相侵。生涯垂垂尽，明月照寒襟。"关于这段凄苦的经历，20世纪80年代末期，黄文凤在整理的《王兰若美术活动年表》中有寥寥数字的记载："'反右'运动后到矿山劳动，体验矿工生活，到1961年，工余写生积速写十余本。"

顺境与逆境都是人生的一部分，苦难常常给人别样的体验。因为无法顾及家人，王兰若心灰意懒过，但作为画家，他没有迷失方向，更不曾丢开画笔。1962年，离开矿山后的第一年，他的《矿山早晨》便入选"汕头地区老国画家画展"。按当时的规定，在英德劳改结束后要"脱帽"。但王兰若却因为找不到"右派"这顶"帽子"，无法举行正常的"脱帽"仪式，于是便暂时不了了之。然而，到了1970年，60岁的王兰若却被组织勒令全家迁回揭阳，因为当年他没有正式"脱帽"，在成分上还属于"右派"。

到了乡里，因为没有房子，他们一家只能寄居在一座废弃的"老爷庙"里。这座庙叫"天后庙"，在"破四旧"时被改造成猪圈，但是猪也没养好，于是就变成附近村民堆放杂物之地，比如抬棺材的杠。当然，这样的地方少不了老鼠和蚊虫。由于行李当天还没运过来，一家人当晚就睡在地上。

当时王兰若家是"地主"成分，他又是以"右派"的身份回到家乡，原先的亲戚朋友都不敢跟他们联络。即便是住在庙里，他们还要经常被批斗。“我被告知要‘听哨声’，所谓‘听哨声’就是哨声一响我们这些‘黑五类’就要集中开批斗会，要么被批斗，要么当观众陪斗。遇到节假日，民兵更是必定来踢门。”王兰若曾回忆说。

虽然环境恶劣，王兰若还是一如既往地画画，这已经是他生命中最重要的一部分。有一段时间他去山林劳动，那里的劳动比较轻松，而且每天中午能够回家休息，于是他就利用中午的时间画两幅手卷，每幅各画了一个月，目的是教自己的一对儿女学画画，让他们有临摹对象。这两幅手卷，其中一幅已捐赠给了广东美术馆。在那段晦暗的日子里，王兰若还帮当地创办了一间名为新乐的工艺厂，专门画国画出口。虽然一开始是为了生计，但生产队却一直没有兑现给付报酬的承诺。

蜕变与升华

经历过波折的人，会显得格外恬静、宠辱不惊，物我两忘。进入暮年后，黄文凤多次为王兰若整理画作手稿，为他的作品集题签。在各种场合的合影中，紧贴着王兰若的黄文凤笑意盈盈，王兰若则淡然笃定，和谐默契得令人艳羡不已。

经历了20世纪50年代的劫难后，王兰若已失去了他喜爱的教书职业。但在后来参加汕头工艺美术厂的工作中，但他仍然担负起指导学徒的职责。在“文革”期间，虽然生存空间极度局促，他还是耐心地指导新乐工艺厂里的年轻学徒，让那些求知欲强又有天分的年轻人在知识被抛荒的年代学到了一些最基本的美术知识和技能。

同时，即使是在“反右”和“文革”等非常时期，王兰若身处逆境，仍然有不少追随者以跻身王氏门下为豪。如今活跃于画坛的潮汕籍青年画家方楚雄、林勇逊、林永年等人，都是王兰若当年的门生。究竟有多少人曾经直接或间他接受到王兰若的教诲和影响，没有人能准确统计出数字。但可以肯定的是，那些聪慧又极度真诚的求学少年，他们求知若渴的态度深深激励着王兰若。教学相长，王兰若也从这些家乡后辈身上看到了自身艺术生命的延续。

由于发生“文革”，王兰若的一对儿女学业受到影响。为了补偿儿女失学的损失，王兰若曾四次安排他们去探访天下名胜，东南西北，足迹遍九州。就算当年在农村生活在古庙里，王兰若依然身教言传，在自己坚持创作的同时悉心指导儿女画画，苦心培养，努力把失学受苦这件坏事变成磨炼意志、体验生活的好事。王兰若的人格和他的艺术，也正是在这种特殊的环境中反复磨炼得以完美升华的。

1979年，中华人民共和国的历史又开启了新的篇章。

这一年，王兰若恢复了工作和待遇。

这一年，他已经年届七旬。

这一年，他开始焕发艺术生命的第二春——来得晚，却更稳定、更成熟。此后30年，他的创作、画展无数。

1979年，他携黄文凤到厦门、福州、苏州、杭州、南京、上海等地写生。他们去上海拜会刘海粟校长，前往杭州拜访诸乐三老师和潘天寿夫人。

1980年，70岁的王兰若出任汕头画院副院长，同年被选为广东省文代会代表和美协广东分会理事，又应文化部邀请到北京藻鉴堂作画。他辉煌的晚年，应该说从这一年才正式开始。

1980年以来，他先后在北京、香港、广州、深圳、潮汕三市及美国、法国、新加坡等地举办画展并大获成功。他还与黄文凤一起登黄岳、上匡庐、过三峡、游漓江，还到洛阳赏花、武夷泛筏、洞庭荡舟、泰岳观日……祖国的万里河山均留下了他们的足迹。外师造化，中得心源，其国画造诣也达到了至高的境界。

众所周知，传统中国画特别是文人画经常是在流传有序的少数几种题材范围内以不断重复的方式获得所谓笔情墨趣的证验。作为这种价值形态的现代传承者，与王兰若同辈的绝大多数海派画家也不例外。相反，王兰若对绘画题材的选择却几乎是信手拈来、没有禁忌，从人物到山水，目之所见、情之所感，无所不画，画之无所不肖。他扎实的写实造型能力，既源于早年在上海美专课堂上的系统素描训练，又与他长期坚持不懈地写生有关。据他的亲友描述，王兰若从来不放弃给感兴趣的对象写生的机会，如家中买来螃蟹，他经常是画了再煮，煮熟了又画。为了山水画创作的需要，他年近古稀仍不惧艰辛地出游名山大川；为了花鸟画的出新，更是栽花种果，植兰养鱼，与他的描绘对象朝夕相对，察其里而究其神，掌握各种生物的外形变化和性格特征，默记于心，反复琢磨，使之闭目而游眼底，捏笔而呼之欲出。正由于他平昔将描写对象熟记于心中，一旦展纸运笔才能不迟疑，挥写自如，形神兼备，得心应手。

2009年，98岁的王兰若因跌倒而致脑部损伤。

“脑子反应没那么快了，但还是重新拿起了画笔，甚至创作了一批很精彩的作品。”女儿王种玉这样评价父亲王兰若。比如画于2012年底的《高山流水》，王种玉说：“他本来已经很少画这么大幅的画了，那天兴致高了，我母亲就跟他开玩笑，‘你还能不能画大画’，他说能。于是，花几天把它完成了。”这幅画整个构图看似在画山水，却是在画兰花。“其实很少有人这样构图。他画完，我们都问他觉得好不好，让他给自己打个分。他打了90分。而以前，父亲对自己的画作一般都只打80分、85分。”

如今，王兰若每天坚持创作，一画就是40多分钟。家人担心他太劳累，经常去“抢笔”。

“还没画到满意的时候，他是不会停笔的。”

儿子王璜生发现，父亲现在的画风和以前截然不同，让人诧异。比如一幅《护雏》，王兰若画了一只公鸡和一堆小鸡。“我们问他母鸡呢，他就指着旁边，可能想说，大男人有能力保护自己的家庭。”提及家庭，王兰若是欣慰的，在夫妇俩经年累月的熏陶下，儿孙们品性驯良，而且普遍钟情绘画艺术。王璜生已经成为当代实力派画家。孙辈中也有在绘画方面暂露头角的。孙女林恬先后在中央美术学院中国画院及中国美术学院接受系统的写意人物画教育，并于2012年获得硕士学位。每次看到女儿和她的爷爷交流作品时，王种玉总是情不自禁地想起小时候的情形。如今，年过百岁的王兰若，尽管画风有很大变化，但是贯穿在作品中的儒雅气息依然存在。正如他的大号“兰若”一样，不仅爱画兰，他的品性也如兰一般以一种儒雅的姿态淡然处世。他的品性及对艺术的追求正随着后辈们的成长薪火相传。

王璜生：

父亲是我的人生启蒙导师

我父亲的经历比较坎坷。在抗日期间，他参加过一些抗日活动，在当地的革命活动中与地下党也有较为密切的联系，还保护过地下党员。新中国成立初期，他作为高级知识分子受到国家重视，并担任汕头市美术教材修订组组长，主持了汕头市中小学美术教材的修订和重新编写工作。但在1958年“反右”时，他因为出言不慎，被划为“右派”。

后来他去粤北英德矿山参加劳动改造，在那里的生活非常艰苦，除了自身的境遇外，他更牵挂家人。尽管如此，他没有放弃创作。那里没有很好的写生工具，他就把工地上的水泥袋撕开装订成册，然后用墨水在上面画画。这部分作品非常有意思，仔细看上面的题字会发现，他介绍了很多他在工厂和农村里面学到的一些新知识，还有一些他想去了解的知识。其中有一张是画人力起重机的，题字内容就包括使用了这种机器后会节省很多人工力气等叙述。他的作品里有很多关于这方面的描写，他对这些机器的描写非常认真，画面也非常独立。可以看得出，他在这些作品中投入的精力之大，还有写实能力之强。每次看到这些作品，我都非常感动。厚厚的十几本写生册，当然也包括对劳动场面的描画等。后来他从矿山回来后创作的一幅叫《矿山早晨》的作品参加了不少画展。

在英德的这段时间里，他也留下了不少诗篇，其中有一篇叫《粤北吟》，这首诗让人看得非常心酸，表达了我父亲在粤北这种天寒地冻的环境里，对家人的思念和对自己未来的追求。里面有两句诗是这样写的：“泪痕新间旧，真理苦追寻。是非那堪问，风霜故相侵。”这几句话就表现了他的追求，但也流露出其时非常强烈的迷茫感。

他有一些作品至今还深刻地留存在我的记忆中。当时我大概3岁，姐姐5岁。作为父亲，他无时无刻不想念他的儿女，为了弥补我们，在英德，他到处收集木柴，然后做成汽车等玩具寄来给我们玩。他的这种做法让我喜欢上了画画，当时对着那些玩具画了好多个本子。以前有一个采访问我最早是从什么时候开始接触艺术的，我当时立马就想到，我最早对艺术的认知应该就是从那些玩具开始的。在20世纪五六十年代，玩具是非常稀少的，但我能拥有那些非常漂亮的五颜六色的木头玩具，我想这对我的美术是非常重要的启蒙。

让我对父亲母亲的作品印象深刻的还有两本册子。我记得两本都是精装的，一本红色，一本绿色，算是当时比较早的写生本。后来因为搬家等各种原因，现在显得有些破旧了。写生本上的水仙花是我母亲画的（因为水仙花的写生是最方便的，春节时潮汕家庭都会买上一两盆摆在客厅，所以写生时不用跑去公园，在家里就可以完成），我父亲在上面题的字是“文凤在苦难的日子里画水仙，看着水仙、菊花排闷，苦中亦乐也”。如果说那个水泥袋做的速写本是我父亲抒发思念情怀的写照，那这两本写生本就是我母亲在分离的日子里，在生活极其苦难的日子里，带着子女们等待丈夫归来时开始的写生创作。我母亲在新中国成立前受到过比较好的教育，她自己也从事过教育工作，和我父亲结婚后就开始从事艺术创作。广东省博物馆的那幅菊花图是我母亲创作的，这幅画后来还参加过华南一个比较大的艺术展览。我父亲后来都有在她的画作后面题词，我能感受到他们在精神上互相支持，在艺术上也互相交流。在其中一幅作品里，我父亲题的字是：“能做事不要替，需要爽快，但做事不要急，需要沉着”。这也体现了我父亲的创作理念，包括虚实相生等。

我母亲一直在这些写生本上坚持创作，我父亲1963年回到家后又在这两本写生本上不断创作。渐渐地，这两本画册上我父亲画的越来越多了，我母亲画的越来越少。因为我母亲把主要精力放在照顾孩子和丈夫身上，再加上当时我家的房子比较小，摆了一张画画的桌子后就没剩什么地方了，我父亲从英德回来后也开始教我们画画，所以我们几个人要争夺那张唯一的桌子。我母亲渐渐地也就不怎么画了，可能也是为了让地方给我们，不和我们抢桌子吧。

1970年，我们全家人回到农村。潮汕地区农村的耕地非常少，我们回去的时候本来是被拒收的，后来被临时安排到村子旁边的一座庙宇里，庙非常破旧。我现在还留存着当时让我觉得非常可怕的记忆，破庙里面有一条棺材杠，十几米长，小时候见过殡葬仪式，知道那是抬死人棺材用的，所以每次对着它我都心生恐惧。破庙里面的蚊子非常多，一到晚上发出的声音像轰炸机一样，让人难以入睡。我们就住在庙的后半部，虽然环境很差，但我们还是住了大概一年多。我父亲当时还在接受批斗，在这么困难的环境里，他的心态非常平和，除了自己坚持创作，还教我和姐姐画画，他知道我们因为这种环境不能接受正常教育了，所以就决定自己教我们。在教我们画画的过程中，我们也感受到他面对艰难环境时还坚持艺术创作的决心。出乎我们意料的是，在这个阶段，他的画更显现出一种淡然的意境。我父亲淡然处世、宠辱不惊的态度也深深影响了我，我觉得在教育子女上他完全做到了言传身教，为我们树立了非常好的榜样。

我的祖上建立了三个书斋，先辈们也一直以教书育人为职业，也有行医的，一直保留着读书人的传统，所以对艺术与和平的追求成为我父亲心中坚定的信念。我父亲对这个书斋有很深的记忆，他曾经告诉我，书斋里种了很多花，那些清新静雅的环境给他留下很美好的记忆。但是到了我这一代，就再也看不到那么美好的环境了，因为早已被破坏。然而当我重新读我父亲描写童年的一些文字时，依然能感受到他从小耳濡目染后形成的儒雅格调。

我父亲在98岁高龄那年有一次跌倒导致脑积水，手术抢救后在第二年又开始创作，之后的创作画风大变。虽然由于那次事故，他的语言上思维上都开始出现一些障碍，但当他接触到画纸后还是创作出一些令人惊讶的作品，而这些作品内容大多是对童年和往事的回忆。他的画风也发生了很大改变，但是儒雅的格调是一直不变的。比如画鱼的时候，他用的不是常规的画法，他画得非常生动，用很多不相干的笔触构成一个形状，这是一种新的画法，但是画出来的整体感觉还是透露出一种自然清新的感觉。这段日子，他的《前进》《护雏》等作品画的多为生活中美好的东西，画法随心所欲，多变。我感觉他一直都在思考如何进取、突破。他画了一只公鸡和一群小鸡，起了一个名字叫“护雏”，我说母鸡在哪里，他说男性也可以爱护好小孩，仔细琢磨，这也是很有意思的思想。

（此文系王璜生口述，《时代潮人》记者整理，经王璜生本人审读）

吾师恩泽　山高水长

文/方楚雄

王兰若老师是我绘画的启蒙恩师，他对我的教诲更是让我受益终生。

当年我才6岁，只凭着对画画的兴趣去求学。老师不嫌我小，不厌其烦，教我画各种各样的东西。老师画路宽广，人物、山水、花卉、走兽、鱼虫无一不能。我每周去王老师家一次，带上几张小纸片和自己的画。王老师看了我的画，给我批改，然后问我想学画什么，边示范边教我怎么画。由此，也奠定了我日后画路的方向。

王老师教学认真、耐心、细致。他喜欢游泳，有时候我带着画去请教，他刚游泳回来，还未冲去海水的咸气，就打开我的小画，认真给我

2012年，王种玉（右）与父亲母亲在家中读画

评讲，那段日子是我最幸福的童年时光。得名师指导，路子走得正，我画画进步特别快，兴趣也更高。但好景不长，有一次我照常带画去王兰若老师家，却不见王老师，师母说："老师要出远门，明天就出发，要很久才回来。"我照着师母说的地址找到王老师所在的那所学校，课室里只有王兰若老师一个人，还有一些行李。王兰若老师见到我，先是一怔，后见我带着画，又像往常一样，细心评讲。他十分平和安详，一点也感觉不到明天就要出远门，后来才知道他是去接受"劳动改造"。

老师这一去足足三年。他回来的第二天，父亲就带我去王老师家，王老师说他正准备正式收学生教画，我听了特别兴奋。王老师当时收了十多名学生，其中我年龄最小，但跟王老师最早。

到了1960年，我已经10岁了。老师教我临摹他的画，还教我学习齐白石、任伯年、吴昌硕、虚谷的花鸟画。山水画则临摹黄公望、龚贤、黄宾虹的较多。每次王老师看了我们的画都会逐一讲评，批改、题字，非常认真，现在看当年王兰若老师在我画上的题字，真的非常丰富、精彩。

如史论方面的批注有："清代画家用墨以龚半千最有家数，蒙养至深，积墨浓而不腻，厚而不滞，读而能苍，秀而愈神，品奇韵逸，不易追踪。癸卯九秋，王兰若识。"

论临摹："画要熟读之后，执笔自然神旺气壮，此临画之要事也。"

论写生："鱼米之乡，癸卯春过梅江见两岸垂柳如梳，随风摇曳，鱼者三，王闲适高致，正如方楚雄斯图景象。读后若有所思，画能引人入胜，诚不谬也。"

论构图："构图要注意虚实，画实处要留有空灵，否则平矣，此帧虚处少了一些，今后善注意之。"

论意境："意境清新，得石涛法。""画山水至于骨举神腴，境界非笔墨参入造化不可得。"

论气韵："稳重、浑厚有余。如能再从韵致方面着力，则尽善矣。丙午兰若识。"

论深入生活："此帧笔墨、意境俱佳，难能可贵之作，少年腕下如此，如能善于磨炼自己，深入生活，则前途未可限量也。"

2006年在广州与方楚雄合影

论修养："方楚雄年仅十三，作画已能操一定技法，此帧可见之。今后多读书，求士气。多写字，求笔力。自然笔头更进一步也。"

而谈论笔墨最多："作画先讲用笔，用笔腕力，如锥画沙，不浮，不滑，不轻佻，自然浑厚。楚雄作山水多注意行笔为要。""用笔悟肩挑避道之理则左右自如矣。""用笔愈简愈难，盖须从千笔万笔中提炼出来方佳，否则无以表达物象精神，成为粗犷无物矣。""用笔之法，重在变字，能变则活矣。""平、重、圆、留、变均为用笔之法，此帧用笔平稳，苍劲有力，甚佳。"

我十几岁时作品还是非常幼稚、粗浅的，但是王兰若老师从培养人才的角度，在指出我作品的不足时，更多的是表扬、鼓励和鞭策。

王兰若老师的人品、艺术修养，为学生楷模，他在艺术教育上态度认真、严谨，令人起敬。他的治学、为人为艺为我们提供了宝贵的经验，也为我们在人品、学品、气格等方面树立了一个从艺从教者的光辉典范。

（本文采访于2013年，王兰若老先生于2015年仙逝，享年105岁）

陈小奇：岭南流行音乐教父的追梦之路

10月19日，星期六，陈小奇又多了一个名衔：华南师范大学客座教授、硕士生导师。在受聘仪式上，他和校方都表示，他不是来做客的，而是来做教授的，要为华师音乐学院的师生带来更市场化、更鲜活的音乐理念。两个月后，他又将成为“首届中国歌词创作大师班”的导师，与陈洁明、张超、李广平三位国内歌词界大师合作，向专业填词人及歌词创作爱好者传道、解惑。这几年，陈小奇拿出不少时间从事音乐教育，其中大多数是公益性质的。“人生到了我这个阶段，真的有很多体会值得与后辈分享，我们走过的弯路，他们可以绕开，没必要再用短暂的生命反复试错。”他说。

有机会聆听陈小奇教诲的学子们是无比幸运的。陈小奇不同于坐在书斋里的理论家、活跃于舞台上的艺人、长袖善舞的经纪人，从词曲创作到遴选演员到后期包装推广，整个产业链上几乎每个环节的路数他都摸索过。作为岭南流行音乐教父，他迄今多达两千首的歌词及数百首成功率极高的词曲创作，已经成为一代人、一个时代的集体记忆。

涛声依旧　梦想依然

——岭南流行音乐教父陈小奇的追梦之路

生于20世纪50年代潮汕地区的陈小奇，是如何一步步书写自己的人生传奇的？

忧思中读诗：特殊时代给予他的启蒙

粤东潮汕地区，自古以来就是文化善地，有海滨邹鲁之誉。1954年，陈小奇出生在普宁县城流沙镇的一个干部家庭。新中国成立初年，母亲担任普宁县文化馆馆长。他们家就在文化馆对面，附近还有一座竹篷戏院。年幼时，陈小奇常跟随父母去那里看潮剧。

那些年，父母忙于革命工作，几乎无暇顾及子女教育。回忆起人生初时，陈小奇至今还是感慨万千：与现在相比，他们小时候更自由，不需要与其他同龄人比来比去，一有空闲，他就出门溜达溜达，走几步远，就可以看人画画，或欣赏潮剧。那时的陈小奇就喜欢哼哼唱唱，年少的他歌喉清亮。但与唱歌相比，他更爱画画。十几年前，有一次回去碰到一位小学同窗，同窗还一直收藏着陈小奇当年送给他的古装人物白描。然而，陈小奇并没有专攻绘画，而是兜兜转转成了音乐人，这期间充满了命运的偶然色彩。

1966年“文革”刚开始时，12岁的陈小奇并未意识到这是一场灾难，戴上了红小兵袖章的那一刻，他甚至颇有庄严感。那些日子，喊口号、贴标语、参加批判会，一切显得与过往的经历格格不入，新鲜而刺激。不久，学校开始停课闹革命，同学们变得疯狂起来。一位女老师被剃光了头发，不谙世事的同学们一边喊着革命口号，一边残忍地对其棍棒相加。陈小奇忽然觉得，那个他熟悉的世界变得无比陌生，规则似乎全变了。他经常被一些混乱的场面吓得浑身颤抖，不得不蜷缩在角落里。外面的混乱逐渐波及到陈小奇原本幸福的家，曾经引以为豪的革命经历转瞬变为污点及罪证，陈小奇的父母被打成“走资派”，随后被送去“五七干校”接受教育。不幸中的万幸是，作为“可以教育好的子女”，陈小奇未被剥夺受教育的权利，他顺利完成了初中和高中的学业。就在这种并不稳定的生活氛围中，陈小奇爱上了文学和音乐。

“文革”时期，大破四旧，很多知识分子家庭的私人藏书都被造反派搜出来焚烧。一个偶然的机会，陈小奇在街头的灰烬中捡回一本没有封面的《唐诗三百首》。他小心地掸去尘埃，将这本书悄悄地藏在枕下，看了几天几夜依然爱不释手。在那个人人自危的年代，父亲发现后，不仅责骂了陈小奇一番，还让他当面烧了那本书。

少年陈小奇（右）在玩音乐

然而，这本被烧掉的唐诗，却激发了陈小奇对古典诗词的迷恋和文学创作的热情。刚开始尝试格律诗词创作时，陈小奇找不到规律，只能在相同词牌的诗词中进行字数和平仄的比较，从而确定其基本格律。功夫不负有心人，渐渐地，陈小奇填的词越来越多也越来越好。这段填写格律诗词的历程，为其后来的歌词创作打下了牢固的基础。

迷茫中作乐：工厂里的“牛皮斋”

陈小奇最早接触的乐器是笛子和二胡，买不起就自己动手做。从小河边砍来竹子，用磨尖的铁条烧红后在竹子上钻孔，做成最原生态的笛子；到山上抓蛇，剥下蛇皮糊在竹筒上晾干后做成二胡，找不到马尾，陈小奇寻到一个“偏方”，他砍来剑麻砸烂后放在水里泡一个星期，然后抽出纤维做成弓弦——这两件最简陋的乐器丰富了他原本单一的生活。

初学者演奏的乐曲惨不忍“听”，父母那时对他的折腾并不是很支持，甚至有些反感。陈小奇却乐在其中，他既是卖力的演奏者，又是忠实的听众。从简陋乐器中流淌出来的声音，于他就是天籁。因为表现出色，他成了学校文艺宣传队的乐队成员，在乐队里，他接触到了更多乐器和乐理知识。他悉心积攒每个月仅有的五毛零花钱，并在课余去河床上帮别人挑沙子，一天挣八毛工钱，这样一连几个月，他终于用一堆细碎的毛票，换来了人生中第一把15元的二手小提琴。

1972年，陈小奇高中毕业，他被分配到梅县地区第二汽车配件厂做铸造工人。他的工作是混合铸工，平时做翻砂工，制作砂模。每周一次开炉时又充当铸工，几个人抬着数百公斤重的滚烫铁水煲往砂模里浇铸，艰辛而单调的生活，却也被陈小奇过得有滋有味。“他天生就是‘秀才命’，吹拉弹唱无所不精，不仅如此，他还特别用功，每天天不亮就起床，不是背诗，就是玩乐器，他能有所成，毫不奇怪。”和陈小奇同一个钢铁铸造车间的工友回忆过往经历时，这样评价他。

工作两年后，学徒期未满，陈小奇就被上调到厂政保股当资料员，为领导写发言稿，也为各种没完没了的政治运动写情况汇报和工作总结。

换了工种后，陈小奇的时间相对宽裕起来。他开始出墙报，在工厂的围墙上用油漆写大标语，参加象棋比赛和乒乓球比赛，写诗、写歌，每天早上6点起床用高音喇叭播放音乐……他把所有的业余爱好都充分调动起来，为的只是让青春期过剩的精力得以释放，并借此打发那些无穷无尽的迷茫。

几位工友在这种氛围中逐渐走到了一起，也许大家都有些“怀才不遇”的郁闷情怀，经常在一起侃侃文学艺术，吹吹牛，故取名“牛皮斋”。“牛皮斋”中陈小奇最为要好的朋友是廖红球（现为广东省作家协会主席），此人18岁便在省级文学刊物上发表小说，并曾参加过全省美展。那时买不起写书法的宣纸，廖红球想办法用明矾水涂刷在纸上，趁水渍未干时书写，作品竟然也有了宣纸的效果，陈小奇就用这个方法练书法。虽然陈小奇和伙伴们努力在枯燥的工厂生活中寻找到乐趣，但未来究竟在哪里？陈小奇在迷茫，时代也在迷茫。

激昂中进步：丰富充盈的大学生活

1977年，国家恢复高考，陈小奇的个人命运和国家命运都出现了重大转机。

“我知道，这恐怕是我唯一的机会了，命运的转变往往只在于一刻的决断。”他回忆当年高考前的情形。

然而，第一次高考，陈小奇最有把握的语文居然被评为不及格，他因此名落孙山。第二年，他如愿考上了中山大学中文系。然而，过程一波三折。分数刚一公布，陈小奇惊呆了，历史竟然只有6.5分！好在可以查询分数，他忐忑不安地来到教育局，才发现自己的历史成绩是86.5分。原来是人工誊抄时出现了差错，他顺便查了一下地理，居然也错了，卷面上是88分，誊抄成了68分。两科合计少了100分。“我不能责怪计分人员的草率，毕竟当年没有电脑，计分者又都是临时抽调上来的中小学老师，试卷又多，出现差错是自然的事，所以我只能感谢命运的眷顾，皇天不负有心人啊！”陈小奇感慨地说。

陈小奇所在的中文系78级共99位学生，入校时最大的已经34岁，最小的才16岁，这是那个年代独有却普遍的情况。由于系统接受大学教育的机会来得太不容易了，当时所有学生都以“振兴中华”为己任，铆着劲学习，专注程度空前绝后。陈小奇所住的东四宿舍105室后来被同学们笑称为“风水最好”的宿舍，7位同学中，有现任广东省委常委、统战部部长林雄，及华尔街华人精英方风雷等人。

陈小奇的文学创作就始于这里。当时校内有一本学生社团文学刊物《红豆》，主编是77级的学长，现任美国耶鲁大学中文部负责人苏炜。陈小奇的诗歌创作受当年的朦胧诗影响，从在《红豆》上发表第一首长诗开始便一发不可收。此后相继在《作品》《海韵》《星星诗刊》《青年诗坛》等当年相当红火的刊物上发表了一大批诗歌作品，同时又和几位诗友一起创建了紫荆诗社。陈小奇直言，那时自己的梦想就是当一名优秀的诗人。

来中大报到前，陈小奇已经放弃了音乐梦。那个年代，吹拉弹唱还是偏门，为了高考，他将手抄的上千首歌曲和乐谱全部束之高阁。但是，命运总让人始料不及。入学军训结束时，各年级都要出节目参加联欢。陈小奇一时兴起，找了八个啤酒瓶，灌上不同量的水以调节音高，在一支小乐队的伴奏下，演奏了《我是一个兵》等数曲，节目名曰“青瓶乐”，一曲奏罢，掌声雷动，陈小奇又一次从音乐中找到了那种特别的成就感。此后，他加入了中大民乐团，拉大提琴、拉高胡。再之后，他负责扬琴演奏，并渐渐成了乐队主力。

大学四年，陈小奇都在诗歌与音乐的交错中度过，短暂而充实。那时的大学生是货真价实的天之骄子，既不用担心毕业后的工作，又不用担心房子。因为这些都会由组织分配。毕业前，陈小奇原定被分配去广东花城出版社当编辑。然而，出版社却在陈小奇去报到前变卦了。广东花城出版社当时在文学界赫赫有名，陈小奇的文青梦戛然破碎。陈小奇忐忑不安地踏进了唱片工业的大门，在接收单位的名单中锁定了中国唱片社广州分社。时年28岁的他并不知道，他一脚踏进的是即将迎来高速发展机会的行业；他更不会知道，这个决定在他的人生历程中有着怎样的分量。

20世纪80年代，陈小奇（右）在中国唱片广州分公司与作曲家兰斋（左）一起搞创作

沉稳中积淀：事业上曲折与荣誉伴生

20世纪70年代末期，流行歌曲随着邓丽君“甜蜜蜜”的歌喉进入了大众的视野。几乎一夜之间，中国青年，尤其是城市里的文青们，纷纷成了流行歌曲的信徒。毗邻香港的广州，由于地域及文化同源因素，也顺理成章地发展成为中国现代流行音乐的桥头堡和根据地。遍地开花的音乐茶座和五花八门的音像制品迅猛地改变中国人的娱乐方式。男女之间原本秘而不宣的情爱，也可以在大庭广众之下吟唱。生活及生命还能有比这更美好的吗？

陈小奇遇上了流行音乐迅猛发展的大时代，他是有备而来的。在繁忙的编辑工作之余，他开始尝试流行音乐的词曲创作。第一首处女作《我的吉他》录制完成后，陈小奇在家里用录音机反复听了几十遍。此后，他陆陆续续地为各大唱片公司创作了约两千首歌曲。不知不觉，

陈小奇在创作

音乐几乎成了陈小奇生命中的全部。曾经痴迷写诗的他如此回忆那段日子：“即使在梦中，也常有一些优美的旋律萦回不息，引诱着我一步步走向那深不可测又美妙无比的云水之间……”

当一首首流行音乐唱响大江南北、街头巷尾之时，低俗、“没有内涵的快餐”等质疑式评语往往也不绝于耳。流行似乎就意味着简单、粗陋、媚俗。陈小奇说：“我知道，要让流行音乐不被妖魔化，唯一的途径就是提高流行歌曲自身的品位和格调。”他用自己的努力打通了雅与俗的边界。他的代表作《涛声依旧》很好地融合了古典诗词的意境，而《高原红》则流淌出浓郁的民族风。“不知今宵是何时的云烟，也不知今夕是何夕的睡莲？只愿能化作唐宋诗篇，长眠在你身边。”这样有江南情怀的词句，也是出自其1986年写的《梦江南》。

那些日子里，让陈小奇最为迷醉的是录音棚，坐在调音台后面，他把自己精心创作与挑选的歌曲制作成一首首美妙的录音制品。那一刻，他会觉得自己是世界上最幸福的人，会产生心理学中所描述的那种高峰体验。

然而，人生有时候就像一首歌曲，高潮与低谷相生相伴。

1995年，陈小奇所在的太平洋影音公司旗下大批歌手纷纷北上，广东流行乐坛的形势开始恶化。屋漏偏逢连夜雨，因为误入一个商业骗局，时任总编辑和副总经理的陈小奇精心构筑的基业几乎在一夜间烟消云散。

1997年，陈小奇离开太平洋影音公司，调任广州电视台音乐总监，同年底创办广州陈小奇音乐有限公司，开始了新的人生及事业征程。公司成立后，先后签约并推出了容中尔甲、宋雪莱等著名歌手。21世纪初，陈小奇创作的《高原红》和《又见彩虹》同时斩获中国音乐金钟奖，前者催生了著名藏族歌手容中尔甲并已成为各地卡拉OK的热门曲目，后者则被选定为中华人民共和国第九届运动会会歌（刘欢、毛阿敏演唱）。这两首歌的成功，让困境中的陈小奇重拾自信，更重要的是，它们证明了坚持的价值，延续了一个音乐人的梦想。

2002年，一群广东音乐人偶然聚在一起，大家都觉得广东乐坛不能再低迷下去，他们应该再度联合起来重建广东乐坛。于是，以陈小奇为首的广东省流行音乐学会在省文联及媒体的支持下成立了。随后，陈小奇看到广东还没有一个本土原创音乐奖项，便又联合省音协于2003年初组织评选了首届广东流行音乐“学会奖”。

2005年1月，陈小奇被聘为“上海世博会会歌征集”评审委员会委员，同时出任第五届中国金唱片奖总评委及中国音乐家协会流行音乐学会副会长。2010年广州亚运会前，陈小奇也成了众多为亚运歌曲创作献计献策的音乐人之一。“亚运歌曲需要广州特色，但体现广州特色，并不是单纯地把白云山等广州风景名胜写进歌词中，那样不能产生共鸣。要用全新的思路创作全新内容的作品，不能模仿，不能陷入固有的模式和框架。广州音乐人要拿出对得起广州的作品来。”不负众望的是，由陈小奇参与作词的两首歌曲《最美的风采》和《广州之恋》均入围广州2010亚运歌曲和音乐征集评选。

生命不止，探索不息。近年来，陈小奇不断尝试新突破。由他担任总制作人、总编剧、总导演的《客家意象》民系风情歌舞便是这样的尝试。2010年，这场歌舞在广州白云国际会展中心世纪大剧院拉开珠三角四市（广州、惠州、东莞、深圳）巡演的帷幕。这是广东省内第一台本土文化题材的常设性定点演出的文化旅游节目，与其他以客家文化为题材的舞台节目不同的是，它并不是歌剧或者舞剧，没有贯串全剧的人物和故事，而是一台集客家传统文化艺术之大成的客家民系风情歌舞。巡演过程中很多华侨看了《送郎过番》《等郎妹》《香火千年》等章节后难抑思乡之情，泪流满面。《客家意象》专辑荣获第八届中国音乐金唱片创作特别奖。

2011年，陈小奇推出中国风经典作品精选专辑《意•韵》，限量3000张，定价688元，引起了乐坛和社会的轰动，一场关于“高价唱片”的讨论甚嚣尘上。“介质的改变使唱片将只能成为宣传品、纪念品及收藏品，因此，加大成本投入、精心制作将成为未来的趋势，高价位唱片的出现是历史的必然，我只是第一个闯雷区而已。”陈小奇敢为人先的发声也引来了左小祖咒等音乐人的共鸣，一时间，高价唱片是唱片业的救命稻草还是墓志铭，如何打破市场经济下音乐运作的恶性循环，成为业界内外讨论得最激烈的话题。

随着移动互联网大热，各种“在线音乐”网站成了音乐人的又一战场。“现在我觉得只走唱片是不行的，也许它只能够被珍藏，移动互联网是个好东西，我也在不断学习。”经历了无数变革的陈小奇，对信息有一种格外的警觉与灵敏，他并不排斥新的东西，相反，他看待“新”这个词时，眼神里有着格外的包容甚至期待。“因为我们也是从年轻的时候过来的，我们搞流行音乐的时候不是也有很多人骂‘靡靡之音’吗？可是现在流行音乐变成家常便饭一样的存在了，所以现在我感同身受，对于在线音乐，我是期待的，也许正有一批年轻人像当初的我们一样坚持着自己所爱的东西。”

虽然已经不年轻，但骨子里陈小奇却认为自己还是个文学青年，仍然保持着青年时代对文学和音乐的狂热梦想。“能够在自己认准的路上一直往前走，是一件很幸福的事情，而每每看到广东乐坛又重新有了些许生气，这种幸福感就会被放大再放大。”他说。

对话

这是一个应该坚持梦想的时代

谈创作：

一方水土养一方人

时代潮人：你觉得你创作的风格偏向哪个类别？

陈小奇：比较偏向民族一点，古典一点，当然文字风格上可以再简单一些，所以我一直有自己的要求，能够保证古典、流行、现代、民族融合在一起。这属于个人的一些审美取向，未必说中国的歌曲一定要这么写，我个人偏爱这些。

一方水土养一方人，地域环境、人文环境可以影响到一个人的审美情趣和审美观念，包括民歌的产生其实也是如此，西北高原上只能产生信天游，在江南那一带就只能产生江南小调，道理是一样的，在广州这个地方我们不可能去写那些充满风沙味的东西，我们写的东西肯定是充满南方味的。

时代潮人：你当时创作出来的歌曲为什么能够击中整整一代人的心？

陈小奇：广东的经济高度决定了文化辐射力和影响力，改革开放让广东先富起来了，它的生活方式也必定会影响到全国其他地区。“百万民工下广东”，打工文化在广东兴起，而当时的流行音乐也借鉴了这种“出门人”文化，那个时代我的很多歌曲如《我不想说》《大哥你好吗》都是这样。文艺是一个时代的镜子，表现一种真实的民生状态才能产生效应，只有这样才能让老百姓从内心真正接受和传承。这么多年来，国家的每一次重大事件，流行音乐都不辱使命，都能走在前面，比如非典、汶川地震、奥运会等重大事件到来时，赈灾、募捐、演出等的曲目基本上都是流行歌曲，它都走在最前面。

时代潮人：能从流行音乐的角度谈谈自己当时的创作动机吗？

陈小奇：我是1983年开始创作的，当时创作了一批带有古典韵味、

2012年广东流行音乐三十五周年庆典上，陈小奇（左）为周笔畅（右）颁发“最具影响力歌手奖”

民族风格的流行歌曲，创作的动机就是鉴于当时的流行音乐被妖魔化、庸俗化，在很多人眼中，流行音乐都是很不入流的，所以就想创作出一批让文化界、新闻界都能够接受的音乐，目的是改变流行音乐的地位。我的观点一直都是：流行音乐只是一种形式、一种载体而已，并没有高雅与庸俗之分。

时代潮人：广东流行音乐从诞生到现在，其间有哪些变化？

陈小奇：流行音乐关注那种最触动人心灵、最草根的情感，比如爱情。在流行音乐出现后，爱情歌曲才站稳了脚跟。小时候我在工厂唱《花儿为什么这样红》还受过批判。20世纪90年代，广东流行音乐延续传统，写的是老百姓的精神，到了现在，我们正尽量把它和民族音乐元素、城市发展融合在一起。广东流行音乐的低潮期在20世纪90年代末，到了21世纪又开始“冒”出来了，而且更多地体现在了新媒体音乐这一块，在全国无线音乐的评选中，十首有七八首都是广东的。

时代潮人：你觉得一首歌能流行起来的要素有哪些？

陈小奇：每个作品的流行都有其道理，包括你的词、曲、编配、演唱，还有制作、推广力度和时机，如果缺一个环节，它都出不来，但就算你什么东西都抓到了，也未必都妥了，这些东西还有一些运气成分在里面。

从创作者角度来说，首先我当时就考虑两点：一是符合当时的社会思潮，当时的老百姓在想些什么，像在写《涛声依旧》的时候，就是全国都有一种怀旧思潮在里面，这首歌里怀旧的那种概念被大家接受了，包括李春波写的《小芳》，是因为大家的知青情结，当时需要这么一个作品，而它正好符合大家的需要，不是它选择了流行，而是它被流行选择了；二是从音乐上来说，也得符合当时整个时代的审美倾向，那个时候喜欢什么样的歌曲，你的风格可能就得正好符合大众的需求。

为什么广东岭南风那批东西会在20世纪90年代冒出来？因为80年代后半期基本是西北风，西北风是很血性、很激情的，而且很乡村的，那些作品红了几年之后，大家产生了审美疲劳，需要一种新的东西去代替它们，而且随着中国城市化进程，更需要一种都市化的、优美好听的歌曲出现，岭南风实际上就是在那个时候产生的，它是一个时代的选择。

时代潮人：你作为前辈，有什么样的建议或者是意见给现在的歌手和作词者？

陈小奇：大家主要把自己的定位找明确就行了。作为一个歌手，要出版一个东西，要演唱一些作品，你的听众群是哪些年龄段，自己要分清楚，你是针对青少年的，你就要知道青少年的口味是什么。这绝对是一个市场行为，你要出唱片卖给人家，就必须考虑青少年喜欢什么东西才可能卖得动。如果是追求一种品位，那么你面对的听众年龄层次肯定就不一样，你要针对这个进行创作和演唱，你自己选的定位搞清楚了，其实都不是很大的问题。

谈生活：

我跟太太的感情一向很好

时代潮人：你太太对你的音乐创作和兴趣爱好一直非常支持？

陈小奇：有时候也不见得很支持，但起码不反对就是了，人总是有些癖好的，都得互相理解。我跟太太的感情一向很好，特别是我每次工作很晚的时候回到家，都会发现她给我开了一盏走道上的灯。我原来没有把这个当成一回事，有一次和我签的歌手宋雪莱聊起来，他当时一个人，他说有时候一回家打开门黑压压的，这里面要有一盏灯亮着多好，有一个人在里面等他是多幸福的事，我才想起来这回事。这么多年来她确实对我帮助很大，我写的每首歌第一个审稿的就是她，太太是我的第一个读者。而事实上，她写歌词的历史比我还长，她很早的时候写过一首叫作《小路》的歌，马国华谱的曲子。她现在对歌词的鉴赏力有多高不能说，但她从读者的角度来看一首歌词，往往能看出被我忽略的一些东西，还有一些我重复以前的东西，她看到了会告诉我。

时代潮人：你怎么看待广东文化？

陈小奇：流行音乐是广东最好的文化名片。“到广东吃海鲜听流行音乐”的说法让人记忆犹新。流行音乐曾经是广东改革开放的标志。改革开放之初，广东文化喷薄而出，广东流行音乐、广东影视在全国异军突起，创造了广东文化的一个辉煌年代。与广东经济发展同步萌芽起来的广东文化鲜活而且富有生机。后来大批流行音乐人、影视剧创作人北上，娱乐业中心移到湖南、北京、江苏等地，广东在流行音乐方面出现短暂的黯淡。经过短暂的低潮后，以网络歌曲和手机彩铃为代表的新媒体数字音乐在广东稳步上升，广东又成为流行音乐的主要阵地了。为什么流行音乐独占鳌头的地位能失而复得？这促使我们思考广东的文化定位。广东的文化生态最适宜平民文化和娱乐文化成长，这就为流行音乐提供了天然土壤，这是广东文化的特质和强项。

时代潮人：对于在《著作权法》修订期间就饱受争议的集体著作权管理制度，你怎么看？

陈小奇：香港作曲家及编曲家顾嘉辉有很多年没写歌了，但每年还有超过20万元的收入，老歌还能收到那么多版税。按正常情况，音乐人应该靠版税生活，写一首好歌就能换来一年的潇洒，但现在的条件的确做不到，这方面还有很大的改进空间。

时代潮人：《客家印象》受到普遍好评，有没有意向把事业的重心转移到旅游音乐上？

陈小奇：“旅游歌曲”那个概念是我最早提出来的，还有人称我为“旅游歌曲之父”，我上网一查才知道，网友们评出了十年旅游歌曲，我写的好多歌都在里面，中国有一句话叫作“到什么山唱甚么歌”，好比到了苏州必定要唱《涛声依旧》，绍兴是《九九女儿红》，扬州是《烟花三月》，三峡是《大浪淘沙》。我们与梅州、阳春、虎门、深圳、东莞合作创作了五个城市组歌，那些歌曲背后是中国几千年的文化积淀，也蛮契合我小时候的喜好。

时代潮人：你是丛书《涛声依旧——广东流行音乐风云30年》的策划人之一，编写丛书的初衷是什么？

陈小奇：改革开放这么多年，一直没有人从理论上去梳理广东流行音乐的历史。其实我是创作人，不是学者，但是因为一直等不到理论界的代言人，所以只能自己把这几十年的思考写出来。以前人们对流行音乐一直有误会和偏见，流行音乐甚至被妖魔化，那时的感觉就是，交响乐是大商店我们则是门口摆地摊的。我写《中国流行音乐与公民文化》这本书也是希望能消除人们的误解，把流行音乐摆在和其他音乐形式平等的地位上去看。

谈乐坛：

广东流行音乐不缺人才缺平台

时代潮人：你怎么看广东流行乐坛在20世纪的巨大转折？

陈小奇：其实我觉得变化没什么奇怪的。因为北京条件好，人家自然就往那边走了，这是无可厚非的事情。毛宁当时打榜，《大浪淘沙》打得非常好，一解约新时代公司就马上叫停了，他们做出这个举动也无可厚非，但这个实际上双方都有损失。自己做了这么多年的制作人，陪着歌手到处做宣传，花了那么多精力，又当爹又当妈的，不容易啊，所以（歌手解约）那个时候关系紧张一点。过了几年之后，大家都想明白了。那个时候广东环境就已经不太好了，不是他们走了就环境不好，是他们没走之前环境已不好，环境不好他们要走有什么好非议的呢？到后来我跟这些歌手还是保持非常好的关系，这次（广东流行音乐35周年）一叫不是全都回来了？感情都还在。

时代潮人：怎么解决广东乐坛人才流失问题？

陈小奇：要解决人才流失，必须有总体文化上的强大，重新提升广

陈小奇（左）与著名歌手毛宁

东文化的影响力还要有一个适合广东又优于其他地方的定位。就音乐而言，主旋律你比不过北京交响乐，你比不过上海，所以没必要跟着别人。我认为广东最适合的就是平民文化、商业文化、娱乐文化，也非常适合发展平民化的音乐。在这个过程中，还是需要政府的重视和主导例如建立适合演唱平民音乐的舞台。现在歌剧院、音乐厅都有了，却还没有真正适合演出平民音乐的场所。

广东流行音乐走过一段下坡路，仔细想想那是因为高潮之后“放任自流”，缺少大手笔的整体规划和扶持；唱片业转型，原来广东引以为傲的唱片业成为了夕阳产业；加上流行音乐人大多是“政府体制外的人”，要取得领导和政府的支持存在一定的困难。现在广州找不到一个正规的流行音乐演出剧院，大牌歌手来开演唱会都要用广州体育馆。相反，长沙、东北等地都有音乐演出俱乐部和固定场所，全家老少一起去看非常火爆。这些演出平台直接催生了当地娱乐业的发展。

20世纪90年代经过短暂低潮后，以网络歌曲和手机彩铃为代表的新媒体数字音乐在广东稳步上升，现在广东又成为流行音乐的主要阵地了。要让流行音乐再掀高潮，大规模、大手笔、花大力气的扶持太重要了。比如广东应该建一个类似“百老汇”的“流行音乐街”，建一批流行音乐演出的剧院和场所，建流行音乐原创基地，吸引全国流行文化的精英和人才。我们现在正在与黄埔区合作筹建中国第一个流行音乐主题公园，广州社科院通过调研也已向市政府递交了建议报告。

陈小奇创作轨迹

1983年开始流行歌曲创作，有2000余首作品问世，约200首作品分获“中国音乐金钟奖”“中国十大金曲”等各类奖项；其作品以典雅、空灵，具有深厚文化底蕴的南派艺术风格独步内地乐坛。

代表作品有：《涛声依旧》《大哥你好吗》《九九女儿红》《我不想说》《高原红》《烟花三月》《梦江南》《为我们的今天喝彩》《拥抱明天》《大浪淘沙》《灞桥柳》《七月火把节》及太阳神企业形象歌曲《当太阳升起的时候》等。其中《涛声依旧》入选“中国原创歌坛20年50首金曲奖”及“中国原创歌坛30年30首金曲奖”；《跨越巅峰》《又见彩虹》和《矫健大中华》则分别被评选为首届世界女子足球锦标赛会歌、第九届全国运动会会歌和第八届全国少数民族运动会会歌；《高原红》（词曲）、《又见彩虹》（作词）获中国音乐界最高奖项“金钟奖”；作为制作人制作的原创专辑《阿咪啰啰》（容中尔甲演唱）获中国金唱片奖最佳制作奖；与梁军合作的大型民系风情歌舞《客家意象》音乐获中国金唱片奖评委会特别奖。

作为制作人及制作总监，陈小奇先后推出李春波、甘苹、陈明、张萌萌、林萍、伊扬、光头李进、廖百威、陈少华、山鹰组合、火风、容中尔甲等著名歌手，其作品也成为了毛宁、杨钰莹、那英等著名歌星的成名代表作。

曾先后举办五次个人作品大型商业演唱会，并在新西兰、澳大利亚及中央电视台国际频道、广东卫视等举办了7场个人作品演唱会。

曾应邀担任哈萨克斯坦第六届亚洲之声流行音乐大奖赛中国评委、中央电视台全国青年歌手电视大奖赛多次总决赛评委、中国音乐金钟奖流行音乐大赛总决赛评委；全球华人新秀歌唱大赛总决赛评委、上海国际音乐节总决赛评委会主任等多个全国各地歌唱大赛及创作大赛评委。

1997年创立广州陈小奇音乐有限公司。

1998年作为制片人制作了20集电视连续剧《姐妹》并获全国金鹰奖长篇电视连续剧奖。

2009年作为总制作人、总导演、总编剧，策划并制作了大型民系风情歌舞《客家意象》，该剧作为世界客都梅州市推出的常设性旅游文化演出项目及客家历史上最高品位的集大成者，获得客家族群的强烈共鸣及社会各界广泛好评。

2010年作为制片人制作了100集粤语古装系列电视短剧《妹仔大过主人婆》。

曾成功策划组织了首届全国旅游歌曲大赛、首届中国梅州国际山歌节、“唱响家乡”五城市采风创作演出系列活动、广东流行音乐三十周年大型庆典系列活动及广东流行音乐三十五周年庆典系列活动等。《人民日报》、中央电视台、美国纽约华人广播网、美国《侨报》、日本朝日新闻社、凤凰卫视等上百家海内外媒体对其进行了近千次专访及报道。

曾出版个人创作歌曲集两部，理论著述《中国流行音乐与公民文化——草堂对话》一部，自书歌词书法集一部，在《人民日报》《星星诗刊》《作品》等各地报刊发表现代诗歌数十首约3000多行。长诗《天职》获广东省委宣传部抗非典文学创作二等奖并在《人民日报》《南方日报》《作品》发表并由广东电视台制作播出，为汶川地震创作的长诗《以生命的名义》在《作品》发表并由广东电视台制作播出，长篇散文《岁月如歌》获全国叙事体散文征文第二名。

1997年在广东画院举办“陈小奇自书歌词”书法展，书法作品《涛声依旧》获中国作家协会书画展优秀奖及广东省作家协会书画展二等奖。

周奕丰：为一座城市留下地标

无论是作为广州圆大厦的主人、鸿达兴业集团有限公司的掌门人，还是广东省潮商会会长，周奕丰所做的事情都能快速形成一种气势：有创见、有效率，同时大气磅礴。为人处事方面，周奕丰名副其实地低调，他似乎不太愿意成为各个场合中的焦点，也不乐意被贴上各种身份标签。作为潮籍企业家，周奕丰勤勉、务实，除了这些共性，在商业实践中对创新的理解和追求，或许是他取得商业成就的重要因素。而在商业之外，作为潮汕人、商会领袖、全国人大代表，他做了很多，也被寄予了更多期待。

周奕丰和他的广州圆

对于周奕丰，2013年12月中至少有两个标志性的大日子：12月16日，广州圆大厦正式落成。广州有几百栋100米以上的超高建筑，真正能成为地标的凤毛麟角，“广州圆”做到了，它不仅成为珠江岸畔的地标，也逐渐沉淀为民众心目中的地标，尽管对“广州圆”造型的争议至今未绝。“经得起多大的诋毁，就受得起多大的赞美”，作为“广州圆”的主人，周奕丰或许更能体会这句话。12月30日，在广州香格里拉最大的宴会厅，广东省潮商会正式成立，周奕丰当选为会长。在持续三个多小时的活动中，面对现场1000多名宾朋，周奕丰先后6次上台，发表演讲或参与其他仪式。作为一个游弋商海多年的企业家，他知道全场持久的掌声和闪烁的镁光灯意味着什么。近年来，国家推动枢纽型社会组织建设的力度越来越大，各级商会要承载更多组织协调民间商业力量，促进行业、区域经济发展的重任。此前，他或许可以被定义为一个低调、稳重的企业家，一个慈父，或一个有自己的雅好、喜欢传统文化的人；被赋予新的使命后，他的天地已经不完全在“广州圆”里……

专注力与创造力

作为潮籍企业家，周奕丰已经取得的商业成就无须再做更多注脚：他连续几年跻身福布斯中国富豪榜榜单；作为董事长，他掌舵的鸿达兴业已经在深圳证券交易所上市；在广东塑料交易所平台上，每年进进出出的资金有几百亿元。在中国，众多富豪的财富积累过程与房地产有关，而鸿达兴业自1991年始创至今，无论是自有业务，还是对外兼并重组，周奕丰一直坚持以化工资源产业为核心谋篇布局，甚至在全球经济普遍低迷的21世纪初那几年，他都没动摇过。勤勉、实干、坚持、聪慧……除了这些共性，在实践中对专注与创新的理解和追求，是周奕丰与众不同且难能可贵之处。在商业竞争中，只有拥有创新能力或制定技术标准的，才能真正脱颖而出。然而，创新的成本与风险巨大，这也是大多数人即便意识到创新的重要性，却依然故我的原因。

1969年，周奕丰出生于潮阳，其时“文革”刚开始两年。父亲是做化工的，在那个年代，也仅能养家糊口。但在父亲的耳濡目染下，周奕丰对这个行业有了最初的兴趣。1991年，周奕丰成立了广州市成禧经济发展有限公司。经过十年精耕细作，加上不凡的商业洞察力，周奕丰领导下的这家企业也算风生水起。然而，化工行业受经济运行周期的影响非常明显，经济下行时，市场对很多化工衍生品的需求会骤减，例如，用作鞋材、箱包材料的PVC（聚氯乙烯）、PE（聚乙烯），大多数企业通过压缩产能、转产，甚至停产的形式过冬。不过，这也是一个产业调

广州圆大厦落成启动仪式

整、兼并重组的良机。2001年，美国经济增长幅度逐季下降，突如其来的“9•11”事件更是严重打击了消费者和投资者的信心。作为全球经济的重要引擎，美国经济衰退的影响很快波及全球。石油原油价格不断下降，甚至到了17美元/桶。石油是国际上用乙烯法生产PVC的主要原料。而国内的PVC生产80%以上采用电石法，所用原料为煤。这就导致进口PVC的价格大幅下降。雪上加霜的是，经济低迷导致生活消费普遍受到抑制，市场对PVC、PE等塑料原料的需求量大幅减少，成禧公司承受着相当大的风险和压力。

幸运的是，这次跌宕并没有持续太长的时间，从2002年2月开始，美国经济又有复苏的迹象。随之，国内外塑料原料需求走强、价格回升。由于储备和产能不足，国内市场一时有市无价。周奕丰终于渡过了难关，他领导的企业经历产业洗牌，转型升级，更名为广东鸿达兴业集团，并于2012年发展为全国性的鸿达兴业集团。

除了令外人惊叹的运气，周奕丰对美国经济及世界经济的走势做过系统分析，很大程度上，这些分析才是他做出判断的依据。对一个行业越专注，行业直觉就越敏锐。在接受本刊记者专访时，谈及营商之道，周奕丰表示，持之以恒非常重要，道理也许简单，但能真正做到却不容易，尤其遇到困顿或面临诱惑。术业有专攻，不能看一样学一样，企业发展到一定规模，走多元化似乎是一种必然，但更应该选择相关多元化发展路径，充分整合上下游资源，而不能什么赚钱做什么。这么多年来，同行中曾经做得比他大的或者比他小的或者差不多规模的，不少转战房地产市场或投资金融产品，但在鸿达，化工产业一直是核心。

2004年，周奕丰再次遇到了人生中里程碑式的大事件：收购内蒙古乌海市化工厂。乌海是内蒙古的工业强市，乌海市化工厂这个创办于1952年的老国企一度开创内蒙古氯碱工业的先河，后来多方面因素造成经营惨淡，债台高筑，2003年7月经政府批准宣布破产。2004年11月，鸿达兴业将该厂收购重组，之后更名为内蒙古乌海化工有限公司。鸿达兴业入驻后，迅速在管理架构、产品线、设备、技术等方面进行了全方位升级改造。扩建的“30万吨/年PVC、30万吨/年烧碱”项目于2009年底顺利投产。近年来，内蒙古乌海化工有限公司快速发展成为每年PVC、烧碱、电石、纯碱等总生产能力达200多万吨，拥有各类生产技术人员3000

多人，总资产超过65亿元的大型现代化化工生产企业，装备技术水平和经济效益进入国内化工行业的前列。

如今，原本濒死的老企业重新焕发了青春：产品线更丰富，产能更大，资产规模是原来的100倍……2012年8月初，时任内蒙古自治区党委书记的胡春华，实地走访了内蒙古乌海化工有限公司，并鼓励他们在科技创新上下功夫，在产业延伸和产业升级上多努力，以增强市场竞争力。

2013年底，国家进一步鼓励国有企业与民营企业进行跨所有制合作，建立全新的混合所有制产权结构企业。鸿达兴业收购重组乌海市化工厂早早地走在了政策的前面，2011年，鸿达兴业入主江苏琼花，成为第一大股东，两年后将后者更名为鸿达兴业股份有限公司，于2013年6月成功上市，并在旗下设立了全资子公司江苏金材科技有限公司，承接股份公司在扬州的PVC制品产业。自此，鸿达兴业的产业链迅速延伸至PVC制品加工领域。

人生之中，机遇是叠加的，做成、做好、做精一件事，经常会带来意想不到的新机遇。周奕丰与鸿达兴业在过去的20多年中，既牢牢抓住了时代给予的机遇，又充分发挥了自身的商业创造力，让机遇与财富迅速叠加。

少有人走过的路：从做产品到订标准

周奕丰创立的广东塑料交易所（下称“塑交所”）究竟是做什么的？我们首先需要了解商品流通中的基本原则，就是价格围绕价值上下波动，买卖双方都觉得公平合理，交易才能达成。平时购买生活用品，无论是在农贸市场还是在超市，一方面我们可以就众多商品进行比价，然后现买现卖；另一方面，即便买贵了，损失也不会大。但大宗商品或工业原料交易就不一样了，因为大宗商品单次交易的总金额大，单价哪怕相差一点点，最终交易金额会差异巨大。买家与卖家由于信息不对称，其中任何一个环节如果没有处理好，都可能影响交易质量，甚至会危害企业的正常生产经营秩序。

与国内外大宗商品交易所创设的初衷类似，周奕丰打造塑交所的目的，就是为了给塑料产品的交易各方提供一个公平交易的平台。塑交所不仅是周奕丰个人“信用立市”的美好愿望，实际上也是大势所趋。除了中国经济高速发展，塑料产品的供需量变大形成稳定的商机外，2003—2006年，中国电子商务高速发展，电商环境不断成熟，信息传递、物流、支付等瓶颈得到基本解决。众多中小型企业从B2B模式（指进行电子商务交易的供需双方都是商家）中获得销售机会，他们普遍有尝试新交易模式的意愿。与此同时，2004年10月，伦敦金属交易所（LIME）在中国推介会上正式推介了塑料品种，包括PE和PP（高聚物聚丙烯）。

2005年5月27日，PE和PP期货在LIME上市，引起了国际塑料行业和相关领域的广泛关注。3个月后，印度大宗商品交易所（MCX）也推出了塑料期货。

周奕丰在天安门广场受邀参加抗战胜利70周年阅兵仪式

热衷于商业研究、对化工行业国内外动态异常敏感的周奕丰，迅速捕捉到这一趋势拐点。如果能牵头打造出中国塑料交易平台，必将打开一个多方共赢的新局面。然而鸿达兴业只是一个优秀的化工企业，打造一个汇聚众多买卖双方的交易所，首先要解决技术问题。为此，鸿达兴业联合华南理工大学等知名高校，进行建模并论证。技术问题得到解决后，塑交所的挂牌资质问题亟待突破。周奕丰回忆塑交所筹建过程时说，国内当时还没有民营交易所先例，需要经由相关部门一级一级上报批准，仅批准挂牌环节就花了整整一年。

经过三年筹备和大量的市场调研后，广东塑料交易所紧随伦敦金属交易所和印度大宗商品交易所，于2005年9月26日正式挂牌交易。其时，全国每年通用塑料的需求量约为3000万吨，广东的需求量高达1000万吨。塑交所成立初年，年成交额超过200亿元。

塑交所是中国第一家也是唯一一家经国务院批准的大宗塑料原料电子交易所，正因为喝的是“头啖汤”，虽然新鲜，但成本高昂，国内几乎找不到可以借鉴的例子，从交易模式到仓储物流、融资担保和信息服务等，全部需要摸索。

塑交所正式运营后，相继推出了一系列有重大影响力的服务创新措施。其中，五个“全国第一”在大宗工业原料电子交易市场的发展史上占据了重要位置：2005年9月26日开业当天，全国第一个由交易所提供的塑料交易价格短信向全国发送；2005年11月，全国第一个塑料原料商品交易所指数“广塑指数”正式颁布；2006年5月，与中国氯碱网、广东省塑料工业协会、深圳市塑胶行业协会等联合举办的全国第一个塑料行业巡回报告会拉开帷幕；2006年7月，直接为各地批发市场客户服务的全国第一家登陆站在顺德乐从启动；2006年8月，在中国塑料行业中首次推出交易资金银行托管模式，全面正式启动网上银行结算业务……

据周奕丰介绍，塑交所的每一次大动作，都为业界所津津乐道。2008年4月7日，时任中央政治局委员、广东省委书记汪洋在考察塑交所时指示，“塑交所的‘广州价格’要影响全世界”；2013年9月12日，中央政治局委员、广东省委书记胡春华视察广州圆大厦和塑交所发展情况，并对以塑交所为代表的广州新业态发展取得的成绩给予了充分肯定；2006年5月31日，时任国家商务部副部长姜增伟视察塑交所工作；

2014年2月21日，中国氯碱工业协会秘书长张文雷等行业协会领导和代表在参观时对塑交所模式表示“十分认同”……上百家中央、省、市的大型企业和中高级批发市场负责人前往参观、学习塑交所的运营模式和经验。截至2013年底，塑交所年交易额超过3000亿元，年交易量超过3000万吨。

更重要的是，塑交所打造了行业标准，其价格信息被国内外塑料企业高度关注，全国首家发布的塑料商品价格指数——“广塑指数”被业内誉为“中国塑料第一指数”，成为中国塑料原材料价格重要的晴雨表。

“商务部对塑交所高度重视，从国务院、证监会、工商总局、发改委、商务部到工信委，每一个部门都将我们作为重点进行调研。”周奕丰表示，这既是肯定，也是鞭策。

2013年12月16日，广东塑料交易所整体搬进位于珠江河畔的广州圆大厦。

传播潮汕文化既是爱好，更是使命

“很会赚钱，同时文化修养也高，他们将文雅的艺术气质和商人头脑完美地融合起来。”中国美术家协会原副主席、当代著名画家林墉曾如此评价当代潮商。

关于自己的特点，周奕丰曾经做过这样的描述：“我趋向于传统，同时保留创新精神。一方面，我努力学习先进技术；另一方面，我还是保持带有传统味道的生活习惯。无论到哪里我都带着一套工夫茶具。我还喜欢收集字画，但并不刻意追求名家作品。”了解其爱好的朋友曾特意淘来一座有时代感的煤油炉，送给他煲水泡工夫茶。这座煤油炉，就置放在广州圆大厦顶层周奕丰的办公室中。

当财富积累到一定阶段后，每个企业家都会遇到同样的问题：如何才能更好地发挥财富的价值？作为潮籍企业家，周奕丰既有文化底蕴，更有家国情怀。他的成长受益于潮汕文化的熏陶，事业成功之后，主动反哺，积极传承、传播潮汕文化，就成了周奕丰的兴趣和使命。在广州圆大厦里，他准备举办潮绣和潮州木雕展。对于潮汕文化的现状，周奕丰有自己的思量，他认为，作为维系一个族群的纽带，应该系统推广潮汕文化，尤其是向海内外非潮汕地区的潮籍后人推广，让优秀的潮汕文化能够在后代身上延续和传承，增强他们的文化认同。当然，“文化推广和商业经营不同，需要有人愿意不计回报地付出，而且要讲求方式。如潮汕木雕和漆器，这些都是潮汕民间工艺的顶尖代表，但老一辈木雕艺人年事已高，如果不抓紧时间学习传承，仅凭文字只言片语的记录，日后想要再研究学习就无从下手了”。为了抢救这些独具特色的潮汕民间杂艺，周奕丰正在筹划通过广东省潮商会和其他渠道，出资赞助潮汕籍大学生向老一辈手工艺人学习传统技艺。他们学成后，可以在潮籍社团举办的大会或节日庆典中表演，从艺术视觉上进行推广；而这些艺术品的销路也没有问题。如果能按这个思路进行，既可以从现实层面弘扬推广潮汕文化，也能在一定程度上缓解大学生就业压力，让他们有一技傍身。这对潮汕文化的弘扬与传承，对社会的和谐与发展，无疑是一件善事。

广东塑料交易所交易大厅

周奕丰谈“广州圆”：
为一座城市留下地标

文/苏妙霞

广州圆大厦位于广州荔湾区，珠江北岸，是广东省政府重点支持的大型现代服务业发展项目，共33层，总高度138米，总建筑面积约10.5万平方米。这栋全球最大的同心圆建筑，几乎每个环节，都体现了周奕丰的思路。

据周奕丰介绍，鸿达兴业早在2004年就已获得土地使用权，但经过四年，还停留在设计阶段。“盖一栋四四方方的写字楼，很省事，使用率又很高，但那不是我想要的。我希望这栋建筑能反映出中国文化和岭南特色，而不是对已有方案的复制、改造或拼凑。”由于一直找不到满意的方案，于是有了2008年的全球范围内设计招标。在谈及广州圆大厦的最终设计方案时，一直淡然的周奕丰表现出少有的激动，大概是设计师约瑟夫的敬业和创新精神打动了他，让他在六年后依旧直呼“实在令人佩服”。经过一轮又一轮充分沟通，约瑟夫体会了设计要求后，还多次造访陈家祠、南越王博物馆等地方，从最具岭南文化特色的建筑寻求灵感，品读岭南建筑的神韵，他还对新建筑所在地进行了多方位、长时间的观察，他爬到当时尚未竣工的东沙大桥的桥墩上，最后还租用热气球从空中多角度观察；除了白天，夜晚他也不停歇，努力收集建筑物所在地周边的照明环境。好的建筑，就要像从周遭环境中长出来的，既个性鲜明，又自然、不突兀。

一个月后，一个让人惊艳的建筑模型呈现在众人面前。

广州圆大厦的造型是外圆内圆，设计灵感来源于中国古玉璧，也是一次中西文化的融合。周奕丰进一步解释：“圆有着诸多象征美好的寓意，在我们日常生活中无处不在。在广州圆大厦一楼大厅就展示了全球与圆有关的物件、建筑、文字与符号，如罗马斗兽场、‘花好月圆’等。”

“圆满”从来来之不易。周奕丰一开始就做好了造价高、施工难度大的心理准备，但“实际难度仍然超过了预想”。单从物理学的热胀冷缩原理来讲，广州圆大厦外部的钢筋与内部混凝土的冷热系数不同，一旦经历缩胀就很容易产生裂缝孔洞。周奕丰告诉我们，为了解决这一问题，他们引进一项新技术，即桥梁的微控测量技术。在建造桥梁时，一般是两岸同时建造再进行对接。为了防止产生高低误差，通常会用仪器进行监测。类似的仪器也被运用在广州圆大厦的建设过程中。这些仪器能够监测建设过程中的误差情况，方便进行调整。也正因此，直到落成，误差率都把控得很好。

周奕丰陪同嘉宾参观广州圆大厦

实际上，广州圆大厦整个建设过程中的难度无法尽数，但也正因为如此高的难度系数，这座造型独特的建筑才获得了国内外高度肯定。2014年1月30日，美国有线电视新闻网（CNN）评出全球“十大最受瞩目”的新建筑，其中广州圆大厦位列榜首，成为全球最具特色的标志性建筑之一。

周奕丰告诉记者：“我们向社会征集大楼名称时，如‘双圆大厦’、‘月圆大厦’和‘日月同辉’等都有很好的创意。经过反复斟酌，我们最后在一万多个征名投稿中选出了‘广州圆’。一来，这对广州有宣传作用，正如伦敦有‘伦敦眼’。广州圆落成时，全球七十多个国家的新闻机构如路透社、《每日邮报》等都进行相关报道，这相当于间接宣传了广州。二来，广州圆这个名字朗朗上口，对外国人来说也更加简明易懂，而且与广州塔相呼应，具有地方特色，也让公众有了认同感、参与感。”

广州圆日景鸟瞰图

对话

是责任，而不是头衔

商会必须在商言商，同时要回馈社会

商会是市场经济条件下实现资源优化配置不可或缺的重要环节，是实现政府与商人、商人与商人、商人与社会之间相互联系的重要纽带。近年来，国家推动枢纽型社会组织建设的力度越来越大，各级商会要承载更多组织协调民间商业力量，促进行业、区域经济发展的重任。2013年12月30日，广东省潮商会在原广东省潮人海外联谊会潮商会的基础上取得独立法人资格，在广州香格里拉大酒店举行成立庆典，周奕丰出任会长一职。在周奕丰看来，现今商会跟以往大不相同，对广东省潮商会的定位，这位新会长有自己的看法。

时代潮人：2013年12月31日，广东省潮商会在原广东省潮人海外联谊会潮商会的基础上取得独立法人资格而正式成立。作为新会长，请谈谈变化的过程。

周奕丰：从2005年至今，广东省潮商会走过了许多不平凡的路，商会能够得以发展、壮大，离不开领导们的关心和支持。现在，广东省潮商会取得独立法人资格，是大势所趋，应运而生。十八届三中全会提出“创新社会治理，激发社会组织活力”，这是一大契机，而随着各地商会都具备独立法人地位并开展相应活动，这对我们也提出了更高的要求。二级商会的身份，毕竟很难直接与外界进行很好的交流活动。现在身份升级了，我们会继往开来，更好地发挥商会的独特作用，为会员提供更好的沟通和资源整合的平台，为社会服务，发挥商会在社会治理中的作用。

时代潮人：与当一名潮籍企业家相比，做商会会长有什么不同？

周奕丰：我个人行事不喜欢高调，是那种兴趣和责任驱动型的人。商会会长之于我，更多的是责任，而不是头衔。我们家族有从商的传统，我也对商业比较感兴趣，经过二十几年的努力，打造了由盐湖—矿山—煤田—发电—化工—物流—交易—终端产品的完整产业链，每年完成500万吨化工产品的生产和加工。集团的管理工作占据了我大量时间。在担任常务副会长期间，我对商会“起步早却赶了个晚集”的发展情况深有了解，我想，在商会这一发展的紧要关头，我如果不尽到自己的一份力，会觉得于心有愧。

时代潮人：你怎么理解商会在现代社会中的定位？

周奕丰：商会必须在商言商，要务实，同时要回馈社会。商会要能帮助会员，为会员做一些力所能及的事，同时作为政府和企业沟通的桥梁纽带，多为企业创造商机，多做慈善事业，帮助社会上有需要的人。在当今环境里，商会跟以往大不相同。以往其职能有较大的局限性，而如今可获政府授权，协调社会上诸如助学、养老等慈善事务。

时代潮人：对于广东省潮商会的未来，你有什么规划或已经开展了哪些工作？

周奕丰：首先是要理顺、建立本商会的组织架构。我们希望让常务副会长们各尽其能，根据他们熟悉的行业进行分工。此外还要建立商会的投资基金，充分发挥商会的优势，通过基金的方式来对各行业进行投资。而基金是通过封闭式的运作，并非简单的公司形式的做法。通过基金运作，能够让商会成员充分参与到商会活动中来，有更多互动。

然后，启动相关活动，大力弘扬潮汕优秀传统文化。我们要让潮汕人的身影活跃在更多的社会活动中。赛龙舟是潮汕地区一项传统活动，但由于当地河道污染等问题已经慢慢在消失。我们要争取以举办方和参与者的身份，参与到广州乃至国际范围内举办的龙舟比赛。我们还会主动挖掘、抢救、传承潮汕传统技艺。我们将会在广州圆大厦的十一楼设置一个展厅，陈列潮绣作品、潮州木雕等，向更多人展示潮汕优秀文化。我们倡议设立“潮汕节”。我们的初步设想是确定“潮汕节”后，在节日的前后几天，邀请潮汕地区的潮剧团、英歌队以及一些传统手工艺人进行表演，展示潮汕剪纸、讲古等传统文化，也让更多的潮汕人有机会互相交流学习。

2013年参加全国人大会议时，我与汕头金山中学的校长李丽丽有过一次谈话。我们谈到一个问题，就是金山中学办学品质优良，却一直没有开设一些诸如教授潮绣、做粿等传统潮汕技艺的课程，这让人觉得十分可惜。潮汕优秀传统文化一直以来受到人们的高度评价，如果不及时传承，那么就会日渐消失。弘扬潮汕优秀传统文化，我们希望广东省潮商会能出一份力。

时代潮人：扶孤济困、赈灾救难是商会的传统公益活动。你觉得如何才能提高公益活动的效率？

周奕丰：企业家做公益，应该有自己的特点，那就是尽量用商业的思维提高资源的利用效率，企业家不仅要会创造财富，也应该更有效地发挥财富的效用。做公益是一门花钱的学问，一点也不比赚钱容易。以扶贫为例，虽然国家一直有出台扶贫政策，但贫困的家庭各有各的贫困原因，比如缺乏劳动力、因病致贫等，如果无法对症下药而只是一味“输血”救助，则很难取得显著的效果。我在2013年全国两会期间曾提出过“户对户”和“企业对户”的帮扶方案。这种帮扶方式从“授人以鱼”转变为“授人以渔”，从而实现一种造血性的帮扶，而不是纯粹的“输血”。“户对户”扶贫讲究建立一种亲情式的、交往式的互助模式，并通过一些旧资源的转让，既避免浪费，又切实满足贫困户所需。据我了解，我的提案得到有关部门高度重视，正在全国范围内推行。

广东省潮人海外联谊会会长蔡东士为周奕丰颁发证书

创新要有试错勇气、容错氛围、纠错机制

时代潮人：回顾你这些年来的从商经历，你觉得哪些因素对于获得商业成功是个关键？

周奕丰：我觉得我这一路走来，之所以能成功，除了才能、坚持，就是好好把握机会。社会上有许多人也在奋斗创业，却因为很多原因无法做大做强。还有一点就是持之以恒，专注于自己的领域，要清楚术业有专攻，而不是看一样学一样。每个人成功的背后，一定有不为人知的艰辛。

时代潮人：你觉得你们这一代潮商与父辈们相比有什么特点？

周奕丰：我们这一代人思维比较开阔，同时也有爱国感恩的情怀，因为国家的政策环境，让我们能够自由发挥，能够有机会在全国由南到北开办企业，如果没有这些政策环境，我们的能力也无法得到发挥。所以，我们心怀感恩，也乐意以各种方式回馈社会。潮汕人整体上是挺能干的，当然，也有诸如造假等负面情况。我觉得我们这代潮商应该继往开来，为潮商树立良好形象。

时代潮人：据了解，你不仅自身注重教育，而且也非常注重员工的在职培训。为什么会这么重视学习？

周奕丰：学习使人进步，理论结合实践，使人的视野和能力不断得到提升。从我个人的教育经历来看，华南理工大学的理工科思维塑造了我的严谨作风；澳门城市大学则是中西合璧，来自国内外的知名教授，拓展了我的视野，也提升了我对不同文化的包容度；而清华大学，从对学生的选拔到授课，都有严格标准，不管你是高管还是企业家，必须要在规定学时内攒够学分才能毕业。清华不仅学风严谨，在理念上也有很多创新之处。人才选拔的创新机制就是我的收获之一。人才的竞争归根到底靠创新的体系建设，在清华学到的创新体系将有利于今后企业的选拔人才机制，及时启用、大胆提拔确有真才实学的人，就能尽早地充分发挥其才能，使其创造事业的辉煌。

时代潮人：你的很多商业理念和行动都比较新颖、前卫，是怎么做到的？

周奕丰：我的创新建立在对商业的研究之上，并认真、专门投入了

精力。创新需要毅力，绝非一朝一夕就能促成之事。创新是“前无古人”的，也就是没有模式，只能够靠自己去摸索，犯错在所难免。因此创新要有“试错”的勇气，当然，作为企业，一定要给创新者提供“容错”的氛围，为了尽可能降低试错成本，一个企业最好能建立起良好的纠错机制。

时代潮人：潮籍企业和企业家喜欢用“胶己人”，你也会这样吗？

周奕丰：在创业初期，用自己人更放心，但企业走上正轨，到达一定规模后，还是要建立起更科学的用人制度。用人唯贤，内举不避亲，外举不避仇。鸿达兴业是一家上市公司，我们既不搞裙带关系，也不会矫枉过正，为了避嫌而不用德才兼备的自己人。

时代潮人：你如何对待子女教育这个问题，将来会不会让他们子承父业？

周奕丰：我鼓励孩子们多出去走走，增长见识。至于孩子们以后的发展，我不会过多干预，如果主动问我，我会提一些建议。如果他们有兴趣参与我的事业，他们必须走正常渠道进来，从低层做起。“周奕丰的儿子”这个标签不会给他们带来任何特权。

广东省潮商会成立庆典大会

洪江游：『红脸蛋』与大健康梦想

作为新生代潮汕籍企业家，医药科班出身的洪江游在打造儿童健康产品方面做得风生水起。作为成功企业家，洪江游也有着诸多的荣誉和头衔，比如“中国经济百名新锐人物”“海南十大杰出青年”“世界十佳新锐潮商”……实际上，每个荣誉和头衔的背后，都有着鲜为人知的辛勤付出。每每回溯过往走过的路，这个从粤东农村走出来的潮汕子弟总表现得很淡然：每一代人都有各自的生存环境及使命，与父辈们相比，他们为了果腹奔波，我们更多是为了理想。毕竟，今天吃饱穿好的门槛已经很低了，这就是普遍存在于两代人之间的区别。

洪江游的“点”与“线”

一个人童年时期的生活经历，会在很大程度上影响其成年后的人生方向。洪江游出生在“文革”前夕，在他的记忆中，当时家里穷，吃得不好，而且他们族人里也没有什么“能人”，似乎什么好事都轮不上他们家，隐隐约约中有一种压抑、受排挤的模糊印象。当然，与这些阴影相对应的是，童年的快乐。和小伙伴们一起玩耍时的无拘无束，山美水美、空气清新的家园……多少年过去了，洪江游一直对童年怀有微妙而矛盾的复杂情感。也许是巧合，从他的事业发展，到承担社会责任，最终都落在了“儿童健康”这个点上。这是一种“儿童情结”，他经常自我调侃说。

不过，这也许不是巧合。乔布斯当年曾在斯坦福大学的毕业典礼上，做了一次著名的演讲，第一个故事就是说“connecting the dots”（连点成线）：他本科读了6个月就退学，然后在学校里蹭课一年半，其中蹭书法课，纯粹是因为喜欢。后来他回想起来，如果没有这段经历，苹果电脑那诸多漂亮的字型就无从谈起。其实在人生的卷张上，每个人每天都在画出一个一个的点，当它们一旦被连接起来，就成为可以解释的人生线路了。

成功之路：
专注加专业成就细分竞争力

影响洪江游做出商业决策的，更多是内心的儿童情结、敏锐的市场洞察力及持续的学习意识。“打造中国儿童健康第一品牌，是我矢志不渝的理想。”

1998年，洪江游迎来了事业上的关键转折点。当时作为一名从事医药代理的企业家，他收购了海南琼山九州制药厂，迈上了转型为制造企业、打造自主品牌之路。从2002年开始，洪江游逐渐发现，一个人也好，一个企业也罢，面面俱到是很难的，要让公司的产品在各个医院的科室都叫好又叫卖，压力非常大，而业内同行很少关注一些细分领域，特别是儿童药领域。当时中国儿童专业用药市场被国外药企垄断，自主研发生产的极少，因为儿童药品研发生产存在诸多困难，如新产品开发投入大、周期长，药物评价难度大、生产销售风险大等等，许多同行对该领域用药的研发生产望而却步。就在这期间，一个偶然的机会增强了洪江游带领康芝药业专注做儿童药细分市场的决心。

洪江游听一些内部员工反映说，他们将厂里生产的止咳橘红颗粒（主要面向老年人市场）拿给家里的小孩吃，效果特别好。这至少透露了两个信息，市场需求普遍存在，缺乏专门针对这个需求的产品。经过进一步调研论证后，洪江游从战略层面调整了康芝药业的发展方向，专注于儿童药的研发与生产。当然，这只是一个关于康芝药业产品方向转型的故事，偶然的背后其实是对市场敏锐的嗅觉及强大的战略调整能力。

后来康芝药业的市场表现充分证明了洪江游的市场判断力及战略调整能力。从2002年开始，康芝药业的业绩连续九年以50%的速度增长。儿童药市场巨大的潜力，被康芝药业成功地发掘出来了。“与成人药相比，父母作为儿童药的主要购买群体，只要孩子生病需要用药，而且疗效好、安全、口感好，孩子喜欢，他们都愿意为其买单。”洪江游说。

康芝药业商业上的成功，除了产品定位清晰，还得益于市场营销方面的创新。囿于当时的企业条件，康芝药业在大城市与大品牌竞争不具备优势，所以洪江游在2003年将目标市场定位在第三终端：经济比较落后、医疗条件欠佳的地区。这一市场的特点是比较分散，大品牌尤其是外资品牌一时半会不太重视。这也是众多民族品牌为了避免与强势外资品牌在一、二线城市正面竞争，所采用的“农村包围城市”策略。短短几年时间，康芝药业就建立起了一个牢固而极具渗透力的上千家代理商网络，在第三终端开创了一套行之有效的销售体系和管理模式。

2010年5月，康芝药业在创业板成功上市，这也是海南首家在创业板上市的企业。查阅当年的媒体报道，“海南新首富”“身家超过38亿元”等溢美之词铺天盖地。洪江游却坦言，刚开始挺喜悦、挺满足的，至少这辈子全家人温饱不愁了。但这种感觉很快就消退了，扑面而来的是责任，康芝药业下一步要怎么发展？融资来的钱如何更好地用起来？……

经过仔细规划，融资获得的数十亿元资金，洪江游主要用于与儿童健康产业相关的并购及核心产品的研发。他希望通过努力，更新外界对康芝药业的印象："我们不单会做市场，我们还会搞科研！"在产品研发方面，康芝药业制定了每年研发投入不低于收入的5%这一硬性指标。由于重视研发，2012年，康芝药业的"儿科药高技术产业化项目"通过专家验收。这标志着我国第一个儿科药生产基地正式诞生。

随着在儿童药细分领域内竞争力的增强，洪江游提出了更宏大的发展目标：专注儿童健康，打造民族品牌。儿童是祖国的未来、民族的希望。通过自己的产业及产品，让中国儿童健康成长，这是一个非常积极、充满阳光的生意。在洪江游的商业蓝图上，专做儿童药是第一个阶段，接下来要专注于"儿童大健康"，在形成完整的儿童药产品群外，还将扩张到与儿童健康有关的保健食品、医疗器械等领域。

至于营销渠道，要想成为有影响力的"民族品牌"，终归还是要靠第一终端（县级市以上医院），康芝药业在保持第三终端优势的同时，开始积极向第一终端渗透。

洪江游不止一次向外界表露他的愿景，即"打造中国儿童健康第一品牌"。如今，康芝药业逐渐树立起在儿童药市场上的专业品牌形象，产品涵盖儿童药中销量最大的解热镇痛类、感冒类、抗生素类、呼吸系统类、消食定惊类和营养类。洪江游期待，作为行业领头羊，康芝药业能与国家有关部门协作制定儿童药的国家标准。在中国药品监管趋严的大背景下，中外标准接轨也将势在必行，这正是中国"民族品牌"进入国际市场的前提。

事实上，"儿童大健康"的战略目标，对于洪江游来说是一个逐渐清晰的过程——"做着做着，就觉得有种使命感在推动着我。"

洪江游并不忌讳谈论这个过程中的曲折。人和企业相似，在某个阶段，会浮躁、会膨胀，这也想做，那也想做，但有时候又怀疑当下走的路，是不是错了？这样下去是否有出路？是不是应该换个方向？"其实我不算专注药业20多年，这期间我也做过其他事。每个人的创业冲动都一样，想做创始人，什么都想做并且做大。创业的冲动让我当时什么都想干，干了五六个，后来个个都没做成。但是我做药能做下去，还能有所发展。”他说。

母亲每年都会给洪江游占卦，她郑重地告诉儿子：“你只能做这个，不能做副业，不能做其他，你没有横财。”当然，除了母亲的教诲提醒，影响洪江游做出商业决策的，更多是内心的儿童情结、敏锐的市场洞察力及持续的学习意识。

公益心愿：
让每个孩子都有健康的红脸蛋

小时候，兄弟姐妹四人脸色都因为缺乏营养而泛青，因为吃不饱，身材都比较瘦小。而邻居家因为有海外关系，生活比他们好，孩子们时常能吃上白米饭，脸蛋都红扑扑的。父母看着他们兄妹几个心疼，同时十分羡慕别人家孩子的红脸蛋。

作为曾经挨过饿的60后企业家，洪江游很久没有体会过“挨饿”的滋味了，但是那段久远的经历他依然记得很清晰。“小时候饿肚子的感受太深刻了，所以当自己有能力时，就想着能为生活困苦的孩子们做些什么。”洪江游更多是从个人情感记忆层面去描述做公益的动机，既朴素又实在。

他起先是捐资给家乡的学校，组织“送教下乡”为农村基层医生做业务培训。当公司上市，财力大大增强后，洪江游做这些事情就更有底气，力度也更大了。

2011年，康芝药业向中国儿童少年基金会捐资启动“康芝红脸蛋基金”，其中主要包括两项慈善计划：“免费午餐”和“爱心家访”。前者是要将爱心午餐发放到国家级贫困县，同时免费宣传儿童营养知识、身心健康知识；后者旨在实地调研贫困儿童的营养健康状况，撰写寻访日记，发放捐赠物资。

洪江游为什么选择“红脸蛋”作为慈善基金的名字？这与他儿时的记忆有关。他认为，“红脸蛋”是儿童健康与活力的面部表征。小时候，兄弟姐妹四人脸色都因为缺乏营养而泛青，因为吃不饱，身材都比较瘦小。而邻居家因为有海外关系，生活比他们好，孩子们时常能吃上白米饭，脸蛋都红扑扑的。父母看着他们兄妹几个心疼，同时十分羡慕别人家孩子的红脸蛋。选取这个名字，洪江游是希望中国千千万万的儿童都能有一个健康的红脸蛋。

截至2013年，该基金已经帮扶贫困儿童数千名。因为这两项慈善计划受益面广，社会影响大，著名作家贾平凹特意为“康芝红脸蛋基金”题字。此外，舞蹈家扬扬、奥运跳水冠军劳丽诗、世界小姐吴英娜、香港艺人刘锡明、跳水皇后高敏等名人先后成为爱心大使。

2013年，“康芝红脸蛋基金”发起了“雅安赈灾”“普宁赈灾”“占陇镇埔栅学校奖助学金”“儿童健康安全手册”等大大小小的活动，搭建了社会全面参与的儿童健康成长公益平台。因为对中国儿童健康事业的积极推动，康芝药业获得“中国儿童慈善突出贡献奖”。在洪江游看来，这就是一个企业家及企业公民应尽的社会责任。

在尽自己和企业所能主动承担社会责任时，洪江游也清楚地意识到，企业家及企业能投入慈善方面的资源毕竟很有限——“我无力帮助世界上所有需要帮助的人”。所以，他反复强调自己的慈善定位是“抛砖引玉”，希望引起社会上的共鸣。

在整合资源做慈善方面，洪江游作为著名企业家的组织动员优势明显。比如在2014年4月13日，“康芝红脸蛋基金”为海南保亭县六弓乡中心小学捐助了一批学习用品、运动鞋和体育器械，并根据事先对留守儿童的走访，按孩子的心愿为他们准备了礼物。他们还拨付一笔专项资金用于购买卧具，改善住校生的住宿条件。这次活动是由“康芝红脸蛋基金”、海南广播电视总台、长江商学院共同主办，并得到了保亭黎族苗族自治县政府的大力支持。

此外，康芝药业还是广东省医药商会的会长单位，洪江游是商会首任会长。该商会是以民营企业为主、从事药品销售和药品制造的行业商会，经过十多年来的成长壮大，已经是行业中不容小觑的商会。商会中聚集了一批事业成功的企业家，他们都有较强烈的社会责任感，在汶川地震、广东冻灾、玉树地震等灾难中，以康芝药业为代表的会员单位在第一时间施以援手，捐款送药、赠送物资价值超千万元。除了在灾后捐款捐物，商会还做了一系列兴建老人院和小学、设立扶贫助学金等等善举。

洪江游所理解的“社会责任”，其内涵并不仅限于慈善活动，还包括以海南省政协委员身份建言献策。在2014年2月，他向政协海南省第六届委员会第二次会议提交《关于打击骚扰电话和短信的几点建议》，提议通过建立通信法规、加大惩治力度、支持软件公司开发更有效拦截软件等手段，治理骚扰电话和垃圾短信。

创业动力：童年的贫困，潮汕人的精神

父母很希望他能够离开农村，父亲给他取的第一个名字叫作“工由”，希望他将来能当一名自由的工人，能吃到白米饭，能够领工资。

至今，还有两件童年的事情依然让洪江游刻骨铭心：第一件事是关于他人的，村里一对夫妇卖猪之后，得来的钱被人偷了，妻子回家就喝农药自杀了，因为小偷夺走了他们几乎一年的全部希望；第二件事是关

2011年9月，“康芝红脸蛋基金”在北京成立

于自己的，小时候他总是习惯性地吞咽口水，因为肚子饿。他做梦都想吃的东西很多，但是家里没有，更不会有闲钱去买。他想吃做豆腐剩下的豆腐渣，母亲宁愿给猪吃也不给他，因为猪吃了快长膘，能卖上好价钱……

洪江游没有掩饰这段听上去不那么文雅的私人经历，这些在今天看来不可思议，甚至有些离奇的情节，其实是那个年代的常态。洪江游出生在粤东潮汕平原西缘的普宁农村，潮汕地区自古地处省尾国角，地少人多，加上改革开放前政策弊病，绝大多数人家日子过得紧巴巴的。洪江游兄弟姐妹四个，他是大哥，自古长兄若父，除了帮父母分担责任外，他还被寄予了改变家庭命运的厚望。父母很希望他能够离开农村，父亲给他取的第一个名字叫作“工由”，希望他将来能当一名自由的工人，能吃到白米饭，能够领工资。

1984年参加高考前，洪江游原本想报考军校，后来却进入了广东药学院。洪江游兴趣广泛，大学四年，他像那个年代的文艺青年一样，关心时事、爱好写诗及组织活动，而并非将精力全部投入到专业课学习上。那时，学校对学生社团的限制比较多，洪江游在一个当团委书记的同乡的支持下，创办了文学社。文学社的第一场活动，便邀请到中山大学一位老师主讲。这次活动在校内引起很大轰动，也让洪江游初步意识到，自己有才能很重要，能将更多有才能的人聚拢起来做一些事，更重要。

1988年走出校门后，洪江游没有像大多数同学那样，找一家大医院，或进药品管理部门工作。那些年，医药科班出身的大学生就业比较容易，当时深圳特区发展得如火如荼，洪江游进了深圳一家医药公司。回想起当初的选择，他坦言当时并没有想很多，懵懵懂懂中就决定了。经过几年职场历练，洪江游决定自己创业。1993年，他联合旧友（基本是大学文学社成员）创办了广州市中瑞医药科技开发公司，从事药品贸易。第二年，成立海南中瑞医药有限公司（康芝药业前身），继续发展代理业务。值得一提的是，国际巨头罗氏公司的产品在中国几乎都是由中瑞公司代理的。

洪江游的创业，既是基于寻求更好生活的渴望，也是源自于潮汕人血液里流淌着的那种不安现状，乐于尝试新领域、发现新可能的拓展精神。后来洪江游回忆早年创业动机时曾作出这样的自我总结："从小父亲就教育我说，好男儿志在四方，父亲的教诲给了我最基础的动力。大学毕业后，我放弃了大多数人眼里的金饭碗去深圳打工，后来再次放弃较为稳定的工作，下海创业，从无到有，慢慢发展壮大。从潮汕地区漂到广州，从广州漂到深圳，从深圳漂到海南，接下来我的事业做到全国……跟我一样，甚至比我更勤奋、更聪明、更爱折腾的人很多，或许我更幸运、机遇更好，1993年正是中国经济发展的上升时期，对于创业者来说是非常难得的机遇，正好我把握住了。冒险对一个上升中的企业而言，是值得的，当然冒险也会有失败，失败了就重新来一次。"

医药行业的门槛很高，国际上的知名医药企业普遍有几十年甚至上百年的专业积淀，这个行业几乎不存在所谓的黑马。康芝药业能于短短十数年内在中国儿童药研发、生产及销售方面突飞猛进，与洪江游的专注及医药方面的专业背景密不可分。虽然当年读书时专业课成绩并不突出，但专业思维及同学校友圈子对他事业发展的每一步都起了很大作用。"一旦企业家在专业方面有所欠缺，就得依靠他人，而依靠他人的风险是很高的。"这是洪江游的观点。在他看来，某些因换人而垮掉的企业，应该就是企业领导人不能把控，过度依靠职业经理人的后果。专业上一窍不通的企业家，在用人方面会承担更多风险。企业要在稳定发展中做大，这个过程里企业家必须熟悉专业。

工作之外：
做一个爱学习、有情调的企业家

洪江游有诸多雅好，比如收藏海南黄花梨，迷恋砗磲，同时还是一个围棋爱好者……爱好也可以是一种学习，"终身学习"时代的企业家需要明白这一点——不论课堂上还是生活中，自身的修为是永无止境的。

洪江游是他们村里第三个本科大学生，弟弟妹妹也先后上了大学，当年在乡亲们看来，一个家庭连续出几个大学生是很罕见的。这与他们父母的文化背景有很大关系：洪江游的母亲是一位小学教师；父亲是

“老二中”，在父辈的青少年时代，能在普宁二中（1924年建校，普宁重点高中）读书的人都是秀才。所以父母在子女教育上很容易形成共识，都注重子女的文化教育，就算再穷，也要尽可能让他们多读书……于是，四个孩子在读书方面受到了不错的启蒙，早在上学前，父亲就开始教洪江游数学。当时没有唐诗宋词的书籍，父亲就借回家亲手抄在纸上，让几个孩子阅读。“书对我来说，是图腾一般的存在，我通常会把它们保存得很好。”至今，洪江游依然保持着良好的阅读习惯，还能熟练地背诵出许多首古诗词。

洪江游还有一个自幼培养起来的兴趣——围棋。他沉迷于围棋，为此废寝忘食，忘乎所以，喜欢在棋局中找到博弈的快感。这对他日后气质的培养与形成起到了推动作用。特别是围棋的全局观念，几乎助他所向披靡。

“一如围棋对弈，黑白分明，开局阶段是布局谋篇，还有针对对手选择战术和战略，虚实结合，取势与捞实地包括定式的选择、商业模式的设计等，都是创业重要阶段；再如企业的成熟期也是围棋中棋阶段双方各占一偶，相互争夺、坚持，斗智斗勇，其中得与失的判断和相互转换，便是市场定位与营销战略实施，腾挪战术、受困突围如同企业寻找

中国儿童少年基金会秘书长陈晓霞（左）与洪江游（右）

市场蓝海。”洪江游饶有兴趣地借用围棋来分析市场，他始终认为，立大业者，当需将帅之气，大局观十分重要。

除了阅读和下棋，洪江游工作之余还喜欢收藏。“我收藏海南黄花梨七八年了，上过当，捡过漏，也借此认识了很多朋友，学到了很多知识。”洪江游说。

黄花梨的主要产地正是海南岛，自然资源已近枯竭，即便是人工林，十年以内的树几乎看不到有“心材”，要得到能做器具的“心材”，基本上需要四五十年。洪江游收藏这种名木，倒不是纯粹赶时髦，这与他的个人爱好紧密相关：黄花梨的花纹非常漂亮，偏好艺术的他觉得有收藏价值；黄花梨还很实用，他桌上的笔筒都是用黄花梨做的，不管寒暑都不变形、不开裂、不弯曲。有一年在康芝药业年会上，洪江游拿出一对海南纯正黄花梨出来拍卖，得来的钱七成做公司年会头等奖，三成捐给“康芝红脸蛋基金”。

砗磲也是他钟爱的收藏品。他的办公室里摆放着一个很厚的贝壳，一米多长，非常罕见。谈到它，洪江游脸上洋溢着自豪的笑容，这是他最近心爱的藏品之一。说起砗磲他滔滔不绝，砗磲是佛教七宝之首，砗磲壳所制成的念珠和佛像是高僧大德的法物。现在世界上的砗磲有六种，生活在热带海域的珊瑚礁环境里，它是世界上最白的物质，在西方它与珍珠、珊瑚、琥珀并称为“四大有机宝石”。洪江游相信，再过三五年，这会成为他的第二个“黄花梨”。

“收藏也是一种学习，一种陶冶，一种修养，它的价值在于能够被人欣赏。”说这番话时的洪江游透露出一丝专业玩家的气质。

说到学习，其实洪江游仍是课堂里的学生。近些年，他感觉自己的知识结构已经跟不上企业的发展，于是主动去长江商学院“充电”。在商学院里，来授课的都是知名教授，而且他觉得很多同学都比自己强，“深感自己的渺小”。每次上课，他都会坐在第一排，认真做笔记。

特别是在2013年提出“从营销型公司向技术型公司转变”的企业战略之后，洪江游作为企业领袖，需要面临不小的挑战，比如如何打造更符合康芝药业现阶段发展需要的管理团队，如何借助资本市场的力量，让康芝在打造民族品牌的道路上加速前进……打铁须得自身硬，作为“学生”的洪江游，早已将这个道理牢记在心了。

六次艰难抉择，六度华丽转身

文/金点

作为时下新潮商的传奇人物，洪江游的创业历程可以用“六次艰难抉择，六度华丽转身”来概括，但是，如果翻开这20多年的奋斗史，人们会发现，原来成功者背后深藏着如此曲折的故事。

首次抉择：挑战自己的“铁饭碗”

洪江游自幼深受读书立业传统思想影响，父亲便是“老二中”（普宁二中是普宁当地名气最大的重点中学，在那里读书的学生均为当地才秀，“老二中”便是这样一种带有荣誉的称谓），洪江游自幼受书香熏陶，遵从传统发展路径，勤奋攻读参加高考。

1984年，他从当地的名牌中学——普宁二中，成功考入广东药学院，成为当时人人羡慕的“天之骄子”，从此他与医药结下不解之缘。

带着青年人的稚气和激情跨入药学的殿堂，他如痴如醉地投入专业课程的学习，梦想、期待着能成为一名药学教授，或者从这里走向机关大院，或者走进风光无限的国有企事业单位发展成为中坚力量。然而，后来的路子却无法还原他年轻时的理想。

1988年，洪江游本科毕业，满怀理想地走出校门。当年，医药科班出身的大学生广受社会的欢迎，就业容易。那时深圳特区的发展态势一片欣荣，洪江游便毅然决定到特区发展，经过努力，他如愿来到深圳市医药生产供应总公司深圳健安医药公司工作，成为经济特区的一员，连亲戚朋友都羡慕不已。

工作不久，洪江游很快就感到那份工作的极度不适应——当时国有体制下，多劳未必能多得。

1992年，邓小平南巡讲话，改革开放的热潮在深圳各行各业沸腾起来，并推动一波“下海潮”。“自己为什么不也试一试呢？”此时此境，心中充满想象力的他萌发了下海的冲动。“想下海，我就热血沸腾，连自己都能听到心跳在加快。”洪江游回想着说。

然而，在当时的环境下，大学生下海是不可思议的，他这可是要自己扔掉“铁饭碗”，经过一段时间的思想斗争，特别是看到改革开放的大好势头，最后，他还是毅然做出了他创业的第一个艰难的选择——放弃这个“铁饭碗”，自己创业。

1993年，他联合两个同学创办了广州市中瑞医药科技开发公司，开始了药品贸易。第二年，他又成立海南中瑞医药有限公司，承接药品代理业务。

刚开始他把创业想象得很美，但实践方知创业之始的艰辛。他初出茅庐，作为从大学里出来的穷大学生，白手起家谈何容易，他经历过借钱、受骗等刻骨铭心的事情，更不用提那些自己骑着单车去给客户送药的艰难过程了。

幸运的是，接下来洪江游迎来了事业上的一个大机遇。1993年，他拿下国际制药巨头罗氏公司的拳头产品菌必治（0.25克装）的中国总经销权，这一标志性事件几乎一下子就奠定了他的成功，让他声名鹊起，江湖地位水涨船高，被业内人士戏称为“菌必治大王”。后来，他又相继成功地与诺华视康、雪兰诺、匈牙利吉瑞大药厂以及日本明治制药等知名企业开展了合作，打开市场，这使中瑞公司挣到了创业的“第一桶金”。

现在看起来，洪江游的第一次决择，无疑是成功的。他的创业精神，其实也是来源于潮汕人血液里流淌着的那种不安于现状，乐于尝试新领域、发现新机会的开拓精神。洪江游的父亲在改革开放之初，也曾满怀豪情闯荡四方，但后来接连遇挫，甚至连妻子的嫁妆都赔掉。回乡后，对闯荡外乡经历留下阴影的父亲从此对几个孩子外出创业变得十分慎重，但父辈血液里的顽强勇敢热爱外出打拼的精神基因仍深深影响了洪江游。务农之余，父亲经常给年幼的江游讲述自己闯荡四方时的见闻和经历故事，这些故事在潜移默化中坚定了洪江游日后要开创属于自己新天地的志向和理想，父亲的教诲也给孩子奠定了最基础的事业观和最坚固的精神动力。1993年正是中国经济发展的上升时期，洪江游正好把握住了开局的机遇。

第二次抉择：挑战自己的“奶酪”

数年前，美国知名的思想先锋和畅销书作家斯宾塞•约翰逊博士的作品《谁动了我的奶酪》红遍全球，在中国也不例外，它生动地向人们阐述了“变是唯一的不变”这一生活真谛。要是说，谁动了自己的“奶酪”，洪江游当属其人了。

医药行业的门槛很高，技术和资本成为重要的壁垒。国际上的知名医药企业普遍有几十年甚至上百年的专业积淀，这个行业很难有所谓的“黑马”。洪江游凭着聪明、勤奋和机遇，成为了制药巨头的合作伙伴，代理业务风生水起，成为当时人人称羡的“菌必治大王”。当时他的代理业务，那可是丰腴美味的大“奶酪”。

然而，跟跨国公司合作，洪江游尽管获得了许多先进的营销理念和管理思路，但也感到压力很大，工作很紧张。他也逐渐发现跟他们合作，总是被牵着鼻子走，合作很不对等。跟他们合作，也不可能有自己的品牌。正当大家十分看好洪江游的代理业务时，不安于现状的他，再次将目光投放到更远的地方。因为，他又敏锐地发现现在业务的局限性：代理的品种始终是别人家的，代理人始终缺乏控制权。授权方不断地对市场扩张的要求，使他感到不适。他的心中，一个念想“横空出世”——他需要属于自己的产品和品牌！

这谈何容易，此番选择，无疑引来不解。

1998年，他开始物色药厂。当时，民营办药厂在很多地方没有放开，只有海南在较早前率先就对民营放开。费尽周折，他终于在海南朋友的牵线下，从一家国营单位接手了其旗下的药厂。尽管当时产品的市场表现不好，药厂经营半死不活的，但是取得药品的生产经营权，已经实现了他的青春大梦想。

现在看来，1998年的转折，是洪江游创业道路上的关键转折点。他收购的药厂，为他转型制造企业、打造自主品牌创造了难得的平台。

第三次抉择：挑战传统营销模式

“我接手这家药厂，起步也是很曲折的。接手的前4年，药厂没赚钱，还有两名股东退了股。2002年，我跟明治制药的合作到期。自己不想做总代理了，便一心想把自己的药厂产品做起来。”洪江游回忆说。

创建自己的品牌，洪江游承受了连续三年亏损的压力，第四年才有微利的起色。

他建厂之初，大量参照跨国公司的先进模式，采用传统的先货后款，自建办事处模式运作。后来，面对无情市场，他大胆挑战传统营销思维模式，启用代理制模式运作。而这种看似平静无奇的代理制，在当时可是医药营销的一种新创举。更值得一提的是，康芝药业的代理制后来成为医药行业津津乐道的康芝深度营销模式，即“第三终端深度营销代理合作模式”，人称“康芝模式”。

2012年12月9日，全国妇联副主席、书记处书记、中国儿童少年基金会副理事长赵东花（前排右四）在慈善晚会上颁奖，洪江游（前排右五）获得突出贡献奖

第四次抉择：落“子”儿童健康领域

洪江游和他的康芝药业，旗帜鲜明地提出“专注儿童健康”，并因此一炮打响，成为中国儿童药领先品牌。然而，这种战略的提出，在洪江游的创业进程中，依然是一个充满挑战色彩的艰难抉择。

一次偶然的机会，洪江游发现公司有些员工购买自己药厂的产品止咳橘红颗粒，员工跟他反映，该药是买给家里小孩服用的，效果极好，治疗咳嗽一包就好。当时，止咳橘红颗粒一直主推老年人市场，这个偶然的信息让这位充满商业敏感的老板深受启发——为什么不把目标市场投向儿童市场？

紧接着，康芝药业组织对儿童市场进行调研，发现一旦发生季节性或流行性疾病时，儿童的发病率最高，但市场上可供选择的儿童用药却极少。他们还发现，在流通的药品中，说明书明确规定儿童用法用量的药物只占整个药物制剂品种的7%左右。另外，国外儿童药妈咪爱在市场上销得很好，包装非常好，剂量好控制，也让他很受启发。一系列调查研究后，他果断地将市场定位为儿童用药，确立瑞芝清（尼美舒利颗粒）为公司主打产品。

当时，这样的定位在公司内部引起不少争议。反对者认为，这样做无疑是自己缩小产品销售范围，必定会使产品销量大降。洪江游力排众议，坚决地认定就应该在细分市场上做到最好。

开始颇不顺利，定位儿童市场的一年半时间，销售并不好，他还是有点紧张，甚至怀疑自己当初的判断。后来通过医院的反馈，得知不是产品的效果不好，而在于医院的推广工作有难度：同类产品都是进口药品，竞争对手品牌太大了。这使他恍然大悟，2003年他们调整了营销方针，将目标市场定位在当时药企较少介入的第三终端市场（当时称农村市场）。

到2003年底，产品销售开始出现好的势头，潜力渐显。自此，公司业绩大增，尤其是瑞芝清，连续八年每年均有超过50%的复合增长。

第五次抉择：股改上市

2010年5月，康芝药业（300086）在创业板成功上市，这次标志性事件，既是海南首家在创业板上市的企业，也是首家在创业板上市的民营企业，引来不少羡慕的眼光。

然而对于洪江游来说，将公司做到上市也是一个巨大的挑战。他自己说，关于企业上市，经历了抵触、好奇，到接受并主动追求的过程。

在深圳他目睹当时万科和深发展上市的情形，也在1992年炒过股票。因为工作太忙，掌握不好买卖股票的时机，那年他把七八万元积蓄输光了，这段经历在他心中形成了阴影，甚至对股票抱有怨恨之心。

2005年，随着康芝药业业绩的上升，很多证券公司跟他接触，讲解上市的常识，这才让他慢慢改变对上市的看法，认识到上市是企业进步的一个平台和企业管理升华的一个结果。2007年，他下定决心选择冲刺资本市场战略。上市过程是很艰苦的，经过四年的艰辛，曾经有两次想到放弃。现在康芝成为公众公司，外部环境和内部管理的要求将促使公司全面建立和运行现代企业制度，经营管理体制将全面升级，进而使公司早日实现发展计划和目标。另外，上市还将极大地提升公司的知名度和市场影响力，不仅有利于引进优秀人才，而且广泛的社会监督将使公司经营管理团队更加努力工作，促进公司价值和股东利益的共同增长和最大化。

第六次抉择：定下“儿童大健康”大战略

如今，洪江游和他的康芝药业已经今非昔比了。他已经打造出了一个儿童药王国，康芝药业逐渐树立起在儿童药市场上的专业品牌形象，产品涵盖儿童药中销量最大的解热镇痛类、感冒类、抗生素类、呼吸系统类、消食定惊类和营养类。对于未来的新选择，洪江游显得胸有成竹——儿童大健康。

国家行政学院原副院长周文彰参观康芝药业厂房

据介绍，经过仔细规划，融资获得的资金，康芝药业将决心用于与儿童健康产业相关的并购及核心产品的研发。洪江游希望通过自身的努力，更新外界对康芝药业的印象，康芝不单会做市场，还会搞科研！

康芝药业制定了每年研发投入不低于收入的5%这一硬性指标用于研发，这在国内是一个鲜有的决心。由于重视研发，2012年，康芝药业的“儿科药高技术产业化项目”已经通过专家验收，这标志着我国第一个儿科药生产基地正式诞生。

随着在儿童药细分领域内竞争力的增强，洪江游提出了更宏大的发展目标：专注儿童健康，打造民族品牌。在洪江游的商业蓝图上，专做儿童药是第一个阶段，接下来要专注于“儿童大健康”，在形成完整的儿童药产品群外，还将扩张到与儿童健康有关的保健食品、医疗器械等领域。在2012年底，康芝药业并购海南文昌天际食品有限公司，这被业界解读为康芝药业向儿童食品领域扩张的重要一步。

“打造中国儿童健康第一品牌，是我矢志不移的理想。”洪江游不止一次向外界表露他的愿景。

洪江游主要荣誉与社会职务

1998年

担任广东省医药商会会长，2010年起至今，担任广东省医药商会名誉会长。

2007年4月27日

当选为海南省医药保健品行业协会副会长。

2008年

担任海南省第五届政协委员。

2008年5月

被授予“海南省工业经济杰出企业家”荣誉称号。

2008年5月

荣获“中国新型工业卓越贡献奖章”。

2008年7月29日

在中国经济峰会暨中国经济新锐人物征选活动中，被授予“中国经济百名新锐人物”称号。

2009年1月6日

被授予“海南十大杰出青年”称号。

2009年12月

荣获海南省“非公有制经济人士突出贡献奖”。

2009年12月

被评为“海南省劳动模范”荣誉称号。

2010年7月

任海南省工商联（总商会）第六届执委会执行委员。

2011年12月

当选“2010—2011年世界十佳新锐潮商”之一。

2012年5月

当选农工党海南省委常委。

2013年6月

被中国财经峰会评为“2013行业最具影响力人物奖”。

18
CHIVAS

张钦洲：『另类』的裕通集团当家人

在潮汕籍企业家中，裕通集团的当家人张钦洲较为“另类”：他在建筑行业摸爬滚打，几经沉浮。他有过长达20多年的国企工作经历，1997年，他正式创建裕通时，在过往各种历练中一点一滴积累起来的商业智慧开始注入这家公司。在民企中，企业的性格与掌舵人的心性密切相连。18年来，裕通从单一的建筑公司，发展成为业务多元的大型企业集团，背后的动力是商业、管理、技术、文化形成的合力。在接受《时代潮人》记者采访时，张钦洲反复提到稳定和有序对企业的重要性。聪明勤奋的企业家，恰好抓住了时代赐予的某个契机，迅速将企业做大——这样的案例很多，但昙花一现的比例也很高。企业与人一样，有时顺风顺水，有时沟沟坎坎，这些都是常态。优秀企业家一定要经得起风浪，能从低谷中走出来。虽然早已取得了高级工程师、一级建造师资格，但张钦洲还是自称建筑工人出身。除了勤勉工作、密切关注大局外，与众多潮汕乡贤一样，张钦洲对家乡有着强烈的反哺情结，他认为潮汕文化给予他的滋养与母亲给予的教诲一样重要。

上善若水，守信不渝

——记裕通集团董事长张钦洲

抚今追昔，距张钦洲从国企走出来创业已有18年，离乡打拼也有40多年了。从建筑业起步的他，一手创立的裕通实业控股集团有限公司（以下简称“裕通集团”）如今拥有全资子公司、控股公司11家，分支机构遍布大江南北，业务延伸至国内外。张钦洲目前重点思考的问题，是如何建立和完善管理体系、激励机制，让裕通集团成为百年企业。

张钦洲挺健谈的，从公益慈善到企业建设，说起来抑扬顿挫，不缓不急。当我们谈及“如何让子女传承潮汕文化”时，这位潮汕企业家兴致更浓：“这个话题讲到我心坎里去了！外面提起潮汕人，第一反应就是潮汕人很会做生意，大钱小钱都赚。事实上，这些都是表象，真正值得潮汕人自豪的是潮汕文化。让后人将潮汕文化中的精华传承延续下去，远比给他们留下家业重要。家业再大，也要有人去守。”

历练

“我始终认为，爱好就是事业，事业就是情趣，事业就是你的生命。”当被问及为什么能一直保持极高的工作热情和良好的工作状态时，张钦洲这样回答。如果还在国企，按年龄他离退休已经不远了。如今，他依然忙忙碌碌，没有一丝疲态。“我年轻时会去打球，其他活动也很频繁，但是到了这把年纪，主要精力就放在研究战略、研究产品定位和管理体系上。生命在于运动，我目前的主要运动器官就是头脑。”

熟悉张钦洲的人，对他的工作热情和专注一定不会陌生。早在1996年，“黄埔军校校本部修复工程”期间，他的拼劲和狠劲就征服了很多人。张钦洲当时还是国企高管身份，担任汕头市建安实业总公司广州分公司总经理。当时广州黄埔区区委、建委负责工程的人一致推举，“这块硬骨头（黄埔军校校本部修复工程）是要张钦洲去啃的”。因为时间紧、任务重、预算低，实在找不到其他更合适的人去承接。连犹豫的时间都没有，张钦洲就成了那次工程的项目经理、现场指挥协调领导小组成员。

在委任他之前，黄埔区政府也找过好几支施工队伍，但他们畏惧风险都不敢接，因为这既是长洲文化旅游风景区开发的龙头项目，更是一项政治任务，必须在当年11月12日（孙中山先生诞辰130周年纪念日）前竣工剪彩。一万多平方米的项目，工期只有100天，而且要求非常严格，海内外无数双眼睛盯着。其时，主办方已经向海内外的黄埔军校校友们发出了请柬，可是考古工作没有完成，设计图还没出，一片荒地上甚至还有一些房子没有拆。另一方面，修复时需要的建筑材料来自全国各地，石头是福建的，木头是广西的，青砖是北京的，瓦片是四会的……除了这些，更大的困难是预算太紧，广州市政府仅仅拨了1000万元，其中400万元用于拆迁赔偿，张钦洲真正可以用的只有600万元，而他要用600万元做出价值2300万元的精品工程。用时任广州市副市长王守初的话说，就是“以最低的造价、最高的质量，确保按时完成任务”。张钦洲没有推诿和辩解，而是迎难而上，“完成别人难以完成的任务，才能站

张钦洲偕家人看望原泰国中华总商会主席郑明如（中）

到别人难以企及的高处”。

这次施工采取流水作业，600多名熟练工人24小时轮班，满负荷作业。那段时间，张钦洲根本没机会回家，因为他要亲自落实每一项工作，经常熬夜到凌晨。累了就睡在工地办公室的沙发上，几乎一躺下就打鼾。一方面他以身作则为工人做表率，另一方面设计出更直接的激励措施，“你从晚上做到天亮，奖金是多少钱，工作量另计。这样一来，工人的干劲就更足了”。经过77个昼夜的奋战，黄埔军校校本部修复工程如期竣工，但张钦洲却没能出现在庆功宴上。“那天广州市委领导、各个主管部门领导、台湾的客人都过来了，等他们到位后，我就被人送去了医院。医生看到我的脸都是青的，问是什么病。我说，胃出血，已经一周了。医生说，怎么现在才来呢？我说，我要是离开，这个项目恐怕就完成不了。那几个月，我起码瘦了十几斤。”张钦洲至今还能回忆起当时的细节。

完成这个项目，就像打赢了一场大战役。张钦洲本人及他所在的建筑公司获得了行业内外的诸多赞誉。做一件事，如果不刻意追逐眼前的回报，最终获得的回报常常出乎意料。张钦洲后来在发展过程中遇到过不少风浪，但屡屡转“危”为“机”，在这些节点上促成由“危”向

张钦洲与泰国中华总商会主席刘锦庭（右）合影

"机"转化的，常常是潜藏在人性之中的力量。

1992年至1997年间，在汕头市建安实业总公司广州分公司总经理的职位上，张钦洲完成了一系列重大工程的历练，对企业经营和团队管理也有了更深刻的理解，这为他之后下海创业打下了坚实基础。

1997年，张钦洲创建了广东裕通建设开发有限公司，即裕通集团的前身。

对于自己在商业方面取得的成功，张钦洲总是首先归结于勤奋，"一勤天下无难事"。当年这个在小学三年级被迫辍学的农村孩子，14岁随家乡建筑队外出打工，一路打拼至今。在这个过程中，他读了大专，进修了MBA课程，考取了建筑专业的高级工程师，成为国家一级建造师、中国土木工程技术大奖"詹天佑奖"得主。各种进阶背后，是难以言传的辛勤付出。在他的办公室里，书架上摆放最多的是建筑专业书籍。"我是建设口的专业人士。"这样看似低调的自我定位，体现着扎实的专业自信。

脚踏实地，艰苦创业，海内外一代代潮汕商贾或实业家都是这样走过来的，说它是潮汕人文化中的基因并不过分。早在19世纪末，英籍潮州海关税务司辛盛就曾感叹说，汕头人所表现出的"顽强固执精神，使他们的国内同胞们望尘莫及"。《潮汕人文化》一书的作者杜松年先生评价说，潮汕人"大至朝廷的尚书、中状元的大人物，小至普通的种田农民和抽纱姑娘，几乎个个都是充满务实精神的实干家"。

放在具体的时代背景里，这几乎是张钦洲这一代潮汕企业家早年共同的经历，现实生活的逼迫，留给他们的只有奋斗一条路。在当年特殊的政治环境中，历代耕读传家、外出经商所留下的积累，统统化作尘土，加之本来就地少人多，当时的潮汕人普遍还生活在贫困中。张钦洲回忆说："我当年是饿得跑出来的。"在潮阳的这个农民家庭，共有兄弟姐妹9人，他排行老二，家里吃了上顿没下顿，孩子们饿到"连哭都哭不出来"。

张钦洲的第一份工作是建筑工地上的小工，每天工作十几个小时，一天挣6毛钱。当时他最大的愿望，是将每天的6毛变成2块钱。为了实现这个愿望，他每天上班比别人早，下班比别人晚，帮师傅拿工具、洗衣服、端菜送饭。师傅们见他勤劳能干、聪明好学，都乐意手把手教他一些绝活。不到3年，他就成为建筑队里最年轻的全能师傅，砌墙、抹灰、装饰样样精通，每天收入2块钱的愿望实现了。接下来，他当上了工长和基层管理员，然后开始独立承包工程，小工变身为包工头，命运开始转变了。到1993年，汕头市建安实业总公司慧眼识珠，让他担当重任。

诚信

“商者无界，诚者无疆”，张钦洲对诚信重要性的理解很深、很透。在事业和命运一次次出现拐点时坚守信用，让他蹚过风浪，并驰骋于更为广阔的商海。

张钦洲第一次独立承包工程时几乎陷入绝境。真正考验一个企业或一个企业家诚信的，不是平时的表态或贴在墙上的语录，而是在巨大利益面前的取舍。

1985年，张钦洲承包了汕头特区金珠园小区的建筑工程，合同约定是一次性包死，也就是所谓的闭口合同。他没料到建材价格会在施工期间猛涨。“拉一车沙子明知亏多少钱，买一桶水泥也明知亏多少钱，都是亏的！别人叫我停，我说不能停，那是签了合同的，我们就要把它做好。”张钦洲回忆说。那些日子，他将遇到的问题告诉母亲，并表示，哪怕再亏，也要做到底，不能坏了在业内的名声。母亲非常理解张钦洲的决定，并四处帮他向亲友借钱。最后，该工程提前保质保量完工，但算下来亏损了20多万元。在20世纪80年代，这是一笔巨款，当时“万元户”还是个流行词呢。

张钦洲的母亲是新中国成立前的大家闺秀，自小受过良好的教育，她对子女的教育也相当严格。张钦洲至今还记得母亲的教诲：人不怕穷，怕的是没志气；不能去贪图别人的东西，要靠自己的本事；钱是人挣来的，失败也不要难过，要从中吸取教训……“我母亲教育我们不是说教，而是有很多我们听得进去的例子。我的事业成功，离不开母亲的教导。”提起母亲，张钦洲自然而然地流露出敬重、感激之情。

由于在业界积累起了良好的口碑，源源不断地有工程介绍过来。在20世纪80年代末期，当其他公司托关系找活干的时候，张钦洲的工程

“做都做不完”，他可以从容地挑活。就这样，张钦洲赚到了人生中的第一桶金。别人当故事听时，这些经历可以一带而过，事实上，积累起良好的口碑非常难，有些人一辈子也赢取不了好口碑。后来他与港商合作，回家乡开办了一家经营建材业务的公司。这家合资公司前期经营状况非常好。然而，不经意间，张钦洲遇到了一个坎。其时，他抓住房地产升温的商机，从银行贷款1000万元，向天津一家常有业务往来的公司采购了一批钢材，不料对方这次卖给他的全是劣质钢材。向供货方追回损失无果，是将劣质钢材转嫁他人，还是自己承担？最后，张钦洲选择按有关规定处理了这批劣质钢材，1000万元进的货仅仅收回100多万元，并导致公司现金流不畅，被迫停止营业。损失金钱，维护了信誉和形象，张钦洲再一次做出了正确的选择。熬到1998年，他预测到新一波房地产热潮即将到来，于是再次集中手头所有资金购置土地投身房地产开发，在商海搏击中起死回生。

2002年，张钦洲开始在广州天河区投建“裕通大厦”。这是裕通集团的标志性建筑，也是裕通集团向酒店业进军的转折点。2002年底到

时任泰国总理他信（右）与张钦洲合影

时任泰国总理英拉（左）与张钦洲合影

2003年上半年，突如其来的SARS对广州的房地产及相关产业造成非常大的冲击。裕通集团资金链面临断裂，供应商款项一时无法按期支付，员工工资几乎不能正常发放，一时危机四伏。张钦洲沉着应对，多方奔走，同时，由于此前得到不少合作方对他人品的认可，他很快获得了商界朋友的支持，再一次转危为安。

“那段时间压力巨大，举步维艰，但我是有底气的，因为我知道自己做人的形象没有败坏，从商的信誉没有败坏。”他说，“一个企业家要有所成，就不要只看眼前的东西，生意总是有赚有亏的。但是你的诚信一丢，你的口碑没有了，你就真的走不下去了。信誉是商业的灵魂，有诚信就可以成就品牌，有诚信就可以浴火重生。”

张钦洲对诚信的坚守及笃信，在历代潮商前辈身上并不鲜见。国学大师饶宗颐在《潮州志•实业志》中记述，潮商“专尚信用”，“市上商人一经口头应诺，虽转瞬市情丕变（意为市场行情突然大变——笔者注），至于倾家荡产也皆履行诺约，不甘食言”……

在裕通集团，张钦洲将“上善若水，守信如潮”作为公司信条。在与广东众多实力雄厚的大企业竞争中，裕通集团异军突起，连续多年被评为“重合同守信用企业”，业务遍及十几个大中城市，创下多项省市优质样板工程。张钦洲的“代表作”除了上述的黄埔军校项目，还有广州市总统大酒店二期装修工程、中山大学图书馆改扩建工程、美的集团微波炉事业部办公楼装饰工程、中海壳牌石化驻大亚湾办公楼装修工程等等，这些项目普遍得到业主方的高度评价。

2001年12月，裕通集团顺利通过“ISO 9001：2000”认证，2003年被评为“中国信誉建设定点单位”。由于业绩突出，张钦洲被广东省政府授予“广东省优秀民营企业家”称号。2007年，裕通集团被评为“中国优质施工企业”，2012年张钦洲荣获广东省“劳动模范”称号。在自己获得的众多荣誉中，张钦洲最珍惜“广东省优秀民营企业家”及“劳动模范”这两个称号。“这些是政府组织评选和授予的，在广东，生意做得比我好的大有人在，但不是所有人都可以获得这些荣誉。”他说。

感恩

张钦洲不无感慨地告诉本刊记者：“一个企业家，不管是大是小，首先要讲诚信，其次要懂得感恩，懂得回馈社会，这样你才有价值。”

这大概就是他理解中的企业家立身之本，也与他总结的潮汕企业家特质相吻合——“江湖义气，感恩体恤”。张钦洲非常推崇李嘉诚，尤其钦佩李嘉诚对公益慈善低调的、持续的付出，而不是追求“轰动效应”。在这方面，他认为李嘉诚是自己的榜样。

与当年相比，张钦洲手中的财富早已不可同日而语，但是他的眼光也

中国对外友好协会会长李小林（右）与张钦洲合影

早已不限于一家的富贵。作为从贫穷家庭走出来的企业家，看到社会上的灾难或贫困，他觉得“我们不伸出一只手，心里就过不了这个坎”。一个企业家取得令人瞩目的成功之后，还能对苦难保持朴素的同情心，实在难能可贵。张钦洲回馈社会的视野很开阔，不仅在家乡参与扶贫助学，从四川地震这样的大灾难，到广西农村小学的读书难问题，他都会伸出援手。用他的话说，就是“扶贫救难没有边界，也没有定向”。

多年以来对慈善的持续投入，让张钦洲对企业家的社会责任有了更加深入的理解：“作为企业家，你所有的财富是从社会中得来的，也应该用到社会中去。企业家有责任，也有能力用自己所掌握的财富更好地造福社会。我们常会听到一种说法，企业家到一定高度后自然会变成慈善家。但企业毕竟不是慈善机构，企业家行为的根本立足点还是持续优化企业，一方面向国家交纳更多税款，另一方面可以安排更多人就业，让员工过上更好的生活。张钦洲一直认为，如果做建筑施工、做房地产开发企业的员工，仍然没有属于自己的房子，那就还未摆脱“遍身罗绮者，不是养蚕人”的命运。当年他将自己的公司命名为“裕通”，取的就是“裕国裕民、通达和谐”之意。“我将企业交给你，你将你的困难交给我”，张钦洲非常善待自己的员工，并竭力创造条件让他们获得体面的生活所需，心无旁骛地工作。

在接受记者采访的过程中，张钦洲还特别谈到佛学中的“和谐”、“奉献”理念，“裕通”的立意与他对佛学的感悟有关联。在潮汕文化的大背景下，潮商的“感恩体恤”“乐善好施”向来与当地影响深远的佛教文化有关。

如今，张钦洲每天上午做的第一件事就是礼佛。他对佛教的信仰，也是受母亲的影响，母亲很早就信佛。早年她时常周济乡邻，照顾孤寡老人，十分受人尊敬。如今这位八旬高龄的老人，每年都去寺庙拜佛布施。在张钦洲看来，礼佛对管理企业非常有帮助。比如说自己有什么不满和愤怒的情绪时，点上一炷香之后，心情就可以很快平复下来。关于佛法这种“治心之学”，他生动地对记者讲述了他如何开导一个追求“极乐世界”的朋友：“用望远镜朝上空看，我们看不到极乐世界啊！按照你的理想，极乐世界是不是在天上？他说是，我说错了。极乐世界你找不到，你连门牌号都不知道，没有方向啊！他说你知道门牌号？我说知道，一号！那么你去过没有？我说我去过，我一路在走。最后我告诉他，极乐世界就在每个人的心中。你去挖苦别人，你心里不会好受。你要做好事，别人误解你，那是暂时的，他终究还是会知道你在帮他，这样你就极乐了。佛门是一片净土，没有污染，进入佛门就是要奉献，这和我进入商界是一样的，我的定位就是做奉献。我们需要这个平台，进入这个组织，就是准备奉献，至于追求个人捞到什么东西、捞到什么地位，那就错了。”

人类普遍有故土情结。张钦洲与众多企业家一样，眷恋乡情，无论走到哪里，对与故土有关的事，总是有一种特殊的情怀。

截至2014年7月，张钦洲捐给社会各界的善款已达2000多万元，其中362万元捐给了家乡。作为汕头潮阳人，他对家乡的公益事业不遗余力，比如为潮阳桃园居委福利基金会提供基金支持，资助潮汕贫困地区“解决饮水难”工程，通过省潮联会资助潮汕地区的贫困学子完成学业……

为回报家乡，张钦洲还在潮阳投资了两个大项目：五星级的汕头裕通国际大酒店和绿色宜居高端小区——裕通花园。据记者了解，汕头裕通国际大酒店作为潮阳地标建筑，每年纳税高达1700万元，安排近460人就业；裕通花园建筑面积56万平方米，绿化率高达46%，创税近2600万元，安排近1100人就业。“这个小区，在当地是质量最好的。”张钦洲颇为自豪地说。

这两个大投资既是为“塑造家乡形象”，也是立足于家乡未来发展的规划。“我回去投资是带着责任去的，不是准备在家乡发财的。”他说。

传承

作为潮汕人，张钦洲爱潮汕菜，不是小爱，而是大爱。张钦洲一直觉得，虽然潮菜不是中华八大菜系之一，但完全有实力走向世界。为了更深入系统地研究潮菜，他发起成立了广东潮菜文化研究会，并亲自担任首任会长。潮菜是传播潮汕文化的一大载体，作为会长，他一直为此出钱出力。而做这件事的动力来自多个方面：随着消费者对健康消费理念的推崇，以清淡为主的潮菜面临着极大的商机；与此同时，潮菜讲究精工细作，很多人将其视为高端商务接待的菜系。但由于经营成本的关系，中低端潮菜餐饮企业的表现参差不齐。特别是在潮汕地区以外，中低端的潮菜餐饮企业对菜谱、配料、品质和卫生的要求都不够全面。所以在张钦洲的规划中，他要通过研究会对潮菜进行一个整体性的推动和提升。例如，推动课题研究，请大专院校专业人士研究菜谱和工艺，制定标准，挖掘潮菜文化内涵并推广传播；再如，建立潮菜配送中心，既能保证食材的卫生品质和原汁原味（潮菜食材最讲究“当季”和“鲜活”），同时也能为潮菜餐饮企业节约成本；成立潮菜文化基金会，专门扶持中小潮菜餐饮企业；建立美食一条街，形成规模效应；建立潮菜人才培训基地，为潮菜餐饮企业培训和输送人才，从烹饪技巧，到潮菜特有的餐桌礼仪，进行全面培养，建立起正规的人才机制等等。

“文化就是一种生命。”他希望通过广东潮菜文化研究会，让家乡文化的“生命体”更有活力，长久流传。

文化传播讲究“润物细无声”，大的做法是通过复杂的社会组织，小的做法是通过一个个家庭为纽带，后者或许更为重要。在自己的家庭里，张钦洲对潮汕文化的传递也非常上心。尽管多年在外发展，张钦洲的3个子女都在广州读书和成长，不过他们都会讲纯正的潮汕话。他在家乡投资酒店，还有其他一些产业，有时候他专门唤儿子去做潮阳的项目，目的就是让他们去感受家乡的文化，培育他们对家乡的情结，“不然，他们在还没有成年的时候，（家乡的文化）就慢慢忘掉了”。

在潮汕地区，家学与家教传统保持得比较好，与学校教育相比，家教对个体性格养成更为重要，这也是张钦洲非常注重对子女进行言传身教的原因。张钦洲对儿女的家教很严格，他对记者说：“我对子女有两点要求，一个是上班时间，一个是工作目标和使命。不是为了我们个人吃喝拉撒的问题，我们作为社会一分子，背负了这种责任。我跟他们讲，大到一个国家、民族，小到一个家族，都不是某一个人的，而是人人有责。现在拥有了财富，要懂得感恩，不要忘记社会上的疾苦。云南发生地震之后，我在饭桌上对孩子们讲，现在发生了这样的灾难，我们作为企业家，要有责任心，在条件允许的情况下，应该有所行动。”

张钦洲极不认同“富二代”这个名词：“应该说‘创业二代’——如果二代不争气，是富不下去的，只会把他老爸艰辛挣来的财富毁掉。”如今，已经让“创业二代”接班的张钦洲，希望将一套行之有效的制度在企业里培育完善，也将潮汕企业家的勤劳、诚信、感恩、爱国、爱乡等等优良品质，都传递给下一代，下下一代……将裕通集团做

2007年，张钦洲（前排右三）与员工在南澳合影

成百年企业，是他对接班人唯一的要求。

张钦洲社会职务与主要荣誉

1985年—1992年

出任汕头市建安实业总公司深圳公司工程处主任。

1992年—1997年

出任汕头市建安实业总公司广州分公司总经理。

1997年

创建广东裕通建设开发有限公司，出任董事长。

1998年

创建裕通建设集团有限公司，出任董事长。

1998年—2003年

当选为政协广州市黄埔区第六届委员会委员，受聘为广东省企业联合会、广东省企业家协会常务理事，受聘为中国企业联合会、中国企业家协会理事，当选为泰国中华总商会第十九届会董。

2003年

被评为广东省“优秀民营企业家”。

2007年

被评为“中国建设市场功勋人物”及“感动中国百名优秀企业家”。

2010年

获广东省潮人海外联谊会扶贫助学突出贡献奖。

2012年

荣获广东省“劳动模范”称号。

对话

张钦洲说——

权力越捏越小，权力越放越大

时代潮人：有报道说，当初做泥水工时，工头瞧不起你们这些打工的，还经常克扣工钱。当时你下定决心：哪一天自己做了包工头，一定要善待每一个工人。如今作为一个大型企业集团的负责人，你是如何打造企业文化的？

张钦洲：我认为当老板，员工就是企业的财富。我经常讲，我们在一起开会，如果什么都是我讲了算，那就是一个弊病。民主集中才是一个正确的做法。你太民主，或者太独断，都做不成大事，要听取多方的意见。我跟他们讲，一个扫地工人，你都要去重视他。对我们的老总们，我也这样说，不要以为我们当老总就高人一等，我们的“高”是他们给我们的，没有人干活，没有人经营，我们底下没人，我们“高”在哪里啊？我们的位置是员工承认的，你一定要对员工好。

刚进来的新人，都有一个磨合的过程，他对你的企业不了解。我提倡要形成制度，制度当先，每个岗位都有它的制度。你进来以后该做什么事情，你可以看得清清楚楚。因为如果一个企业能够规范流程，完善体系，形成制度大纲、制度单行本，新人进来很容易就上手了。岗位职责他看得清清楚楚，不懂可以问。

还有一个是激励机制。我的儿子张东侠（现为裕通实业控股集团有限公司总裁）毕业那天，我第一句话问他：“喂，你谈对象没有？”他说还没有。我说，可以谈啦。儿子坐在我车上，我对他说，你毕业了，可以来接班了。出来接班，老爸对你没有什么要求，只希望你把裕通给我做成百年企业。我一边开车一边讲，百年企业怎么做？首先是分配问题，制度该怎么形成，目标管理体系和激励机制怎么制定……

我们不是慈善机构，你有制度管着，企业做一百年没有问题。现在逐渐让儿子来接班，已经6年了。我2013年请来一家外培单位，就是要建立这套制度。国家没有法律不行，一个百年企业，没有一套制度也不行。你不要认为你现在还小，你要从小做到大，所以我的责任首先就是建立这种制度，日常的事务都是交给孩子去做了。

时代潮人：你在带团队的过程中，会倾向于提拔具备哪些素质的年轻人？

张钦洲：专业化人才，一个企业没有专业化人才肯定不行。有了专业化人才，没有一个规范的体系也不行。一些企业做得好像热火朝天，却一下子崩掉了，这种例子很多。一个企业要做到集团化，你没有建立这个体系是不行的。不要说你是亲戚，我就留位置给你，这个位置是要留给人才的，我们做企业为贤而不为亲，才能做起来。

中国的民营企业寿命普遍很短，就是一个机制问题。很多民营企业本质上是家族企业，虽然我的企业也是民营企业，但我的宗旨是以人为本，我们吸纳的人才来自全国各地。我那里都是让外人来管理，都是高薪聘请。我们必须尊重专业，注重人品，同时给请来的人才营造良好的工作氛围。

时代潮人：对于外聘的管理人才，你如何判断他是否适合这个岗位？

张钦洲：我们有一个考核机制。你看我坐在这里，其实很少有人来（找我），现在权力全部下放。我跟他们讲，我们是站岗制，你站这个岗，你要有责任，相关权力全部给你。我常说，我就是你们的马仔。有冲突、有意见的时候，需要我出来协调，我就出来协调。我说我这个马仔最有用。你要用人，就要给他权力，你不给他权力是不行的，他没有积极性，他也不会感觉到自己有价值，所以我们现在都是权力下放。你的权力要下放，你的目标体系要形成，这是关键。

时代潮人：有些民企碰到一个问题，就是放权之后，他控制不了。

张钦洲：那是错误的，还是制度问题，没有建立起一套制度，目标体系没有形成。

时代潮人：在裕通网站上，我们看到一句口号是“实业立企、科技兴企、管理强企”。建筑这个行业你非常熟悉，应该比较好驾驭，而高科技行业您并没有那么熟悉，当专业人才需求与你的知识储备不匹配的时候，你如何去驾驭这样的人才？

张钦洲：你要让专业人才来加盟，对你有信心，要让他看到希望。

你有多大的心胸，你就发多大的财；你有多大的心胸，就当多大的官。古人说“用人不疑，疑人不用”，你去考核他，认为这个人可行，就不要去怀疑他，放手给他去干，他感觉到责任更大。我说权力越捏越小，权力越放越大，这是一个辩证法。你捏在手里，谁给你做事？你放出去，他感觉有价值，他感觉老板信任我，自己压力很大，一旦做不好，就得责问自己、总结自己。

我们要相信人是有道德的，是有职业道德的。作为老板，你要营造一个环境给他，相信他的职业道德对得起老板。从国企出来以后，有一些干部来到我这里工作，我说你到我这里来，家庭交给我，事业交给你！你家庭有什么问题，有什么困难，你找我；我把事业交给你。没有心胸，你是做不大的。

我们有一些干部（对于新人）脾气不好，我的一些想法曾经让他们感到难以理解。我说新人到我们企业来，要给他形成环境。中国的教育问题，我在两会期间提过，他们的技能有问题，从书本上来到企业的现实中，需要培训一段时间。企业的培训成本很高，但是你逼他也没用，对他发火也没用。你要营造环境，建造一个模式，争气的学生，自然一点就明了，你强压没有用。

汕头裕通国际大酒店

361

马娅：美的使者，时代传奇

一般说来，人们认为男性侧重于开创与承担，女性侧重于细致与包容。如果一位女性能同时具备这些品质，很可能会成为某个领域当之无愧的领袖。马娅就是这样一个例子：

她从一名妇科医生转型为商界强人，被公认为中国美容美发化妆品行业的先行者和掌舵人。在她引领之下迅猛发展的“美业”，为社会提供了632万个就业岗位，单是广东省，美容美发服务从业人员就多达16万人，其中女性从业人员占80%以上。

她创下了行业的多个“第一”：创办第一所美容美发学校；创办第一家省级美容美发协会；创办第一个美容美发展览会；创办中国第一本图文并茂的美容美发专业杂志；是带领中国美容企业进军海外市场的第一人……

她有很多头衔，或者说很多的责任：广东省美容美发化妆品行业协会（简称“美协”）会长，广东省工商联化妆用品制造业商会会长，世界华人美容美发联盟主席……

在大刀阔斧的另一面，这位“美业教母”像对待家人一样关心员工，在美协也像对待家人一样关怀企业。在马娅身上，既有果敢与刚毅，也有韧劲与贴心。

所有人都认为她功成名就的时候，她说所谓成功，“不是欲望和野心的速成，而是坚持信念的结果”。这个信念就是“我必须为这个行业的发展努力”，头衔和荣誉，只是给了她更多的使命感。

美的使者，时代传奇

——记广东省美容美发化妆品行业协会会长马娅

面前的马娅，举手投足间透着干练的气质。手腕上的智能手环，更让人感到一股活力和冲劲。

接受采访的这一天，她将采访时间从一小时压缩至半小时，直至最终的十几分钟。她说：“我太忙了，我说的做的，都是很落地的事情，外面有很多同事等着我，所以我总是拒绝采访和不必要的应酬。”

关于她的忙碌，听说有这样一个小花絮：2010年广州亚运会之前，马娅被选为代表女企业家的火炬手。当体育总局相关人员电话通知她“已通过一切审核程序”，决定由她去北京跑第八棒时，马娅在电话这头生气地问：“为什么没有征求我的意见，随便安排我的行程？这个不应该。”这让体育总局的工作人员一时语塞：“每个人都在争取这个机会，你怎么用这种态度讲话？”原来，在火炬传递的当

马娅出席2015中国化妆品领袖高峰论坛

日，马娅有公事在身，她必须出席杭州的一个活动。最终体育总局方面答应火炬传递结束后，立即送她去机场，保证她能准时参加杭州的活动，马娅这才答应了。

在她办公桌正前方，挂着一幅字——“活在当下”。她觉得“每件事情都是第一的”，换句话说，做任何一件事，都要专注地去做。“使命决定效率，我其实不潇洒。”这位企业家简洁的自白，让我们似乎看到了她创业之初，“女超人”的样子。

行业拓荒：积攒影响一个行业的超能量

在进入美容美发化妆品行业（简称“美业”）之前，马娅是一名中医，专业为妇科。她在工作中养成一个习惯，下班前总要把每天的疑难病历复印本带回家，潜心研究。几年之后，积累了几千份典型案例。根据这些案例，马娅发现：许多妇科病患者，都不同程度地存在皮肤方面的问题。从那时起，马娅便把研究皮肤美容及相关疾病的治疗方法当作努力的方向，并提出了利用中医中药美容美肤的观点。

1984年，马娅舍弃铁饭碗，着手创办中国第一家美容美发学校。在那个“美容”几乎与“色情”同义的时代，人们普遍认为“朴素、不加修饰”才是美，一瓶雪花膏就足以保养全身，刻意打扮会被认为“有资产阶级倾向”。在种种偏见下，马娅的美容美发学校只能取名为“广东智力开发学校”，没有现成的教材，她只能自己编写。当时的马娅，俨然一个“地下工作者”。

办学初期，全校只有一个班，班上有20多个学员，马娅是校长兼教员。但随着改革开放的进程，人们心中压抑了太久的“爱美之心”早已按捺不住，小伙子、姑娘们超越了20世纪70年代中期模仿电影人物穿戴的阶段，开始在意美发美容和皮肤保养。这所小小的美容美发学校，就在这一时代背景下很快发展到一个月办一期，每期都有200多人的规模。马娅举办的关于祛皱、痤疮的讲座，几乎是场场爆满。马娅看到了美业的大好前景，她告诉自己：“成功的女人不是比谁更聪明，而是你是否懂得如何前进才更有力度。30岁时你可以说怀才不遇，但如果40岁时还没有成功，就只能说明该前进时你用力不足。”

美业市场的潜力显而易见，马娅认为美业应该是一个门槛很低，可以靠女人的激情和韧性开拓出来的行业。当她看到改革开放的政策，使众多化妆品厂家、美容美发厅、美容美发学校如雨后春笋般出现，却由于大部分都属于民营性质，急功近利导致市场竞争混乱无序时，她又有了新的想法。她要成立行业协会，以此来进行统筹协调，规范和引导美容美发市场。

1986年，广东省美容美发化妆品行业协会（简称“美协”）开始筹备。尽管“爱美之心”让美业有了市场，但社会上还有许多人将美协误解为夜总会。马娅到处发表演讲，在妇联、针织厂等机关和单位奔波，宣传自己的美容理念，但仍得不到理解，曾有领导深更半夜打电话给她，问她“还要不要党籍了”，说她是在做资产阶级的事。马娅执着地认定，自己在走一条正确的路：“美容文化是中国传统文化的一部分，以前都是为贵族、宫廷所用，我们如今发现它、研究它，为广大人民服务，提高妇女的生活质量，怎么是资本主义的呢？”

她一面承受着外界的舆论压力，一面承担着内部资金短缺问题。在最困难时，马娅只能靠变卖家中最值钱的物品——录相机、电视机、投影机、摩托车等等，并靠推销自制的中药美容面膜来筹集资金。庆幸的是，美业在马娅的推动下逐渐受到有关部门的重视，1989年，美协终于破茧而出。

按照商界人士的形容，马娅是在“用女性推动摇篮的手，推动美业的发展”。当化妆品企业抱怨特殊化妆品审批手续烦琐时，马娅在美协组建了一个专门的班子，为企业提供既专业又便利的有偿服务。如此一来，企业节约了费用，同时大大提高了效率。当国家有关部门对美业进行简单的“一刀切”，分为医疗美容和生活美容，使美业的“三纹”（纹唇、纹眉、纹眼线）业务没有了生存空间时，马娅组织企业和专家与政府有关部门对话，反映行业呼声，得到行业和政府有关部门的认同；当国家有关部门将美业与其他大众娱乐业并列，一再下令禁止申请发放营业执照，致使美业全面萎缩时，马娅以市政协委员、省政协特聘委员的身份，向广州市政协、省政协提交议案，要求广州市政府有关部门立即恢复美容业开业登记。她为行业请命的提案得到重视，政府很快恢复了美容行业的发照工作，使广州市美业翻开了崭新的一页……

尽管波折与阻力源源不断，马娅却逐渐积攒起即将影响一个行业的超能量。她要打造美协的金字招牌，着手书写美业传奇。

发展壮大：帮民族化妆品企业站稳脚跟

美协成立的当年，协会就在国内率先举办了“国际发型化妆大赛”。也是从这一年开始，美协架起了与国际同行“零距离接触”的桥梁。马娅一心想搭建一个美业大平台，除了让更多人知道国内的大品牌，也要把国外的优秀产品引进来。受“广交会”的启发，马娅开始设想，美容美发化妆用品进出口博览会（美博会）也许能实现这个远景。

举办美博会的消息一经传出，欧美以及日本、韩国的大品牌商都将其视为进入中国市场的捷径。马娅发现，对于国外客商来说，中国市场虽然颇具吸引力，但由于缺乏对相关政策的了解，他们往往会觉得无从入手。于是，她提出“一条龙服务”这种一步到位的展会结构，令参展商和买家的成本大大降低。在美博会的现场，知识产权局官员驻会为客商解决他们最担心的知识产权问题；另有职员专门办理手续最为繁杂的卫生许可证；美博会还提供帮助办理化妆品进口业务的服务……果如所料，“一条龙服务”在美博会现场大受国外客商的欢迎。

美博会的成功举办，为美容美发化妆用品的原料供应、设备仪器、包装、成品制造商以及美容专业媒体、美容美发培训学校、美容服务机构等几大板块，搭建了一个高效有序的交流平台。中国的美容行业被推到了一个前所未有的繁荣阶段。更重要的是，美博会培育和壮大了一大批民族化妆品生产企业，使它们在中国进入WTO之前初步站稳了脚跟，占领了市场，赢得了时间。

至今，美博会已成功举办40多届，成为美容美发第一专业博览会、全球规模最大的美容美发化妆品展示订货中心。2013年美博会的第一天，参观人数就高达19万人，从早上8点半开始，就有大量的参观者聚集在会场外准备进场，场面甚为壮观。

在它的成功之路上，还有过这样一个插曲：2005年美博会举行期间，一个名字相似的美容展会借机在交易会展馆旁边做“展外展”，伺机切分诱人的展会蛋糕。广州市政府为了保护品牌展、防止恶性竞争，颁布新规定——同类展会不可同期在同一城市内举行。一时惹得流言四起，有人说马娅几乎是在“垄断市场”，她的回应是：“我们更重要的是推动行业的发展，不要让人走‘灰色地带’。广州是商业城市，我认为消费品交易在这里能发展得很好，而展会推动行业的发展非常重要。”

事实上，美博会从组织到资金筹集，全部都由协会负责，没有花过国家一分钱。其中的甘苦可想而知，不过马娅很感激这段努力奋斗的日子。用她的话说，困难是用来解决的，解决困难的过程可能艰难，但解决了困难的结果，是快乐的。

未来之路：引领美业走向国际市场

经过艰苦的努力，马娅进入了成功的快车道。她创办了中国第一本彩色印刷的美容专业杂志《美廊》，带动了全国20多家美容专业报刊杂志的诞生；昔日不敢公开称为“美容美发”的智力开发学校，被人们誉为中国美业的“黄埔军校”；美协成长迅速，美博会的名声也在国内外打响。从1993年起，马娅与她的同事们每年策划举办一届国际性的美容美发大赛，以“世界华人发型化妆大赛”为例，它已成为世界最大的行业比赛之一，为亚太地区之最；1994年，马娅成功举办了中国第一次有国外代表队参加的国际发型化妆邀请大赛，来自国内20多个省市、国际上17个国家和地区的著名美容师、美发师、化妆师前来竞技、交流……

然而马娅并没有将这些视为“成功”。一直以来，国内的化妆品很难走出国门，多次参加外国美容展的经验使马娅坚信：中国的美容美发行业只有“走出去”，在国际市场闯出一片新天地，才算真正的成功。

1995年，马娅首次带领十多家有特色的企业走出国门。由于中国产品的价格相对欧洲产品较为低廉，而且包装精美，第一天就获得了大量订单，欧洲同行惊呼“中国狼来了”。1997年，在意大利“COSMOPROF”展厅，美协搭起了具有东方文化特色的展台，设立中医养生馆专区和健

2001年，马娅获联合国“21世纪封面人物”奖

身减肥区，取名“中国馆”。回忆起在国外设立“中国馆”一事，马娅显得很激动：“一直都有一种强烈的责任感和使命感，驱使我不断前进，每当看到我们的国旗悬挂在世界知名展会上，我的心就久久不能平静，止不住地想流泪。”

此后，在国际展会上只要拟设“中国馆”，主办单位就会要求必须由马娅来负责。马娅的角色变了，她不仅仅是一个“布道者”或者守护行业成长的“教母”，而更像是一个美业标杆式的人物。她的身上承载着开创的使命、守护的义务和前进的责任——她成了中国美业的领袖人物。

马娅先后10次、带领上百家企业赴意大利参展和观展，目的就是要把我国企业及其品牌带出国门，让国内同行获取最新行业资讯，学习国外先进的设计理念和技术。她3次成功组织100多名企业家赴韩国，参观当地有代表性的大中型化妆品成品生产工厂、OEM工厂、美容学校、化妆品试验研究所、整形院、大型连锁发廊和化妆品集市，并与当地企业和相关协会进行交流，学习韩国先进的化妆品研发技术及生产管理经验，了解中韩化妆品在生产上存在的异同。此外，马娅还先后组织了2批共60多人到法国，3批共50多人到美国，3批共40多人到泰国，与国外同行交流或进行化妆品出口专项考察。这些活动，有力地促进了行业技术和管理水平的提升，给国内企业开拓国际市场以巨大推动力。

2006年3月，亚太区最大规模的国际贸易盛会——COSMOPROFASIA（亚太区美容展）的主办方，与马娅创办的广东博美展览有限公司签署了正式合作协议。在马娅心目中，这才是真正的成功。为了这项合作，她足足跟对方谈了11年。用她的话说，就是“做了几代人的事情”。

自2008年起，马娅还组织业内企业家赴台湾开展交流考察活动，先后组织了12次共500多名业内人士跨越海峡进行商贸对接，直接促成了30多个合作项目。马娅带领的交流团不仅引起了两岸业界的高度关注，她还得到了时任台湾国民党副主席吴伯雄、时任海基会董事长江丙坤等台湾政要的接见。

如今，马娅依然没有停下“向前冲”的脚步。在她的推动下，全国大医美联盟成立。“在这个行业经历得越多，就越深爱这个行业。可以看到更多的问题，也能看到最精彩的前景。”在马娅看来，“尽管发达

2006年，马娅被授予“世界杰出华人”奖

国家的美业或许领先我们5年，但我们未来的变化是不可估量的，美业的现在和未来会非常好，这是时代的机遇！”

慈善愿景：希望影响更多人一起做

事业上的非凡成就，自然给马娅带来了许多荣誉。2001年，她荣获联合国“21世纪封面人物”称号，获得这项荣誉的是以李嘉诚为首的众多杰出人士；2003年荣获联合国“国际女性创业个人成就”奖，当选“海内外有影响力的《中国妇女》时代人物”；2006年荣获“世界杰出华人”奖及“广东十大经济风云人物”之一；2008年荣获“全国优秀创业女性社会公益”奖及全国“三八红旗手”称号；2009年荣获“中国商界杰出女性”称号；2010年荣获“广东省第三届优秀中国特色社会主义事业建设者”奖……

然而，马娅深深地知道，自己肩负的责任不只在于一个行业，在力所能及的情况下，也应该担负一些社会责任。她生长在一个传统的知识分子家庭，从小受到的教育就是：做一个对社会有贡献，对人民有用的人。这直接塑造了她对于公益慈善的观念：“我们要在不同方面，去帮助社会上那些需要我们帮助的弱势群体。我们的付出可能是微小的，但若能在物质上给他们一点帮助，在精神上给他们一点安慰，我们会获得满足和欣慰。”

在马娅的提议下，美协成立了慈善事业部，把慈善作为一项长期的工作来做。至今，他们已经连续11年举办“千人无偿献血”活动。在2011年的献血活动现场，千余名无偿献血的青年，都是来自广东省美容美发化妆品行业的老板和员工，半天的献血总量超过13万毫升。马娅体重不到80斤，但她还是坚持献血。据马娅企业的员工私下告知，当时马娅连日加班相当劳累，依然不顾家人和员工的劝阻去献血，所以现场还专门设置了救护床，以防她献血之后体力不支而晕倒。

近几年，马娅以及美协为老人和儿童献出了很多爱心，资助了1000名因单亲家庭经济困难、家庭监护不到位、社会保障不力等原因失学的儿童。从2002年起，美协连续开展“献爱心敬老人”活动，先后向广州市老人院捐赠了300多万元现金和1000多万元物品。2003年，美协组织并开展了“复光大行动”，联合广州市第一人民医院、广东武警总队医院、广东省妇联等单位，共捐款210万元，为广东省各县市2000多名孤寡失明老人免费做白内障手术。广州老人院的一位老太太年过九旬，失明30年，当她重见光明时，拉着马娅的手激动地说：“我早就不想活了，今天我看到了医生、护士还有你，我还想再活30年！”2014年3月，在第十届广州民俗文化节暨黄埔“波罗诞”千年庙会活动期间，马娅又捐赠30万元，对黄埔区601位孤寡老人及90岁以上的高龄老人进行慰问。

多年来马娅不仅捐资捐物，更愿意亲自组织或发起慈善活动。“一个人的力量太薄弱，我想影响更多人去做慈善，真正组织一些大家都参与进来的慈善活动，许多人做总比一个人做好。”这是她的理由。据统计，从2001年开始，美协先后组织和发动会员，向省内外灾区、困难群众捐赠现金和实物总值超过6000万元，马娅也因此获得“广东好人”“南粤巾帼慈善家”“广东十大慈善人物”等称号。

印度洋海啸发生后，美协和化妆品制造业商会组织广东美业共139个单位，为灾区捐款73万元；美协组织美容美发行业的十多家企业，向中国扶贫基金会捐赠价值1180多万元的药品及物品；汶川地震的消息传来，马娅带头向灾区捐款10万元，并发动全体会员单位及行业内企业紧急募捐，十多天内筹得善款910万元。作为中华全国工商业联合会美容化妆品业商会会长的马娅，部署了广东省行业内的赈灾行动后，又立即飞往北京，指挥全国美容化妆品行业的赈灾行动，后者筹集善款1377万元，物资价值90万元……

2012年，马娅在本行业发起成立“广东省美丽关爱慈善基金会”，她带头向基金会捐资100万元。在她的带动下，奈瑞儿塑身美颜连锁股份有限公司的董事长姚倩也捐出100万元，行业内企业家纷纷解囊，基金会顺利起步。

2013年8月，汕头市潮南区遭遇特大暴雨灾害，马娅第一时间捐赠10万元，购买食用油和大米等急需品送往灾区，随后又发出施援倡议书。短短几天时间，会员企业纷纷伸出援手，筹集了70多万元善款送往灾区……

“慈善，我会一直做下去，”马娅对记者说，她回绝了很多慈善颁奖活动，“（他们）希望我去增光彩，其实继续做（慈善）就是增光彩。”

贤妻良母：“成功女性”首先是家庭妇女

作为一个事业成功的女性，马娅还拥有一个令人羡慕的家庭：丈夫从事IT行业，事业也处在巅峰期，两人并肩作战；女儿在英国留学。马娅时常教育女儿说：“人生是短暂的，我们不能增加生命的长度，那就要尽可能地增加生命的宽度。”

我们常听到“女强人家庭、事业无法兼顾”的说法，似乎非此即彼，一定要舍弃一方。马娅的观点有些让人吃惊：所谓成功的女性，首先就是一个家庭妇女，然后才是一个职业妇女。所有家庭妇女要做的家务，她都应该会做，并且是主动去做，做得比职业保姆还好，这样才能带着对家庭的爱心去参与工作。从女儿一岁开始，马娅的家中就没再请过保姆，从洗衣做饭，到织毛衣这样的活儿，她都做得乐此不疲。

这是不是潮汕女性特有的文化基因？其实她很小就离开了家乡汕头，不过年幼的时候她在人多地少的潮汕看到，“在竞争残酷的生存环境下，女人要学会付出”，担负起自己的责任。

对于潮汕女性身上广为人知的标签，马娅并不认同：“勤劳、勇敢、懂得奉献，不是潮汕女性才有，而是任何中国女性都应该有的。奉献就是一种母性精神，在中国，一个女人不但要养自己，还要养全家；既要顾小家，还要顾大家——周边的亲戚，所有相关的人，最后还要顾到国家。现在很多人对潮汕女人的理解，其实是狭隘的庸俗的。认为潮汕女人的美在于不会跟男人吵架，不会跟男人离婚，会生孩子，这是一种丑化。”

更令人惊讶的是，她不认为女性创业会有任何性别方面的弱势：“女性的竞争哪有男性激烈？身为女人，你已经具备优势了。同样的工作，男人做没什么，女人做人家就会说你很了不起……男人要承担的关乎家庭与社会的责任，天生就比女人多，所以我们要体会男人的难处，主动考虑他们会遇到什么问题，协助他们解决问题。有些女人觉得自己很了不起，可以管男人，这是错的。”

她强调现在仍然是男权社会，“女性不要跟男性抢风头”，她本来也不喜欢媒体对她过度曝光。这样的直接和干脆，你可以非常容易地将其与关键词“效率”“使命感”联系起来。“使命决定效率”，她在忙碌中既做好了一个“家庭妇女”，更做好了一个“职业妇女”。个中的多少艰辛，不是一篇文章可以言传（何况她本人也不怎么谈论），这或许如她自己所说是“不潇洒”，可是绝对地令人钦佩。

马娅获得的荣誉与奖励

2001年

获联合国“21世纪封面人物”奖。

2003年

当选“海内外有影响力《中国妇女》时代人物”；同年获联合国“国际女性创业个人成就”奖。

2006年

被评为“广东十大经济风云人物”之一；同年获“世界杰出华人”奖。

2007年

获“广东省五一劳动”奖章。

2008年

被评为“全国三八红旗手”，还获“全国优秀创业女性社会公益”奖。

2009年

获“中国商界杰出女性”称号。

2010年

获“广东省第三届优秀中国特色社会主义事业建设者”奖，担任第十六届“广州亚运会”火炬手。

2011年

获“南粤巾帼慈善家”及“广东省三八红旗手”称号。

2012年

获“第七届南粤巾帼十杰”及“广东好人”称号。

2014年

被广东省潮人海外联谊会聘为名誉会长。

对话

马娅谈民企办展：前瞻性和坚持很重要

说到广州民企办展的成功案例，不得不提广州国际美容美发化妆用品进出口博览会（美博会）。从最初的1000多平方米、60多个展位，成长到现在超过9万平方米的规模，每届成交200多亿元的美容展，其发展经历可谓民企办展的一大经典案例。美博会成功经验是什么？马娅说，前瞻性和坚持很重要！

时代潮人： 您出生在军人家庭，毕业于中医学院，放弃医生这样的金饭碗，挑战了很多企业家都难以持续做好的民营展会，让你无论遇到多少困难都坚持下去的，是信念吗？

马娅： 我曾在广东省人民医院工作，如果不出来，吃喝不愁，日子肯定过得很滋润，可我还是决定出来了。因为在这个庞大的医疗队伍中，不缺我一个马娅，但社会绝对需要一个传播美容知识，协助政府统一规范这个行业的使者。

每个人都有不同的志向，有的人追求钱财，而有的人追求事业，这两者的区别就在于心境的高低。我觉得金钱是物欲的载体，事业才是至高的理想和物化的精神。当有人把金钱当作人生的唯一动力时，有钱就做、无利不为自然就成了其“合理”的选择。而当你把服务社会、报效社会这一符合人类价值取向，符合社会价值标准的思想作为理想去追求时，你根本就不会去计较金钱利益的得失，去感叹别人的成功和自己的缺失，你就会在这崎岖不平的道路上，矢志不移地将钟爱的事业进行到底。我认为我就是后面这一种人。

时代潮人： 民营展会层出不穷，但其中很多迅速销声匿迹，这些民营展会没有发展起来的原因是什么？

马娅： 这背后有几大原因：

首先是同质化严重。很多展会是看别人的展会办得好，自己也跟着办，这不是自创展，而是抄袭，这种同质化的展览是不可能成功的。

其次，在展览立项前没有做充分的市场调研，办展存在盲目性。另外可能市场调研充分了，发展前景也不错，但展览的举办方缺乏专业性，这样也难以成功。

还有些展览公司没有把精力放在买家的工作上，参展和招展结合得不够。这样就像有了一个大市场，有很多肉菜在里面，却没有人来买。

时代潮人：那么一个展会能够举办成功，需要哪些条件呢？

马娅：其一，办展会一定要有前瞻性，定位要高。创办美博会之初，我看到有很多人通过走私将香港等地的化妆品拿到内地市场，这个市场要规范很难，而且化妆品税很高，因此不如办展来建立一个规范的市场。所以说，办展立项一定要有前瞻性。发展到现在，美容美发产品已经是全民都在使用的日用品了。当初办展，我们的定位也很清晰，办成产、供、销一条产业链的展会。民营企业办展，一开始定位就要想到10年、20年后会怎样，而且定位要高。

其二，城市环境非常重要，这是一个展览成功的先决条件。城市的定位不同，分工也不一样，要根据不同城市的不同文化来进行展览策划，就像最好的五金在德国科隆一样，这跟城市定位有很大的关系。从国内来看，北京是政治文化中心，在北京办文化氛围较强的大展会成功率就高；上海是潮流的先锋城市，在上海就适合举办潮流发布、会议会展、信息发布这些活动；广东是对外贸易的窗口，广州是一个贸易中心城市，因此广州办展则更多地侧重于交易，美博会也是重在交易环节。

最后，民营企业办展最重要的是要懂得坚持。培育一个品牌展会，没有5年、10年是不可能的。美博会就是从1989年开始，坚持到了现在。

成功女性的生存哲学

马娅不仅为众多女性自谋职业提供了很好的就业渠道，她更是值得女性同胞学习和敬仰的“大姐大”。作为成功女性，对于如何修身齐家，如何开创自己的事业，她都有非常值得借鉴的思考，我们来看看其中蕴含着多少哲学味道，或者说是“禅机”吧。

保持美感

“世上没有丑女人，只有懒女人！”马娅说，“大家可能不会讨厌一个生得丑陋的女人，但往往会对不修边幅甚至脸上堆满污垢的女人嗤之以鼻。美，是一种感觉，既然是一种感觉，就可以营造。”

这种感悟，缘自马娅在欧洲的一次经历。当时是3月，天气还很冷，马娅去商店买鞋时，遇到一位75岁左右的老太太。她满头银发，进店之后，先慢慢地把外面裹着的一件羽绒服脱下来，露出一身得体的衣服，然后摘掉头上御寒的帽子，放下了头发并整理好。更令马娅惊讶的是，老太太从包里拿出一双高跟鞋，换上了一套春秋装，顿时与刚才裹着羽绒服的老太太判若两人。这件事对马娅触动很大——这是一种积极的人生态度；这就是美，美得让人肃然起敬。

知识改变命运

“一个女人既勤奋又有知识，她在任何年龄段都会很美丽，因为她会不断地修正自己，完善自我。随着时间的推移，她会渐渐去掉身上的不美与不足，让自己变得更加完美。所以要终身读书，终身学习。”

几乎所有人都惊叹于马娅的青春活力——很好的肌肤，匀称的身材，灵动的眼神，极快的语速。这一切在马娅看来，却是理所当然："女人不读书就会庸俗。二三十岁时或许看不出差距，但到四五十岁时，差距就明显了。你会觉得有些女人老了就变丑了，那是因为她没有坚持读书。"

自创办第一家美容培训学校开始，马娅就提倡终身学习，用知识来改变女性的命运。不是死读书，而是学以致用。"一边工作一边学习，将学到的知识运用到实践中去。这就是我多年来推广教育的心得——'效果'最重要，"马娅自豪地说，"通过学习、积累，我慢慢走向了创业，在20世纪80年代是没有美容行业的，只有通过学习，才能评估、预测到这个新兴行业将来会有怎样的前景。"

少点私欲，多点运动

"如果一个人，时时想着自己要吃什么，肯定会胖；如果一个人总为穿什么衣服费尽心思，那就一定会有空虚的眼神……"而马娅的每一天都是充实的：每天早早起床，拖地板是她的第一项工作。她每天都把地板擦得锃亮，并将此比作修炼，因为这个过程让她知道"自己和别人没有什么不同"……

看书和运动是马娅多年的业余爱好。她已经坚持游泳30多年，每次至少游1000米，每周四五次。她甚至可以做高难度动作——双腿盘放静止浮于水面，世界上能做这种动作的人不多。她不肯放弃这些让人感到充实的活动，因为"所谓活动，有动才能活"。

在她的企业，没有关于退休年龄的规定，她鼓励员工只要有工作能力，就不要放弃工作的机会。但她不鼓励工作狂式的拼命状态："生活的质量，跟工作的质量一样重要。"

“女性化管理”

身为一个行业协会的管理者，马娅并不是一个“高冷”的领导人。“我把任何员工都看作自己的家人”，马娅说，“现在很多员工都是80年代就开始在这里工作的，不少是退了休又返聘回来的。我的员工做错了我会批评，但批评了还是一家人，我就是这种‘女性化管理’。从不轻易炒人，因为我知道如果炒一个人，也许受牵连的就是10个家庭，甚至更多。”

她在管理方面的体会是，要做到有力量，重点在于时刻自观和观人：“除了外观上要大方得体，心灵上更要美化，俗话说相由心生，要时刻涤荡自己的灵魂，修炼和完善自己。领导就像木桶的箍，要有很高的责任感和使命感。团队的力量怎样要看领导，打铁还得自身硬，你要有力量大家才会跟着你干。同时也要观人，向老年人学习经验，在年轻人身上看到希望。”

至于团队的构建，她认为应该老中青相结合，依靠老员工，培养60后、70后，提高80后、90后，让团队所有人都能不断提高专业知识和自身修养。

早立志，并且坚定不移

关于成功，马娅认为最主要的有两点：“一是立志早。我从小就被教导不能依赖父母，要靠自己去奋斗，所谓志存高远，目光远大。因为你立下了目标，有了理想，人生就会朝着这个方向去努力；二是坚定不移，即使遇到很大的困难也不放弃。在事业路上，什么时候要等待，什么时候要休息，什么时候要停顿，都是有分寸的。正所谓‘差之毫厘，失之千里’，成败只在一线之间。”

全国政协十二届四次会议
陈经纬
北京 · 2016
出席证 0756

陈经纬：人行正道，经纬天下

正如人类发明了经纬线，从此开启了探索洪荒天地的伟大征途；商海破浪数十载后，香港经纬集团主席、现任全国政协经济委员会副主任、全国工商联副主席、中国国际经济交流中心副理事长、香港中国商会主席陈经纬先生也坦言他的传奇与成功，同样离不开坚守多年的“人生经纬线”。

经历了时代大转折的猛火淬炼，于异地他乡闯出一片广阔天地，却毅然决然将业务中心迁回内地，带领企业走向更加辉煌的成功……“人行正道，业走正路”的座右铭一直激励和督促着陈经纬。

这位有着“最敢说话”的潮商之称的商界智者，在业界内以身作则，倡导放心工程从我做起，并独家赞助中国国际信用和风险管理大会多年；而在业界之外，他不但担任多项社会职务，积极建言政商大事，还为家乡的发展奔走献计……

在接受记者采访时，他多次表示，商道即人道，规范个人行为、增强法制观念、提高诚信意识是成为一个企业领头人的先决条件和道德基础。同时，只有企业领头人行正道，并时刻教育自己的员工遵纪守法、诚信、规范职业操守，共同完善企业制度，提高经营管理水平，才能引领企业持续、健康地发展，企业才能越做越强，长盛不衰。

人行正道，经纬天下

——记香港经纬集团主席陈经纬

磨砺

20世纪70年代，即便是在有着重商传统的潮汕大地，商路之艰难，都是令如今的创业者所难以想象的。出生于广东潮阳的陈经纬，并不认为自己当年走上的是一条创业之路。他更倾向于认为，那是一次“自寻出路”。

当时的汕头，还没有设立“特区”，商业发展缓慢，外来投资少，工矿企业也少，普通市民的日常生活并不轻松。而更难的则是就业问题，在社会经济发展缓慢的时期，年轻人很难找到一份正式的工作，如果想做点小买卖，可能还要面临被戴上“投机倒把”帽子的风险。

计划经济时代，政策的改变，是催生机遇的唯一可能。陈经纬的“出路”同样来源于此。那时的广东，放开了街道工业和乡镇企业。所谓街道工业，就是一个集体所有制的企业，由街道组织和管理。当然，街道无法提供场地和资金，只能给出一个经营上的许可。

而这个许可与机会，正是陈经纬所渴望的。他叫来了几十位亲朋好友成立了街道塑胶厂，自己担任经理，并和大家一起凑钱，一起生产，一起找业务……

在几无商业环境可言的情况下，这家街道塑胶厂的起步之路，绝对称得上是步履维艰。凑够了几百块“启动资金”，原材料和机器设备仍是个头疼的事，因为没有市场和渠道可以购买。没办法，陈经纬只好去找那些老国营工厂，设备用人家退下来的，原材料干脆就用人家的边角料。

这一干就是八年。

这八年，陈经纬几乎天天都要求人——买原料要求人，卖产品也要求人，机器坏了那更是要求人，因为没有一位技术过硬的技工愿意到他的街道小厂来工作。困难的时候，这家小小的塑胶厂，常常半年都发不出工资来……

当年那一道道的坎，是如何迈过去的，可能陈经纬自己也说不清了。但回首这段艰难的创业起步期，他却无怨无悔，甚至还倍感庆幸。正如宝剑都是在磨砺中获得锋芒，此后的陈经纬之所以能够一路披荆斩棘，不断开拓属于自己的商业疆土，自然也与那段艰难岁月对其磨砺密不可分。陈经纬说，经历过那么多困难，“让我磨炼了一种坚韧不拔的精神，艰苦奋斗的精神。对我的人生来讲，是一个很好的起步”。

契机

1979年，陈经纬做出了一个艰难的决定——到香港去。此时的香港，商业氛围和创业环境当然要比内地好得多。但正如陈经纬在一次访谈中所言，香港那时在职业经理方面并没有现在这么成熟。如果只想在

2014年11月，广东省潮人海外联谊会会长蔡东士（左）、全国工商联合名誉主席黄孟复（中）与全国工商联副主席、香港经纬集团有限公司董事局主席陈经纬（右）在第六届国际潮商大会上合影

香港做一名小商贩，那是很容易的。但如果想寻找更大的创业机会，将生意做大做强，在没有多年的家族资本积累的情况下，却几乎是不可能的。

除了资本的瓶颈，商业语言和文化上的差异也是巨大的。对于今日的90后创业者来说，用英语交流、制作PPT似乎并不是一件多么困难的事情。但对于年过三十才从内地来到香港的陈经纬而言，这几乎是一项不可能完成的任务。

在香港汹涌奔腾的商海大潮中，从内地街道塑胶厂起步的陈经纬，此时还能求助于谁呢？

答案，其实是显而易见的。

陈经纬在接受采访时坦言，他能够在香港创立经纬集团，并发展到如今的规模，首先要感谢的正是祖国的“改革开放”。

20世纪七八十年代的香港人，对内地的了解和认识都十分有限，但改革开放却让内地与香港的贸易往来，成了当时最大的商机。但不管大时代给予了我们何种机遇，能抓住它的，当然还是那些已经准备好了的人。

刚从内地来港又有过办厂经历的陈经纬，就抓住了这次千载难逢的创业机遇。“内地的商品需求，各方面我们都非常了解，比香港人了

2012年3月9日，陈经纬委员在全国政协十一届五次大会第二次全体会议上以“将香港打造成实施‘走出去’战略的重要平台”为主题做大会发言

解。当时内地的很多出口生意，非常需要通过香港这个平台来转口，卖到国际上。所以我利用香港这个国际化大都市的平台，也利用熟悉内地的这个优势，从两地贸易做起来。”

大时代造就了大企业。

1986年，陈经纬创立经纬布业，生产、经营经纬牌情侣商标各种化纤布。1991年斥巨资在汕头开办经纬纺织。1992年经国家工商局批准，成立经纬集团有限公司，并逐渐发展成为一个包括胚布织造、后整理加工、染色、印花在内的大型纺织企业，其分公司遍及上海、广州、浙江、江苏、天津等地。

1993年，陈经纬再斥巨资在潮阳峡山兴建华南地区最具规模的纺织品专业市场——华南贸易广场。时至1996年，陈经纬在上海投资成立了经纬置地有限公司，专门负责中国内地的商业及住宅产业的开发，项目遍及长江三角洲、珠江三角洲、环渤海湾三大核心经济区域的多个城市。

抉择

当然，大时代也好，大企业也罢，终究靠的是大气魄。纵观经纬集团30年做的发展之路，1989年，是一个特殊的年份。就在这一年，陈经纬再次作出了一个影响深远的重大决定，为经纬集团其后的高速成长，埋下了最为重要的伏笔。

1989年下半年，部分外商对中国内地的投资环境信心有所动摇，而陈经纬此时则坚信中国的改革开放一定能取得伟大成功，对祖国的投资环境充满信心。因此，当大多数人还在观望的时候，陈经纬却毅然决然地一次性投资上亿美元在家乡汕头经济特区兴办大型纺织印染实业，同时还将集团业务中心从香港移至内地发展，成为中国外商投资企业首批集团性公司。

事实证明，陈经纬的选择是明智的。他的印染企业在1991年正式营业后，就一举赢得了全国市场的龙头地位，带动了内地整个化纤布后整理产业的迅速革新和升级。20世纪90年代，经纬集团多次在国家统计局对全国500家最大外商投资工业企业统计评选中名列前茅，成为汕头外商投资工业企业的一面旗帜。

能够先人一步看清时局，除了对商机的敏锐嗅觉，更多的还是来源于陈经纬基于个人经历与愿望而形成的对于中华民族伟大复兴的真诚信念。就如放开街道工业给了陈经纬一条出路，改革开放也是中国的“出路”。陈经纬坦言，那时，他已经十分明确地感觉到，如果改革开放走回头路，那一定是一条死路。不管政治风云如何变幻，把经济搞好，让人民过上富裕幸福的日子，是谁都无法改变的既定方向。

当然，做出把业务中心迁回内地的决定并不容易，执行起来就更加困难重重。有人不理解，有人不支持，但陈经纬没有动摇过，他用自己的魄力与魅力征服了全体员工和管理层。在大家的共同努力下，经纬集团实现了业务中心和战略重心的大幅转移。随着传统业务的成熟，今天的经纬集团逐步增加投资领域，扩大投资区域，进行产业升级，到现在已经成长为一个业务范围涉及房地产、金融、产业投资、跨境电商、仓储物流等领域，覆盖珠三角、长三角、京津冀和东盟等地区的大型多元化企业集团。

正道

曾经有人总结过陈经纬的成功经验，发现他的每一次极具远见的重大决策，都可以落实在那著名的“人生经纬线”之上——如果说“人行正道”是企业家的立世根本，那么“业走正路”则是企业发展与成功的基石。

陈经纬说，放眼30年改革开放，尽管从局部、短时间之内来看，投机者可能暂时得利，但是从全局、从长远来看，成功一定只属于那些在事业发展过程中始终行得正、走得好的人。任何企业想要有长足的发展，都必须在国家的法律法规和政策框架下遵纪守法、诚信经营。而且，往往正是那些不过于计较眼前利益得失，关注项目社会效益的付出，最终才能够收获成功。

从支持教育事业到争创放心地产质量工程，再到连续六年独家赞助中国国际信用和风险管理大会，陈经纬用实际行动将自己的企业融入了社会，成为名副其实的“企业公民”。在刚刚过去的2014年，中国的地产商们都为楼市的冷暖忧心不已之时，陈经纬却更乐意去讨论一个大多数人都不太热衷的问题：我们的城市正站在一个经济发展与环境可持续发展的十字路口上。

陈经纬认为，当今世界，受气候变化和能源短缺的影响，环境保护、节能减排正成为人类不得不面对并须迫切采取措施解决的重大问题。中国政府早已多次向国际社会和全体人民宣布，中国坚持贯彻科学发展观，走可持续发展道路，建设资源节约型社会。这既是庄严的承诺，也是巨大的责任。贯彻落实这个重大方针是全社会和全体人民的艰巨任务，其中企业承担着义不容辞的责任。房地产开发商作为人居环境建设的直接参与者与实施者，承载着建筑节能、保护环境、共建绿色家园的责任。这种责任不仅体现在对国家建设环境友好型与资源节约型社会的响应和贯彻，也体现在通过自己的努力和实践，真正使消费者从中获得实在的利益，从而起到促进认同、引导消费的作用。

在长期的实践中，陈经纬深深地体会到，建筑企业一定要贯彻科学

经纬集团在上海投资的全资公司——经纬置地有限公司实景图

发展观，坚定地走可持续发展道路，在住宅建设开发中积极执行保护环境、节约资源的方针，在确保建筑结构安全的前提下大力发展节能与绿色建筑。

直言

在潮汕籍商人中，陈经纬还有一个响当当的名号——“最敢说话”的潮商。而这一名号的声名远播，则源自他在历届全国“两会”上，那一次次切中经济社会发展肯綮的大胆提案与建议。

事实上，从2008年当选第十一届全国政协委员开始，陈经纬就以其对中国社会经济发展的关注和屡次递交政协的“重磅”提案建议，成为了每年“两会”期间媒体竞相报道的“红人”。

2008年，他提交了《关于持中国国籍香港居民享有国民待遇以自然

2011年11月15日，首届中国海外投资年会组委会执行主席陈经纬在开幕式上致辞

人身份申办内资公司的建议》；2009年在全国政协十一届二次会议上做了《大力加强我国的信用风险管理体系建设》的大会发言，同时提交了《关于在上海世博会设立中国中小企业或民营企业馆的提案》；2010年提交了要加快企业所得税率改革，撤销现行《中华人民共和国企业所得税实施条例》中对企业职工再教育培训费用的有关限制，鼓励企业加大人才再教育培训力度的提案；2011年则提出，国家应充分利用外汇储备，并借助香港这个国际化平台及其专业团队，积极支持有条件的民营企业到海外投资……

在2013年的全国“两会”上，陈经纬再次成了“引人注目者”，他联合102位全国政协委员，联名提交了《关于调整区域结构，设立广东“潮汕新区”或将汕头特区扩大到潮州、揭阳为“潮汕特区”的提案》。提案提交后，国家发改委在回函中充分表达了对相关建议的重视，表示“国务院正在研究对国家级新区的一个新规定，规定出来后，会再根据规定进行调研、研讨和可行性方案的研究”。

紧接着的2014年全国“两会”，陈经纬又在上份提案的基础上，再次提交了《关于潮汕地区三市合并，合力打造21世纪“海上丝绸之路”重要平台的提案》，建议汕头、潮州、揭阳三市合并设立“潮汕新区”，或是三市合并为“潮汕市”，合力打造21世纪“海上丝绸之路”重要平台。在刚刚结束不久的2015年全国“两会”上，陈经纬则再次紧密结合社会经济发展趋向，提交了《关于在实施“一带一路”战略中发挥港澳地区、海外华侨华人及其社团作用的提案》，被列入全国政协十二届三次会议政治决议中关于加强协商民主建设、统一战线工作的主要建议之一：“发挥海外侨胞在‘一带一路’战略中的独特作用”。

然而，说起这些曾引起广泛关注的提案，这位“最敢说话”的潮商却十分谦虚：“每年的提案都是基于我平时对我国经济发展中实际存在的问题的观察和调研而提出的，希望能对国家的经济发展、政府的相关决策尽到自己的绵薄之力。”

如今，“香港经纬集团董事局主席”只是陈经纬众多头衔中，并不那么惹人注目的一个。2014年全国“两会”时，媒体都正热衷于探究委员们的“时间去哪儿了”，而陈经纬在接受记者采访时则坦言，他已经很少关注经纬集团的具体事务了，企业的操作与运转都早已交由儿子和女儿去打理。

那么陈经纬的时间都去哪儿了呢？

原来，他把自己70%的时间，都用在了各种不领薪水的社会工作上。

采访接近尾声时，这位已近悬车之年却仍为中国经济发展奔走不已的智者，还在不断“深化”着，那条从他起步创业到功成名就再到反哺社会的过程中，一直坚守不移的“人生经纬线”——只有认清正道，走正路，才是企业家的立身处世之道。他语重心长地说，这意味着，在依法治国的新常态下，任何企业想要有长足发展，都必须在国家的法律、法规和政策框架下进行，遵纪守法，遵守道德，诚信经营，科学谋划。一个持久行正道、走正路的企业必将赢得同行和消费者的敬畏，才能长期持续健康发展。

所谓“经纬天地，行者无疆”，诚哉此言。

扬名·载誉

陈经纬，香港经纬集团创办人、董事局主席，现任全国政协经济委员会副主任、全国工商联副主席、中国人民争取和平和裁军协会副会长、中国国际经济交流中心特邀副理事长、香港中国商会主席、香港智库主席、“中国海外投资年会”组委会执行主席、中国侨商投资企业协会常务副会长、中国国际商会副会长、中国企业联合会副会长、中国商业联合会副会长、中国经济社会理事会常务理事、中国海外交流协会常务理事、中国世界贸易组织研究会副会长等多个社会职务。他同时也倾力支持中国的教育事业，现为中国人民大学董事会副董事长、对外经贸大学校董会副主席、中国传媒大学董事会副董事长、同济大学校董、中国外交学院校董、暨南大学校董、东华大学校董。

作为一名港商，陈经纬始终不忘对香港的社会责任。他广泛联系、团结香港爱国爱港社团、人士，身任香港广东社团总会常务会长、香港潮属社团总会首席会长、泰国中华总商会荣誉主席，还是香港特首选举委员会委员、港区全国人大代表选举会议成员。在2012年庆祝香港回归祖国15周年之际，陈经纬被甄选为香港回归15周年15位杰出人物之一。

对话

企业要担负起应有的社会责任

时代潮人：当下您对经纬集团在香港和内地的战略布局以及对未来有什么设想？

陈经纬：经纬集团经过30多年的发展，已经成为一个业务涵盖房地产、金融、产业投资、跨境电商、仓储物流等领域，投资区域覆盖珠三角、长三角、京津冀和东盟等地区的大型多元化企业集团。

目前，集团正在进行全方位转型升级，计划在国家建设“21世纪海上丝绸之路”战略的各个海内外支点上打造一个涵盖电子商务、现代贸易、物流仓储、国际金融的跨境服务平台。集团已与上海“跨境通”展开合作，现为“跨境通”第二大股东，在上海自贸区内投资建设“跨境贸易电子商务试验园区”。同时，集团已在泰国曼谷完成购买5000多亩土地兴建一座大型“东盟城”，以此作为中国商品销往东盟、辐射东盟，东盟商品销往中国的双向投资、贸易、金融交易平台；未来，集团将逐步增加投资领域，扩大投资区域，搭建一个本土商家和全世界对接的金融、商贸、物流相结合的综合跨境服务平台。

时代潮人：鉴于当前房地产市场现状，您认为中国房地产业怎样才能持续健康发展？

陈经纬：当今世界，受气候变化和能源短缺的影响，环境保护、节能减排正成为人类不得不面对并迫切采取措施解决的重大问题。中国政府早已多次向国际社会和全体人民宣布，中国坚持贯彻科学发展观，走可持续发展道路，建设资源节约型社会。这既是庄严的承诺，也是巨大的责任。贯彻落实这个重大方针是全社会和全体人民的艰巨任务，其中企业承担着义不容辞的责任。房地产开发商作为人居环境建设的直接参与者与实施者，承载着建筑节能、保护环境、共建绿色家园的责任。这种责任不仅体现在对国家建设环境友好型与资源节约型社会的响应和贯彻，也体现在通过自己的努力和实践，真正使消费者从中获得实在的利益，从而起到促进认同、引导消费的作用。

在长期的实践中，我们深深体会到，建筑企业一定要贯彻科学发展观，坚定地走可持续发展道路，在住宅建设开发中积极执行保护环境、节约资源的方针，在确保建筑结构安全的前提下大力发展节能与绿色建筑。

时代潮人：2004年起，您连续六年独家赞助并连续八年出席中国国际信用和风险管理大会，是出于怎样的考虑？

陈经纬：信用是一把双刃剑，它在促进经济增长的同时也孕含了巨大的风险。信用风险管理问题解决不好将成为和谐社会建设中的不安定因素。信用交易及其衍生的品种对企业与个人征信、金融与贸易的授信管理、信用风险评估等在我国还都处于起步和探索的阶段。

改革开放以来，特别是我们国家加入WTO成为世贸组织成员以来，国际市场的经济一体化进程为我国企业提供了无限商机，随着企业间的国内外商务活动日益频繁、竞争日益激烈，传统的交易往来方式已被更加广泛的信用衍生产品所取代。

随着信用需求的迅速增长，一方面要求有相应的信用服务体系和保护当事人利益的信用制度，另一方面要求企业一定要建立相应的信用管理及风险管理制度和体系，来保证经济的健康增长。我们注意到，政府在社会的各个层面上都在积极而努力地倡导、建设和打造一个诚信的环境和信用的体系。企业作为社会的一分子，在信用体系建设方面应该从自己做起，担负起应有的社会责任。

经纬集团连续六年作为“中国国际信用和风险管理大会”的独家赞助商支持大会的召开，正是出于这方面的考虑。同时，我们也积极支持FCIB的信用管理教育培训，我相信，通过我们的努力定能让企业家们携手重视信用风险管理，促进经济健康发展，为创建更加美好的和谐世界共同努力！

时代潮人：2014年9月，汕头华侨经济文化合作试验区终于从概念落到现实，获得国务院的正式批复，请您谈一下如何参与推动试验区的设立，您如何解读国务院设立华侨试验区的战略意义。

陈经纬：在去年的“两会”上，我提交了《关于潮汕地区三市合并，合力打造21世纪“海上丝绸之路”重要平台的提案》，其中一项建议就是“在汕头筹建华侨经济文化合作试验区的基础上形成合力，建设

21世纪海上丝绸之路重要平台”。该建议提出后得到了国家发改委的正式回复。

2014年9月15日，国务院正式批复，同意在汕头经济特区设立华侨经济文化合作试验区，提出要充分发挥华侨华人资源优势，把试验区建设作为汕头经济特区进一步深化改革开放和建设21世纪“海上丝绸之路”重要门户的重大举措，积极开展先行先试，为新时期全面深化改革、扩大对外开放探索新路。根据国务院的要求，试验区将着力转型升级，推动海外华侨华人与驻在国经济深度融合发展，打造更加国际化、市场化、法治化的营商环境，形成可复制、可推广的经验；积极搭建海外华侨华人文化交流平台，深化与有关国家（地区）的人文合作；全面深化改革，构建开放型经济新体制；从政策支持、加强组织协调等方面有力有序推动试验区的建设。我认为，国务院的这一决定，正是强化海外华侨华人作为连接中国与周边国家“天然桥梁和纽带”的重要举措，这将为广大海外侨胞在参与“一带一路”建设中带来实实在在的作用。

时代潮人：从企业家的视角看，中国的教育体系应该怎样培养人才，以适应社会经济的发展？

陈经纬：当前我国正在加快转变经济增长方式，调整优化经济结构，同时要应对各种国际变数的挑战，这些方面都需要大量的各类人才。企业是国家的经济细胞，企业的人才状况直接关系到企业的自主创新能力和国际国内两个市场的竞争力，关系到国家经济发展水准和可持续发展，企业对人才的教育培训是国家实施人才强国战略的重要组成部分。

2014年，李克强总理在政府工作报告中指出：“深化教育综合改革，积极稳妥改革考试招生制度，鼓励发展民办学校。加快构建以就业为导向的现代职业教育体系。”这既切中了教育体制改革的要害，也事关我国人才培养、经济社会可持续发展的大局。此后我所提出的“关于扶持民间资本发展民办学校和深化改革职业教育的建议”，正是结合我国人才发展问题对这一精神的回应。在建议中，我提出将职业教育融入经济社会人才需求之中，以企业、机构与学校联合自主招生方式设立校企合作机制。具体的措施包括：国家多部门联合制定“菜单式”人才培养计划，实施订单化、标准化、实用化培养，制定完善促进民办教育发展的扶持政策，健全民办教育管理与服务体系等。

陈经纬论道“一带一路”

2015年3月全国“两会”召开期间，陈经纬接受了人民网、中国经济网、中国网、大公网、光明网等媒体的采访，对预热多时的“一带一路”话题展开解读，并表示：“有一些国家在政府间的合作还没有完成之前，民间可以先行。民间先行可以为国家、为政府和政府之间的合作提供了一些实施的经验，也可以提供很多正面的条件，推动政府将来的合作能够实施下去。”他一直凭着自己独到的眼光和大胆的作风，傲立于分享“政策红利”的最前沿。

站在民间的视角，对于一位曾亲身经历过时代巨变，并从中取得了令人瞩目的成就的商业领袖来说，看待“一带一路”与“经济新常态”的关系，必然会融入更加深刻的时代背景。陈经纬在采访中谈到，从粗放型（主要从传统产业）的发展，到现在步入经济新常态。新常态下，粗放型的发展模式已经成为过去，传统产业的发展领域也接近饱和，甚至有很多产业产能过剩。所以，经济的新常态，社会需要的是创新驱动。“我曾经讲过，我们国家改革开放之前好像一张白纸，百废待兴，在原有的经济产业里面，各行各业蓬勃发展。所以，也是一个必然的过程。粗放型的发展，也给我们国家带来了改革开放的成功。但如果把原来的经济比喻成一张白纸，画到现在几乎没有空白了。我们国内的经济新常态下，要靠创新驱动，靠新兴产业来提振经济。”

陈经纬认为，“一带一路”的建设要发挥港澳地区在丝绸之路中的支点作用。改革开放初期，中国引进的资金基本上是经过香港进来，直至今日中国利用外资的60%以上仍然从香港引入。香港的这种“跳板、桥梁、窗口”作用是无法取代的，这也造就了她作为“自由港”的特殊功能和优势。有数据证明，中国加入WTO后，香港的贸易中介地位不仅未受到影响，从某种意义上说，这种功能还得到了进一步强化。简单地说，香港除了继续发挥其“转口贸易”的功能外，更重要的是要赋予香港一个新的功能，即内地政府、企业“一带一路”建设的平台和窗口功能，把香港建成内地企业和香港企业联合“走出去”的重要基地。此外，担任香港中国商会主席多年的陈经纬，也不忘为民间商会“打气”。他表示，香港中国商会在与泰国中华总商会结成合作伙伴的同时，联手泰国华人青年商会在曼谷合作筹建包含商贸城、电子城、建材城、物流城等多元项目在内的高端国际合作平台“东盟城”，其目标正是建成“21世纪海上丝绸之路”的重要实施基地，为中国企业和东盟国家投资往来、产品双向互销提供平台。“和我们华人华侨合作，可以少走很多弯路，心比较定，就有了底气，不用担心太多意外的事情发生。”他说。

当然，商海纵横数十载的陈经纬自然不会忘记同行与“后辈”，在接受光明网专访时，他语重心长地表示，想要“走出去”的国内企业，一定要先评估好自己的条件，“我呼吁大家一起‘走出去’，到‘一带一路’的沿线国家去投资去发展”，但企业一定要“知己知彼”，对自身的条件有着非常清晰的认识，“打铁还要自身硬，你自身没有力量，在外面再好的市场也可能做得不是那么理想”。

海外华人华侨作为中国现代化建设的独特资源，他们熟悉驻在国的社会、经济、法律、文化环境与风土人情，对中国和家乡情况也很熟悉，陈经纬称他们是连接中国与周边国家的“天然桥梁和纽带”，所以他相信，在“一带一路”的伟大契机面前，海外华人华侨将会一如既往地鼎力支持中国的建设，并从中取得自身的长足发展与进步。

2010年11月16日，香港中国商会首届董事会、理事会就职典礼在香港国际会议展览中心举行，来自内地和港澳地区的26位董事和42位理事正式就职

林少毅：中加交流的使者

2013年11月14日下午，林少毅从国际潮团总会第十七届联谊年会主席陈少荣手中接过年会“大旗”之时，全球潮人就将目光和期待投向了他和加拿大潮商会。从那一刻起至今，从北美洲、北京、广州、香港、台北以及潮汕四市……对林少毅而言，六百多个日夜的奔忙、几十万公里的舟车劳顿，都奔向一个目标：将全球最重要的潮人峰会——国际潮团联谊年会推向一个全新的高度，将她打造成为更高效的平台及资源池：汇集多方力量、吸引万众关注、惠及全球华人。2012年，担任加拿大潮商会会长伊始，林少毅就着手准备第十八届国际潮团联谊年会的申办工作。国际潮团联谊年会规格高、参与者众，对申办主体的要求相当苛刻。作为知名潮人侨领，林少毅也是杰出的社会活动家，他长期致力于推动中加交流、促进文化融合及社会发展。当林少毅带领年轻的加拿大潮商会竞办第十八届国际潮团联谊年会时，既出人意料，又众望所归。除了获得国际潮团总会的高度认可，加拿大总理斯蒂芬·哈珀从年会申办开始就一路支持，他非常关注大会的筹备进展，并欣然接受林少毅请其出席大会的邀请。

如今，中国正在推行“一带一路”战略，潮汕地区正力争发展成为21世纪海上丝绸之路的重要门户，这里既产生出大量投资机会，又需要广泛吸纳海内外资源，更离不开海内外潮人的参与。过往，林少毅以企业家身份在家乡投资、做慈善；如今，他正借助加拿大潮商会和国际潮团联谊年会平台，团结全球潮人、凝聚潮团力量，整合更多资源，造福社会、造福潮人。

跨越太平洋的彩虹之桥

——访加拿大潮商会会长林少毅

2015年5月中旬，深圳福田香格里拉公寓，记者如约见到林少毅。林少毅的身份标签很多：企业家、社会活动家、商会会长……他的人生阅历也十分丰富，除了浓郁的乡音和对潮州工夫茶的嗜好外，身上还留有鲜明的时代印痕。

林少毅不愿意谈及太多商业方面的经历，于他而言，商业只是人生中的一部分，积累财富不是目的，只是可以帮助实现其人生理想的工具之一。作为离开故乡几十年的游子，作为侨居加拿大的潮汕人，过往的经历让林少毅意识到，华人在海外生存、扎根、产生影响力，除了祖国强盛外，华人之间必须加强联系，形成稳定的亚文化。从2013年底至今，林少毅一直带着加拿大潮商会团队为第十八届国际潮团联谊年会奔忙：广州到温哥华的飞行距离超过一万公里，仅仅这条线路，就有好几个来回了；除了舟车劳顿，还有无数的拜会与交流。支撑林少毅的，不是金钱，不是各种赞誉，而是内心深处爱国爱乡的情结，他希望能在有生之年，为祖国、为故乡多做些贡献。

构筑交流平台

积累了财富后，如何更好地发挥财富的作用，这是很多企业家面临的抉择。有人继续增加财富，有人则将财富作为工具，去实现其他目的。各种选择，本身并没有高下之分，殊途同归，最终都可以汇集成推动社会前进的力量。

2013年竞办第十八届国际潮团联谊年会过程中，林少毅自嘲是“老兵带新队伍”，加拿大潮商会虽然年轻，但他本人参与组织潮籍社团工作的经历却十分丰富。

在幅员辽阔、人口又相对较少的加拿大，潮汕人做出过贡献。在加拿大生活着20多万潮汕人，活跃着十几个潮人社团，而此前位于温哥华的潮州同乡会则是这些潮人团体中最为知名的一个，其时，会长就是林少毅。

潮团组织以前是敦睦乡谊的纽带，后来逐渐发展成了连接其他组织及政府机构的桥梁。事实上，与加拿大政府之间的良好互动，一直是加拿大潮团日常工作的重要内容。在加拿大潮商会正式成立之前的2011年，温哥华潮州同乡会与当地政府之间的良好互动就取得了丰硕的成果——那一年，温哥华市政府把9月10日定为“潮人日”。由政府出面，为一个族裔设立纪念日，这在整个北美地区尚属首例。

言及此处，林少毅不禁有些激动，他告诉我们，温哥华市长在颁发“潮人日”的宣言书上说：“从1960年开始，潮汕人就在温哥华这片土地上努力工作，为温哥华的多元文化尽一份力，其中不少潮籍人士在多个领域都有杰出贡献，例如已故前省督林思齐博士，他是加拿大首任华裔潮人省督，温哥华很多基础设施都是他捐资建造的。”

国务院侨办主任裘援平（右三）会见林少毅会长（左四）一行

就这样，潮人为加拿大所做的贡献，被温哥华市民铭刻在心中。

2012年1月，因应时代发展趋势，温哥华潮州同乡会与加拿大各地潮人社区发起成立了加拿大潮商会，林少毅众望所归地被推举担任新成立的加拿大潮商会会长。商会成立后，由于拥有良好的基础，立即得到了加拿大政界、商界和侨界的大力支持，知名度越来越高。2012年2月7日，加拿大潮商会成立还不到一个月，林少毅就以新身份受邀参加了加拿大总理哈珀访问中国的代表团。作为代表团唯一的潮籍代表，林少毅随团访问了北京、广州、重庆三座城市，并在北京参加了一系列活动，与时任中国国家主席胡锦涛、总理温家宝以及人大常委会委员长吴邦国等党和国家领导人会面。

林少毅为何如此热心潮团活动？这与他早年经历有关，也与他的个性及情怀有关。

林少毅（右六）率领筹委会代表团访问加拿大总理哈珀（左六）

20世纪90年代，从香港初到加拿大时，林少毅明显有了异乡人的感觉。生意越做越大后，这种感觉并没有消除。他想，如果有机会，一定要将华人更好地团聚起来，在异国他乡营造出家乡的感觉，既排除身处异乡的孤独感，还可以在生意上相互帮衬。

林少毅很快了解到，在加拿大华人之中，潮汕人绝对数量不少，但不全是从潮汕地区直接走出来的，有从香港、台湾和东南亚等地迁徙过来的，还有当地潮人华侨的第二代、第三代等等。虽然同宗同源，但出生地和成长环境不同，直接带来了认知和交流上的差异。因此，虽然彼此都有互动愿望，但真正建构组织并不容易。

林少毅并没有改变初衷，他耐心地一步步了解不同背景潮汕人的诉求，并从参与组织同乡会开始做工作。例如，潮汕青年一代，他们大多没有在潮汕地区的生活经历，自小就接触西方文化。2013年，林少毅在刚成立不久的加拿大潮商会中成立了加拿大潮青会，潮青会的活动针对性强，更加侧重于对潮汕文化的体验，每年都会举行四到五次家庭郊游，让几个家庭、几代人围在一起喝喝工夫茶，听听前辈们吟唱几段潮剧，再分享长辈们烹煮的地道潮汕菜，后生们与家乡的距离一下子拉近了，有几对年轻男女还相处出了感情。故乡不再是抽象的概念，而是声音、味道，一草、一木。年轻一代潮人不仅要在他乡延续潮汕文化，更要融入当地主流文化。林少毅说：“我们商会每年都会组织一些潮汕文化活动，例如唐人街春节游行，每年都有近万人参加。我们游行的内容都跟潮汕传统文化有关，我们在国外也仍然会遵循一些传统的潮汕习俗，可以说，潮汕传统文化对我的影响是非常深远的。”林少毅在加拿大组织潮团活动时，一直将传承与传播潮汕文化作为重要内容。中国人性格普遍内敛，不擅长参与公共事务。林少毅通过潮商会和潮青会，设立奖学金，激励潮青努力学习，支持他们参与社区活动。他还邀请政府部长与潮籍年轻人交流。在异国他乡，遇到林少毅这样的善长仁翁，何尝不是一种福气？

记者从广州赴深圳采访林少毅当天，雷雨不断，广州一对潮汕籍夫妇无意间获悉我们的行程，他们恳请驾车跟随我们一同拜访林少毅，见上一面就行。原来，这对夫妇的独生女在温哥华读书，他们牵挂女儿，也从女儿口中获知加拿大潮商会在当地的影响力，于是他们想见会长一面。林少毅热情地接待了这对夫妻。这样的事情，他经历过很多。

在加拿大，生活着超过20万潮汕人，但相对于当地居民，依然是少数族裔。各种形式的潮团和同乡会，既在心理上支持身在异乡的游子，排解他们的孤寂，又能帮他们解决不少实际问题。

2013年，被推举为加拿大潮商会会长后，林少毅肩上的担子更重了。以地域和族群为纽带的商会，其功能诉求已经远远超越了联谊，这是一个全新的平台，应该在更高层面组织协调商贸活动。除了为在加拿大生活的潮汕人不断创造新的发展机会外，如何在中加两国之间构建起更为通畅和稳固的交流桥梁，从而促进中加两国共同发展？这成了林少毅最关心的事。

第十八届国际潮团联谊年会的申办成功，为林少毅提供了一个绝佳的契机。

就像北京申奥成功的喜悦在国人心中久久留存一样，成功拿下国际潮团总会第十八届国际潮团联谊年会的承办权所带来的兴奋和喜悦，也在林少毅的心中久久难以消散。

事实上，就任加拿大潮商会会长之后，林少毅就立即着手准备申办工作。就像奥运申办一样，国际潮团联谊年会的申办工作同样细致周密，但又往往需要大魄力与大手笔。此时，林少毅又通过自身良好的沟通能力和在政商两界的深厚威望，成功争取到了加拿大政府对申办工作的支持。2013年5月，在武汉香格里拉酒店举行的第十七届国际潮团联谊年会团长和秘书长会议上，林少毅适时地宣读了加拿大总理哈珀的支持信函。竞申结果毫无争议，大会一致通过，由加拿大潮商会在温哥华承办第十八届国际潮团联谊年会。得到西方大国现任政府首脑的书面支持，国际潮团联谊年会及潮人在世界范围内的影响力上了一个新台阶。这一切主要得益于林少毅多年来在促进加拿大政府与潮人沟通方面的卓越贡献。

随后，第十八届国际潮团联谊年会进入了紧张有序的筹备之中。林少毅及其团队更是不断与加拿大各级政府接触、沟通，又先后得到了加拿大卑诗省省长等众多政府官员的大力支持和协助。

2014年5月，林少毅率领筹委会代表团专程前往渥太华拜访了加拿大总理哈珀。接见会上，林少毅亲自向哈珀总理递上了邀请信，诚邀其出

林少毅（左三）与李嘉诚（左二）

席2015年8月在温哥华召开的第十八届国际潮团联谊年会。哈珀总理愉快地接受了邀请，并高度评价加拿大潮商会及林少毅本人为申办年会所做的努力。

谈起即将到来的国际潮团联谊年会，林少毅这位“掌舵人”竟如少年人般兴奋与憧憬。而这兴奋与憧憬的起因，显然并不仅仅来自成功举办一场盛会的成就感。对林少毅而言，这次盛会有着更加深远和重要的意义。

林少毅坦言，作为一个地地道道的潮汕人，一个真真切切的爱国华侨，团结潮人、促进全球潮人取得更大发展的最终目的，显然与祖国的日渐繁荣和富强是并行不悖的，“中国改革开放这30多年来所取得的成就可以说举世瞩目。特别是我离开家乡20多年，回来后发现处处都变得不一样了。祖国国力日益强盛，我们在海外的华人也倍感骄傲。据我所知，现在很多加拿大商人如果要发展壮大他们的企业，他们首先会取一个中文名，这是我们祖国强大的有力证明”。

作为侨居海外的企业家，如何将自己的事业与祖国的发展紧密联系起来？事实上，举办国际潮团联谊年会最重要的目的，就是为了寻找并促成这样的机会。

作为眼光深远的企业家，林少毅对中加两国的优势如数家珍：加拿大资源丰富，石油、矿产、煤矿、木材等各种资源储藏量都非常多，铀矿质量尤为出色。而中国人口多，正好为加拿大的资源输出提供了广阔的市场空间。目前，温哥华正在建立北美地区最大的港口，而很多中国企业都参与到了这个港口的建设中来。在筹备潮团年会期间，林少毅就曾多方游说，分别与加拿大贸易部、旅游部和中国对外贸易部门会谈，得到了两国相关部门的支持和帮助。“我希望，潮团联谊年会除了为潮人间联络感情提供一个平台，也更多地去带动经济、旅游等行业的发展，达到多赢的目的。”

值得一提的是，曾经独占“亚洲首富”之位多年的著名潮商李嘉诚先生，是国际潮团联谊年会的永远荣誉会长，此前曾参加过三届联谊年会。这一次，林少毅也向李嘉诚发出了邀请。为了支持国际潮团年会的顺利举行，2015年3月6日，李嘉诚还以旗下长江实业（集团）有限公司的名义向“国际潮团发展基金”捐资50万元港币，积极支持“国际潮团发展基金”的筹款行动，并在给国际潮团发展基金管理委员会主席庄学山和林少毅的信函中表示，国际潮团总会历年在提倡潮学、弘扬桑梓文化方面做出卓越贡献，值得祝贺和肯定。

梦回潮汕

1956年生于广东惠来县的林少毅，自小在汕头市区的老城长大。诚如其所言，潮汕文化深刻地影响着他和其他众多潮商的一生。“我和每一位老华侨一样，在海外靠自己艰苦奋斗，日子过得很苦时，我就想再努力一点，也许就会取得成绩，等功成名就时，一定衣锦还乡，造福桑梓。”

林少毅回馈家乡是从松山发电厂开始的。

时光倒回到20世纪90年代，经历过改革开放初期经济大发展的人都不会忘记，那时的汕头正沉浸在人人铆足力气寻找商业机会的热烈氛围中，但粤东地区在基础设施建设方面的严重不足，制约了迫切的发展需求。

林少毅（左）与广东省委原副书记、广东省潮人海外联谊会会长蔡东士

1992年，林少毅回到了故乡。见识过香港的璀璨繁华之后，林少毅深知充足的能源供应对一座城市发展的重要性。“我是地地道道的汕头人，20世纪90年代初曾在汕头做过投资，当时汕头乃至整个粤东地区的电力供应特别紧张，经常连续几天都处于停电状态，成为制约发展的瓶颈。那时，我正好回汕头考察，得知这个情况，我就决定在汕头投资办发电厂。”松山火力发电厂是中国第一家外商独资电企，在安全生产、纳税、管理等方面，都做出了非常好的行业表率。

除了直接投资家乡基础设施建设外，林少毅还非常重视家乡的教育。教育是固本之策，潮汕地区要全面发展，提升潮汕后生人的素质，让他们接受更好的教育，这是不二法门。

在潮汕地区，很多师生都听闻过“潮汕星河奖”，该奖项以“奖掖潮汕佳学子，造就银河摘星人”为己任，由时任广东省政协主席吴南生和汕头市委书记（后来任省政协副主席）林兴胜于1990年7月倡议创立，1991年2月25日正式成立。如今，潮汕星河奖已经发展壮大，早不止于奖掖上进学子，还发展出科技奖和师表奖等奖项。追根溯源，林少毅正是潮汕星河奖以及随后建立的汕头教育基金会的早期捐助人之一。

林少毅还斥资在南澳岛建设国际会议中心、设立温哥华潮州同乡会汕头会所，方便会员在汕头开展联谊活动，该会所还兼作南澳旅游促进会会址，为汕头旅游和文化事业发展做出积极贡献。

岁月流逝，在潮汕星河奖成立20年后的2011年，一本名为《梦回潮汕》的旅游文化精装著作亮相英国伦敦书展，引起国际媒体和潮人的广泛关注。这部著作的作者丁烁，是一位80后潮汕传媒人，全书共13万字，1000多张图片均为实地拍摄。书中首次披露潮汕人与花图腾的关系、潮汕话与日韩语关系、藏宝传说解密等，收录了约100处原生态的村庄与各类民俗活动，还有十几处瀑布森林探险穿越线路，并配有吃住行的攻略。

据作者丁烁介绍，书中内容本是在网上连载的，很快就获得很多好评，集结出版后更是获得全球范围的广泛关注，并获得国际潮人文学奖的提名奖等。记者在这本图文并茂、装订精良的书中，见到了林少毅作的序。据了解，该书之所以能够出版并连续参加国际性书展，同时还在加拿大潮人节上获得全球首发的机会，都离不开林少毅的鼎力支持。

提及这本在国际潮人中影响广泛的书，林少毅轻描淡写地说，一位留学英国的潮汕年轻人和他的朋友出于对潮汕文化的热爱，自发搜集整理了很多潮汕地区的老照片，还原了潮汕地区及其文化的历史原貌，很多老华侨看后都十分感动，勾起了不少回忆。而他认为，这本书对潮汕文化的传承和传播都十分有意义，因此就决定资助这本书的出版。

然而，很多时候，巧合带来的意义，往往会大于所有的刻意为之。

记者检索《梦回潮汕》作者丁烁的个人履历后发现，这位年轻的作者正是2001年潮汕星河奖二等奖的获得者。

两代潮汕精英，就这样通过一个巧合被联系到一起。这既是一件乐事，也是一件幸事。在一次媒体访问中，当被问及对年轻一代的潮人潮商有怎样的看法时，林少毅表示，年轻一代潮商除了继承老一辈潮商刻苦耐劳、敢闯敢拼、诚实守信的优点之外，大多数在传承潮汕传统文化的同时，也接收了新式教育，有着更高的文化素养。同时年轻一代潮商也更加追求创新，与时俱进。他们会把老一辈留下的企业用新型的管理模式进行管理，经常有新突破……毫无疑问，对于新一代潮汕年轻人的奖掖，从来都是这位前辈最乐于做的事。

当然，对林少毅个人而言，发生在《梦回潮汕》的巧合故事，也许真的只是一段插曲。《梦回潮汕》这部书的出版，除了是对他儿时记忆的一种“证明”，可能更是对其深爱的汕头老城的一次“正名”。用林少毅朴实的语言来说，“汕头以前是很出名的”，不管汕头的现在与未来多么璀璨，都不能遮掩其悠久历史的耀眼之光。

在采访接近尾声时，这位即将步入花甲之年的潮商领袖像所有年轻时远赴他乡打拼的游子一样，表达了对故土的眷恋。他曾在不同场合多次表示：“等我老了，就回家乡定居。”

虽然记者对林少毅的采访，是在深圳这座洋溢着青春气息的城市展开的，但谈到“回乡养老”的话题后，林少毅自然而然地想到了如今在内地非常热门的老龄化问题。事实上，这一问题早在多年前就引起了他的强烈关注，他分析说，中国的养老机构发展空间很大，从商会的立场出发，投资养老产业不仅是商业问题，而且是社会问题。他还透露，目前正计划将加拿大的一些良好养老模式复制过来，为家乡多办些实事。而这个想法也得到了汕头市政府及潮商会全体同人的支持，项目已经在按部就班地推进中……

这位一成年就远赴海外的游子，似乎一时一刻都没有离开过那深爱的故土与乡亲，他的打拼、他的艰辛以及他如今的成就和理想，似乎都围绕着“潮汕”二字铺展开来。这是执着，是眷恋，还是情怀？林少毅并没有在这次访谈中明确无误地告诉记者，但也许，每个人心中都已有了自己的答案。

对话

打造平台融合发展

祖国强大是游子的福音

时代潮人：你出生在惠来县，20世纪80年代初移居香港创业，后来成立悦富集团。当年是出于怎样的考虑？

林少毅：去香港前，我在汕头一家街道集体企业工作，和当时很多潮汕青年人一样，不愿意按部就班，而是希望趁年轻出去闯一闯。当时正处于改革开放初期，整个社会充满了活力，加上我也有了初步积累，于是就在家人和朋友的支持下去了香港。

时代潮人：你离开家乡快半个世纪了，这些年，你对家乡是一种什么样的感觉？

林少毅：树高千丈，总离不开根，无论走多远，都想为家乡做点事，这些是在血脉、宗亲、文化方面与故土的连接，其实每一个身处异国他乡的游子都差不多，20世纪90年代初，了解到电力供应不足影响汕头发展时，我投资创建了松山火力发电厂，这是中国首家外商独资电力企业。家乡有需要，我又有这个能力，于是就做了。虽然这是个商业项目，但我首先考虑的并非投资回报，当时很多华侨对国内政策的稳定性和商业环境心里没底，观望的多，真正投资的少。

时代潮人：潮汕企业家在世界范围内影响力很大，几乎每个经济领域都活跃着他们的身影，但有一些潮汕籍企业家回家乡投资反倒比较谨慎，你怎么看这个现象？

林少毅：这是一个值得探讨的话题。潮汕有非常好的慈善文化传统，绝大多数潮汕企业家，无论身在何处，在国内还是在海外，普遍爱国爱乡、忠亲敬土，他们在老家捐建了很多学校、公路、善堂，平时赈灾救困都很积极。潮汕企业家在外面风生水起，但对回家乡投资，的确比较谨慎。不光是潮汕企业家，其他地域的企业家对回家乡投资办实业

加拿大联邦长者事务国务部部长黄陈小平（左）、联邦政府人力资源部及多元文化部部长康尼（中）与林少毅在一起

的心态也差不多。这有比较复杂的情感因素在里面，既要获得预期的投资回报，又要让父老乡亲方方面面满意，谈何容易？但无论如何，潮汕企业家在过去、现在以及未来，都是促进潮汕地区经济社会发展的重要力量。家乡的父母官们也在国家“一带一路”战略背景下，积极完善投资环境。我相信，一定会有越来越多海外潮汕籍企业家回故土投资。家乡发展了，企业家们也获得良好的投资回报，双赢才能持久。

时代潮人：目前，中国在国家层面上推动“一带一路”战略，受此鼓舞，越来越多潮汕人再度“下南洋”。与先辈们为了谋生漂洋过海相比，你觉得今天主动走出去的潮汕人有哪些优势？

林少毅：早年走出去的，主要是求生存，当时中国在国际上影响力弱，游子们在异国他乡落地生根非常不易。今天走出去的，主要是求发展，他们有备而去，更重要的是，中国综合国力及国际影响力已经大大增强，能为海外华商提供非常有力的支持。据我了解，现在很多加拿大商人会给自己或企业起个中文名，因为与有13亿人口、经济蓬勃发展的巨大经济体做生意，空间才大。此外，经过几代人的努力，海外华商的整体影响力越来越大，大家互帮互助的意识越来越强，参与国际性活动越来越多。这些都是优势。当然，当下走出去的潮汕人，一定要继续保持先辈们勤勉务实、敢为人先的优秀传统，这一点什么时候都不能丢。

时代潮人：“大众创业、万众创新”是李克强总理在2015年初针对中国各阶层提出的创业动员口号。潮汕青年创业热情很高，作为前辈，你对他们有什么建议？

林少毅：潮汕后生们有创业的激情和行动，这是好事。但创业很少就能随随便便成功。万一成功了，恭喜你；万一失败了呢，你该怎么办？能否快速爬起来？这是开始创业前首先要考虑清楚的现实问题。创业像修行，一路上难免磕磕碰碰、风吹浪打，经摔、跌倒了能快速爬起来，这才行。其次，一定要勤奋、务实，“一勤天下无难事”，你很勤奋、很专注，日积月累，你对某个领域的理解就比别人深，积累的资源也比别人多，你就离成功更近。最后，是做人的品性和格局。品性端正、格局大，做任何事情，都主动考虑到多方利益，那就容易聚人气，人气就是财气。中国有句俗话：做事即做人。这是有道理的。潮汕人当中，每个领域都有做得很大的，做大的方式不同，但相同的是，大家都很勤劳。

时代潮人：从投资角度来说，你近期在中国有什么动作或计划？

林少毅：随着中国老龄人口比例的增加，在老年健康及养老方面存在比较大的市场空间。投资养老产业，既是商业也是公益，用商业运作思维为老年人提供更好的服务，这也是在帮政府解决实际问题。一旦时机成熟，我会将加拿大的一些成熟的养老模式引进来。

潮汕文化是连接全球潮人的黏合剂

时代潮人：三年前，你资助出版了一本名为《梦回潮汕》的图书。能否谈谈与这本书有关的情况？

林少毅： 与潮汕文化有关的图书不少，但《梦回潮汕》很特别。这是一位80后潮汕小伙子丁烁的作品，他实地考察过很多潮汕文化遗迹，研究了大量资料史料，并用多种音频软件分析，得出“潮汕人天生会说韩语和日语”的判断；他最初还给这本书起了个《艳遇潮汕》的名字，正式出版时改成了《梦回潮汕》。这本书信息量大、趣味性强，而且对潮汕文化有很多全新解读视角，光图片就有1000多幅。我觉得这本书很有意思，就在2012年赞助他出版，并写了序。

时代潮人： 你的主要经历是从商，但也做了很多与传播潮汕文化有关的事，你怎么看待这个问题？

林少毅： 加拿大生活着20万潮汕人，有十几个潮人社团。潮汕文化在加拿大潮汕人中得到了非常好的延续。潮人社团参与主办的一年一度春节游行，是温哥华很有知名度的大型庆祝活动之一。2011年，温哥华市市长罗品信宣布，每年9月10日定为“潮人日”，以表彰温哥华潮人对当地的贡献。在海外，我们属于当地的“少数民族”，而文化正是很好的黏合剂，能将男女老少、不同年龄的潮汕人团结起来，大家在心理上多了依托。在第十八届国际潮团联谊年会上，我们也将文化交流与传播列为重要内容。大会准备将国学大师饶宗颐先生的《饶宗颐书画大系》赠予加拿大政府，让加国人民领略中华文化的魅力，进一步促进中加两国之间的文化交流。

时代潮人： 在海外出生的潮二代、潮三代没有在潮汕故乡生活的直接经历，如何让他们感知潮汕文化？

林少毅： 这是一个复杂的问题。对于第一代移民，潮汕文化在他们身上的印痕很深，可以说一辈子都不会淡忘，他们遇到的普遍问题是，如何尽快融入当地主流文化。而第二代、第三代移民及他们的子嗣，他们一出生就在国外，如何向他们传递传统文化就成了普遍问题。除了代际之间的言传身教外，潮团组织可以在文化传播方面发挥很大作用。加拿大潮商会每年都组织很多潮汕传统文化活动，例如，每年春节期间的团拜、中秋节的庆贺团圆等。我们还组织第三代、第四代年轻人回潮汕故乡寻根。

时代潮人： 你对自小在加拿大出生的潮汕青年整体印象如何？

林少毅： 他们把中西文化融合得很好，既继承了祖辈们身上勤劳、诚信、敢拼的优点，又吸取了西方文化中的精华，他们接受的教育更系统，视野更开阔，参与意识更强。

时代潮人：2002年，你牵头在温哥华设立了教育基金会，能否谈谈基金会的情况？

林少毅：这个基金会是我担任温哥华潮州同乡会会长时牵头成立的，成立的主要目的是奖励学习成绩好的潮裔孩子，鼓励他们好好读书。我们每年都通过基金会评定优秀学生，从小学、中学到大学都有，基金会给他们奖励，我们还会请当地政府部长给他们颁奖，激励他们读好书，让他们和主流社会更好地融合。华人实际上不太喜欢参加社会公共事务，这个教育基金会在逐步培养他们的参与意识。基金会的资金源于企业家个人捐款。

从联谊桥梁到合作平台

时代潮人：十几年前，你就是温哥华潮州同乡会会长，2012年又创建加拿大潮商会。2013年，你又带领潮商会争取到第十八届国际潮团联谊年会在温哥华的举办权。从你公开的行程安排判断，这几年，你主要以商会会长及国际潮团联谊年会主席的身份做整合全球潮汕资源的工作。作为企业家，为什么要投入精力做这些事？

林少毅：作为潮汕人，在外面生活得越久，就越眷恋故土，越想为家乡、为海内外潮人兄弟姐妹做一些力所能及的贡献。在家乡投资、做慈善，有时间和空间上的局限性，只能让一小部分人获益；现在利用商会及国际潮团联谊年会平台，公共性及公益性更强，能聚合更多海内外资源，既敦睦了乡谊，传播了潮汕文化，又能搭建起强大的商贸平台。中国正在推行“一带一路”战略，潮汕地区正争取发展成为21世纪“海上丝绸之路”的重要门户，这里既产生出大量投资机会，又需要具有国际视野和拥有先进技术的人才。我们将在第十八届国际潮团联谊年会期间组织高层次中加商贸交流，让中国资本与加拿大丰富的资源对接，让海外潮商了解中国的商业机会。在促进全球潮人融合方面，民间社团能做得更顺心顺手，这是我热衷的最根本原因。

时代潮人：国际潮团联谊年会已经举办过17届了。与往届相比，本届有什么特色？

林少毅：现在很多社团都在转型。2013年，作为组织名称，国际潮团联谊年会正式更名为“国际潮团总会”；为了传承需要，继续保留“国际潮团联谊年会”的会议名称。实际上，第十八届国际潮团联谊年会是更名后的第一届大会。为什么会更名？以前的潮团以联谊为主，同乡会也一样，这是有历史原因的。大家离乡背井谋生活，怕当地人欺负，所以要联谊、抱团，相互帮衬。现在不同了，社会规则更加健全，出门在外被欺负的可能性小了，而且无论是交通还是通信，都很发达，想家了，联系很方便。所以，以地缘为基础的同乡会性质也因时而变，从以联谊为主，变为交流信息及促进商贸合作的平台。国际潮团总会也是一样，大家联络了感情之后，就要一起聚合资源做更多事情。所以这次大会中，除了联谊，还有更多文化及教育交流、商贸合作等主题。

兵
兵
炮
冠军

许银川：从潮汕走向世界的棋王

许银川身上有潮汕人典型的低调、质朴。他17岁就获得全国冠军，此后多次站在职业象棋赛事的顶峰。不惑之年的许银川，坦言自己很幸运，生命对他足够眷顾。早年，父亲敏锐地发现他在象棋方面的潜质，于是竭力为其创造条件，引导他在棋路上深耕。许银川在其自传《银川棋路》一书中，回忆起小时候在故乡四处寻师学棋的诸多细节，他吃住在那些师长家中，师长们毫无保留地指点他，并期待被自己调教过的后生挑下马。潮汕文化和民间智慧给了许银川最大的滋养。

许银川坦言，在比赛中，他也时常遇到瓶颈，突然之间似乎不知道怎么赢下去，但不能退却，不敢言败。世事如棋局局新，每一个冠军都需要从头开始。

许银川的故事

先手

许银川的故事，没办法只从他自己讲起。他自小生活的潮汕土壤之中有着肥沃的文化养分。

熟悉象棋的人都知道，开局先行叫作“先手”。当两军对弈之时，“先手”的重要性不言而喻，尤其是顶尖高手间的对决，差之毫厘的往往正是这先后手之别。对于有着“中国象棋第一人”之称的许银川来说，他的辉煌棋路也有一招著名的“先手”，那就是他的父亲——许候老先生。

许老先生的正业是中学语文老师，数十年的育人之路，令其桃李满天下。虽不及儿子那般“功成天下晓”，但在惠来隆江学子中却也是鼎鼎大名的。曾有学生撰文回忆许老先生课堂上的风貌，并断言许银川的成功都是来自这位严师慈父的“汗水与功劳”。虽有些武断，但尊师之情却也溢出于文字之上。由此可见，许老先生在育人之路上的成就，并非仅仅体现在自己的儿女们身上。

中国孩子的成才路，往往映衬着父母含辛茹苦的背影，比如我们熟知的钢琴家郎朗，其父的多年付出与用心良苦，一直为不少国人所津津乐道。而在许银川成长为象棋特级大师的道路上，作为全县象棋冠军的父亲所发挥的重要作用，自然可想而知。事实上，在可谓是汗牛充栋的回顾、分析乃至是总结许银川成功经验的各类文字中，对许老先生的种种描摹与夸赞都占了相当大的比例。不过，令人稍感意外的是，在许银川自己的回忆文字中，却采用了十分不同的着墨方式，勾画出父亲如何用深谋远虑的“布局”来引导自己走上这条光辉的象棋之路。

布局

如今的许银川早已不是当年那个一鸣惊人的“少年姜太公”，虽在象棋界依然有着举足轻重、罕逢敌手的地位，却也无意去争个“常胜将军”的宝座来坐坐了。打开许银川的微博，你能看到他调侃自己“只有输棋的时候才会发微博”，说的虽然是“一场败仗”，却没有一丝一毫的放不开、放不下，短短140字内总有那么一抹挥之不去的云淡风轻。

生于1975年的许银川，正值不惑之年，对于自己如今的心态和对象棋的认识，他的诀窍是两个字——“位置”。许银川坦言，作为一名棋手，下棋的过程中棋子应该摆在什么位置，对棋局的发展十分重要。“有时候一个看起来作用不大的棋子，摆在很重要的位置，就会引发很重要的作用。相反，有时候像车马炮那些大子，正好用不上，被隔断了，那么你再努力也没用，所以我觉得做人最重要的一点，就是摆好自己的位置。”

摆好“位置”，就要有一股从容不迫的气，一颗定力坚深的心。许银川当然有这样的气魄和心性，他给自己的定位仍旧是一名“棋手”，

2013年，许银川（右三）代表中国队出征第十六届亚洲象棋个人锦标赛并获得个人冠军，与队友在闭幕式上合影

舍此无他。很难想象，这位少年成名、称霸棋坛20余年的“中国象棋第一人”，内心仍旧是这么清澈无翳，难怪很多人都说许银川身上有股“仙气”，象棋比赛是外人看不见硝烟的对抗，但棋手之间心智与技术的搏杀非常激烈。赛场之外，许银川气度淡然、内心明澈。

这股明澈劲儿，又是从何而来呢？

起着

许银川生长于惠来县隆江镇。在这个以猪脚饭著称的小镇上，许家也算是小有名气。在棋风盛行的潮汕地区，有一位全县象棋冠军的老爸，许家兄妹平日里自是见惯了各路象棋好手的来来往往。

许家有四兄妹，许银川排行第二。哥哥比许银川大三岁，也最先对象棋发生兴趣，自然就成了小银川的启蒙老师。不过，兄弟俩之间玩耍对弈的欢快时光并没有持续多久，哥哥的兴趣就很快被学业所占据了。但年幼的许银川却对象棋产生了越来越浓厚的兴趣，并显示出了不凡的悟性。据许银川的亲友回忆，4岁时，小银川就可以为了看棋而站在棋盘前一两个小时不喊累、不厌烦。家中同龄或稍长的小伙伴们也早已不是他的对手。

许银川的父亲许候是一位象棋好手，也是一位人民教师，当然更是一个地地道道的潮汕男人。与很多潮汕男人一样，许家的父亲对儿子们说不了几句话，也不会轻易干预子女自然而成的兴趣爱好。不管是家中其他子女对象棋的短暂尝试，还是许银川从小就展现出来的象棋天赋，这位父亲都只是看在眼中，念在心里。因为他深知，如果要成为一名职业棋手，并在象棋的路上走得更远，需要的显然不仅仅是兴趣。望子成龙，是每个父亲的心愿，如果儿子能在象棋这条路上走得深远，倒也是不错的选择。

是不是一块职业棋手的料，除了看天赋、兴趣外，能不能顶得住枯燥漫长的学习、训练与比赛，在扑面而来的成功与失败，以及生活中的各种人之常情前不为所动，反倒是更为重要的品性。就像许银川自己常说的，学棋，只要中等的智力就可以了，重要的是有定力。

2009年第二十九届“五羊杯”全国象棋冠军邀请赛，许银川（右）与全国冠军、象棋特级国际大师吕钦在广州文化公园比赛

幼时的许银川，兴趣爱好十分广泛，不但阅读涉猎广泛，还对书法绘画饱含热情。“小人书”、古典小说等丰富了他的眼界，也分散了他的精力。不过，家中的“老棋手”父亲却并不着急，一直到小银川对象棋的劲儿头越来越大，在朋辈间也无处觅对手之时，才决定进一步试试这黄口小儿的真心本性，并借机提高一下他的棋力。

20世纪七八十年代的潮汕地区，市集里盛行喝茶下棋。对初学者来说，实战是提高棋艺的最佳途径，而在与民间高手不断对弈中仍不因挫折而放弃，也是见出爱棋本心的好机会。于是，父亲将小银川带到了市集上的萧七茶铺，让他与往来市集的江湖好手对弈，提高棋艺。

此时的许银川，虽有绝佳的天赋，但毕竟年纪幼小且又缺少系统扎实的象棋知识，面对成年棋手的攻城略地，只有潜下心来不断长时间思考，以求应对之策。好在父亲早有江湖名望，众人也都看得出许银川是可造之材，往往对他的长时间思考不以为意，不改认真对弈之心……没多久，隆江的茶铺已经不够许银川驰骋了，在父亲的陪伴下，到藏龙卧虎的潮汕大地寻觅更强的对手，已经成了他入学前最重要的日常活动。

到了上学的年纪，父亲帮许银川补习了汉语拼音就让他读二年级。学校的集体生活，自然不同于那走街串巷与大人挑灯下棋的日子，儿童的天性就是要在与同伴的玩耍中激发出来。这时的许银川就是一名学习优良的小学生，他不惧考试也热爱运动，唯一不同的是，每逢春节他都要和父亲一起“摆擂台”。

当时的隆江镇，每到春节就会安排象棋表演。表演以擂台的方式进行，父亲是擂主，银川是先锋。一般来说，大部分攻擂者都不是许银川的对手，而这个少年坐在擂台上，心中最惦念的其实是擂台下的隆江猪脚饭和欢快的舞蹈……

正着

也许守得住擂台，还不足以打动父亲，他要为许银川定下一条通往职业棋手的路。天赋、兴趣和历练都有了，还缺少一个重要的因素——机遇。当改变自己命运的时刻到来时，懵懵懂懂的许银川却毫不犹豫地下出了一手漂亮的“正着”（对弈时必须走的一着或数着，也指正确着法或官着）。

1984年，惠来县举办了首次少年象棋比赛，准备选拔苗子参加次年的汕头市体育运动会。由于许银川在学业上一直有着出色的表现，面对着这样的良机，有着全县象棋冠军和隆江中学语文老师双重身份的父亲许候反倒犹豫了起来——儿子的天资不俗，选择一条更寻常的成才之路，未见得不会取得大成就。

而入学后，许银川的生活重心也早已转到了课堂上，如今的棋艺是不是能够问鼎县少年冠军，也还是一个未知数。这时，惠来县体委干部林锦隆来到了许家，凭借着一副好口才，终于说动了许候，让他允许许银川第一次走上有专业背景的象棋竞技场。

然而，这一战并不顺利。“久疏战阵”的许银川，在与神泉镇小选手的对垒中败下阵来，本已失去了争鼎之望。最后倒是因为神泉镇选手春风得意中，败于他人之手，给了许银川加赛争冠的机会。而这一招败后重生的“正着”，让小小年纪的许银川下得毫无破绽，两场加赛均将对手斩于马下，最终获得了惠来县少年象棋赛的冠军。

这是许银川象棋路上的第一个冠军，也可以说是最为重要的一个。

这个小小的县少年赛冠军，不但为他获得了参加汕头市体运会的机会，也打消了父亲许候心中最后的顾虑。从此之后，许候就默默地在自己心中为儿子精心布下了一场好开局。

入局

许银川的棋路从此铺开，很多在棋迷中耳熟能详的故事，就此轮番上演：10岁，汕头市运会少年赛冠军；11岁，广东省运会象棋少年赛冠军，随后进入广东省队；13岁，全国象棋少年赛冠军；18岁，登顶全国个人赛冠军，成为中国象棋史上第9位全国冠军；之后又五夺全国个人冠军，并6次获得全国全体冠军以及亚洲和世界冠军……

纵观许银川荣誉史，进入广东省队是一个分水岭，在杨官磷、吕钦等良师益友的悉心教导与栽培之下，许银川很快就青出于蓝，十余年间便攀上了“中国象棋第一人”的高峰。不过，在这场问鼎巅峰的“中局”混战开始前，我们还是要从许候为儿子打下的坚实基础说起——

当年许银川在汕头市赛取得成功后，许候做出一个决定：他主动找到学校沟通，让许银川改上半天文化课，下午回家练棋。既然要将下棋作为一项正式的事业来追求，那就要全力以赴。但纵然是全县成年组的象棋冠军，在照顾家庭维持生计的同时，又该如何指导和帮助儿子打好基础，尽快提升棋力呢？

许候选择了一个见效快但极为枯燥的方式——打谱。所谓“打谱”，就是照着棋书在棋盘里一步一步摆出来。摆棋的同时，要逐步研究前人为什么要这样下，以及每一着的变化与得失。打谱的好处不言而喻，省去了四处奔波寻找合适对手的麻烦与负担。但“坏处”也是不言而喻的，那就是异常枯燥。此时的许银川不过11岁，儿童的玩耍天性正蓬勃万端，时不时就会因为出去玩耍、到邻居家偷看电视等原因而被父亲狠狠批评。

除此之外，为了帮助许银川打下更好的基础，父亲还在力所能及的范围内，延请到一位以江湖残局著称的饶平象棋高手前来家中授艺。而此时的许家，虽还经营着油印生意，但在机器印刷的冲击下早已是每况愈下，又要承担请师的负担，经济上已有些捉襟见肘。

潮汕地区自古就重视教育，特殊的地理历史环境又形成了重商的文化传统。许银川的父母都是教师，虽然许候自己十分热爱象棋，又有小成，但并未将其视作终生的事业。即便是对较早展现出天赋的子女，他也从未强求其钻研象棋，以象棋为生，而认为这是兴趣、是爱好，任其为之。对于许银川走上职业棋手之路，许候也是多有疑虑，但经过深思熟虑，认定了许银川在棋盘之间可以有所为后，却也义无反顾。敢于尝试、敢为人先，这些就是潮汕人的品性。

而当许银川远离家乡，不断在外取得成就，却也经历着各种挫折之时，父亲仍旧是他的“主心骨”和“定海神针”。据许银川事后回忆，似乎每一次自己取得的成绩，都在父亲的意料之中。哪怕是在许银川初出茅庐，多次冲冠折戟之时，父亲也从未对许银川迟早能成为象棋特级大师的信念与判断而产生过动摇。

中局

1987年，还不到12岁许银川就得到了去省队集训的机会。当时的广东队可谓是人才济济，前有杨官璘大师指点迷津，后有“少帅”吕钦一夫当关，男队女队都是当时全国冠军的不二之选。即便聪慧如许银川，在这样的团队中，也不得不面临着“生存”压力的考验。

这个不善言辞、安静的潮汕男孩，拿出的仍旧是那份定力。

第一次集训结束后，许银川像小鸟返巢一般回到了隆江镇家中，在父母和兄弟姐妹中度过了一个甜蜜而安稳的春节。但春节过完，能不能留在省队的难题又摆在了许家父子眼前。又是因为放心不下，也是为了坚定儿子的信心，这一次，许氏夫妻决定一起送儿子去广州，还打算住上几天。

只身一人在棋队集训时，沉默寡言的许银川用上了父亲传授给他的“童子功”——打谱、摆棋。他平时比别人来得早不说，一个个举目无亲的周末自然也都是在训练室中度过的。而父母这次一同送他来广州，让许银川既感动又备感压力。

那一次父母离开时的情景，多少年来一直在许银川的脑海中挥之不去，很多棋队老友也对当时的场景记忆犹新。

那个春日，棋队的训练赛已经开始，正在棋盘上为实现留在省队的梦想而努力的许银川，用眼角余光扫到父母临行前又来看自己比赛。此时，这位棋坛少年心中的翻江倒海无人能知，但他夺眶而出的眼泪，却人人都能看见。

12岁，对于绝大多数同龄人来说，生活中最大的压力也许不过是来自要考入哪所初中。而许银川所要面对的考验，却是要在广东棋队这支“棋坛梦之队”中，拼下自己的一席之地。许候在回忆当时的情景时说：“当时举座恻隐，停弈观望，但大家都沉静无语。这是我见到银川少年时代第一次流泪，也是最后一次，是亲情难免，也是幼雏失抚，难为孩子啊！”

功夫不负有心人，在杨官磷等大师指点和帮助之下，早已悟得在静处下功夫的许银川逐渐取得了棋艺上的突破。就在这一年夏天，许银川获得了全国少年赛冠军。翌年，他又成功在内部选拔赛中突围而出，跟随广东队赢下全国团体赛冠军，终于成为了广东象棋队的正式成员。

此时，摆在许银川面前的目标愈发清晰了。他要问鼎全国个人赛，

2013年第十六届亚洲象棋个人锦标赛，许银川（左）与台湾棋王吴贵临对垒

成为一名中国象棋特级大师！

1990年，全国个人赛在杭州举行，经过上一年的尝试与摸索，许银川在这一年位列个人赛第九名，成为当时中国最年轻的象棋大师。成功的欣喜带来的是更大的挑战与责任，当许银川将捷报发给父亲时，却收到了一封语重心长又满含说理的回信，用许银川自己的话说："父亲的信总是很长，而且善于说理。对于我的进步，他并没有过多的赞誉，只是鼓励我继续努力，并提醒我注意总结。有时候，我觉得父亲有点神机妙算的本领，他总是能较早地预言到我即将取得的成绩，对于我的进步，他从不感到惊讶。"

然而，问鼎棋坛又谈何容易？

在取得了一次全国个人赛第三名的傲人成绩后，许银川却遭遇了一次不大不小的"滑铁卢"。第二年全国个人赛的尾声，他撞上了"棋坛司令""一代宗师"胡荣华。

说起胡荣华，最为棋迷们所津津乐道的是他15岁成为全国冠军后，取得的前无古人后无来者的"十连霸"纪录，并以一己之力为当代中国象棋学派奠定了基础……而许银川此时遭遇的胡荣华虽已告别了"十连霸"的无限风光，但仍是全国个人赛冠军领奖台上的常客。

也许欲成大事，必经此一劫吧。这一次，许银川一直以来的"救命法宝"——沉稳，却成了他登顶棋坛的"绊脚石"。在棋风凌厉的"胡司令"面前，此前战果颇佳的许银川产生了保守心态，想要稳稳地"守到"一个冠军。

结果，自然可想而知。

回首这次失利，许银川感慨良多，他坦言，这次失败无异于给了他当头棒喝，"如同一辆全速前进的火车遭遇突如其来的障碍物紧急刹车，因惯性太大，车上的乘客被甩在地下"。

当然，再刻骨铭心的失利之痛，也打不垮这个头脑清晰、遇事沉稳的少年，"稳"令其败又令其重生。收拾心情，找到症结与对策后，许银川又再次向顶峰发起了冲击。

1993年在青岛，许银川的二次冲冠之路开始也不顺畅。赛程过半时，他又折戟于黑龙江特级大师赵国荣，前景一片黯淡。而雪上加霜的是，次一轮他将要再战"胡司令"！

此战之前，这位未来的棋王只与老棋王胡荣华有过两次交手，未尝一胜。其中还包括上次个人赛的“椎心”一负。哪里摔倒就在哪里爬起来！说得容易做起来却难。不过这一次，许银川做到了。

这场关键战役，堪称许银川人生与棋路上的双重转折，但其坦言，那一战胡荣华棋差一招，局势陷入被动后就已无心恋战。对于一位纵横棋坛数十载、辉煌无数的常胜“司令”来说，即便是输了这一局，也不过是他光辉路上的“一次不经意的踉跄”。但对于一个正亟待证明自己又处于困境中的赶超者而言，这一胜却不啻于一剂强心剂，顷刻间令许银川问鼎全国冠军之路豁然开朗起来。

此战小胜后，许银川果然一鼓作气，一路连克强手，最终赢下当年全国个人赛的冠军。而此时的许银川，才刚刚18岁，成为了胡荣华之后最年轻的中国象棋特级大师！

接踵而来的，自然是花团锦簇与衣锦还乡。一鸣天下的许银川又乘势拿下了一连串的胜利：四战全胜赢下“味极王杯”八省市精英赛冠军，以不败战绩问鼎被誉为“王中王”之战的第十四届“羊城杯”全国冠军邀请赛……当然，这条荣誉之路也并非都是一帆风顺，1994年的郴州全国个人赛，许银川就遭遇了“滑铁卢”。

平心而论，郴州一战，许银川获得了全国个人赛的第四名，仍是相当好的战绩。但此时眼中只有冠军的许银川，却难以接受这样的结果。“不夺冠就意味着失败”，这样的怪圈，葬送了多少冠军选手啊！好在此时的许银川已经对胜负之分有了更多领悟，一旦调整好竞技心态，寻常比赛的冠军仍旧不在话下。

而真正能让他暂时挂起“免战牌”的，其实还是棋坛外的“对手”。

1995年，许银川在忙于征战棋坛的同时，还入读了中山大学中文系。繁忙的学业、相对薄弱的基础，加之对自己身体状况认识上的不足，终于让病毒有了可乘之机，风华正茂的全国特级大师，居然到了痰中带血的地步，才去认真就医！

可能只有在病中，这个叱咤棋坛的“姜太公”才终于认识到自己还是个“少年”。虽然在养病期间，正值上升期的许银川错过了多场重大赛事，但与母亲难得的相处时光，以及病中体悟到的棋道与人情，都对他此后的棋路走向产生了十分重要的影响。正如他回顾病愈后再次赢得全国个人赛冠军时所言：“也许，在全力以赴之后，依然要承受失败的痛楚，但不去坚持，就只有失败……只要认定自己所走的方向是正确的，就应该坚强地走下去。”

残局

许银川说，象棋中的残局，其实更像是一门艺术。由于直接性战斗接触减少了，子力的调运就显得更为关键。

从20世纪90年代至今，中国棋坛罕有人可以与许银川相提并论。他虽然也偶有败绩，和棋也日渐增多，并遭遇了诸如蒋川等后起之秀的挑战，但长期关注中国棋坛的人，仍旧将许银川视为中国象棋的“第一人”。很难说如今的许银川对冠军已经失去了渴望，但不少人都说他求胜的欲望降低了。当然，也有个通俗的说法，认为他是在“享受象棋”。

2015年8月3日上午，我们终于在位于广州市体育东路南方大厦的广东省潮人海外联谊会上见到了许银川。这次会面，大家聊了许多，也让我们对这位文棋画俱佳的象棋特级大师有了更深的了解。但临别之际，许银川却告诉我们，自己遇到了瓶颈，似乎不知道怎么赢下去。作为棋手，又是冷门项目，如果不去频繁地登顶，那前路又在何方呢？

这样的问题，没有人能够替他解答。只不过，就在这次采访结束后不久，我们又在“@象棋许银川”的微博上看到他聊起了比赛，他刚刚在与新锐棋王蒋川的“双川会”上，以两胜两和的不败战绩赢得胜利。

我们还了解到，许银川在2014年辞去了广州棋院副院长的职位，成了一个“自由人”。也许，就像他在开篇时所说的那样，象棋的精髓与诀窍无非就是“位置”，在还没有找到更好的位置前，他还是把自己摆在了——“棋手”——这个清晰简单的位置上。微博上的云淡风轻，与他少年时从江湖高手和杨官磷这样的大师处学来的残局一样，无非是——运子帷幄，人棋如一。

对话

不惑之年的惑与获

关于人生

时代潮人：能否描述一下您的近况？

许银川：我2014年离开棋院，不再担任相关的职务。现在一是代表广东队参加中国象棋甲级联赛；二是参加东湖棋院的一些活动，尝试做与象棋教育有关的事情。

时代潮人：几年前在接受其他媒体采访时，您曾主动向记者表示过，自己很顺，似乎没有记者期待的故事。人生和事业其实绝非随随便便就很顺的，您总结过自己很顺的原因吗？

2008年，北京奥运圣火传递活动在汕头举行，许银川担任奥运火炬手

许银川：其实顺与不顺，是很主观的说法，在不同的人生阶段，对过往的经历会有不同甚至矛盾的评价。很多事情过去了，就会觉得没什么。自小就练棋，后来走上职业棋手道路的人很多，但能到我这种程度的凤毛麟角，这么看，我很顺。顺的原因，我想主要是坚持自己走自己应该走的路，哪怕处于逆境，也要坚持。

时代潮人：1993年，您成为中国象棋史上第9位全国冠军时才18岁，是最年轻的全国冠军和特级大师。年少就获得这些殊荣，当时的心态会不会有些变化？

许银川：确实是有点突然，当时拿到冠军就一下子有了成名的感觉，接受了很多采访和很多荣誉，那时心态挺膨胀的。但这个的确是一个转折点，获取全国冠军确实是一件很难的事，我也没想到能拿冠军，还想着这一辈子不知道什么时候能获得一次冠军，其实我都在迷茫中度过。获得冠军后，我就坚定了继续在这条道路上走下去的决心，感觉自己的技艺和境界可以往上再前进一点，信心足了，在跟高手对决时，再也不会怯场了，就用平常心和对等的心态去看待。

时代潮人：从拿到第一个全国冠军到现在二十多年过去了，该拿的冠军您都拿了。您继续在棋路上往前的动力何在？

2011年，许银川（右）探望身患骨癌的12岁天才棋童，实现他与象棋大师对弈的梦想，并为其签名留念

许银川：这也是自己探索的一个问题，首先就是应该在竞技道路上继续进取；还有就是除了竞技方面，应该在其他关联领域，例如象棋教育、普及推广等方面做一些尝试。这些还在摸索之中。

时代潮人：您是1975年出生的，2015年正好是40周岁，俗话说“四十不惑”，对于职业及人生，您是否还有什么困惑？

许银川：孔子说“四十不惑”，但是我觉得，其实人一直在探索中度过的，包括探索人生的方向、职业的方向，很难做到真正的不惑，我觉得不惑应该是相对的，到40岁的时候经历的事情更多一些，理解力与承受力更强一些。我觉得自我定位特别重要，一个人很重要的一点，就是摆好自己的位置。所以我基本上还是认为自己应该是一名棋手，因为从小就学棋，如果抛弃了象棋去做其他事情，我发挥不了自己应有的价值。

关于象棋

时代潮人：您拿了那么多的冠军，最深刻的是哪一次？

许银川：应该有好几次印象都很深刻，第一次获得冠军，印象很深刻，不过现在有点模糊了，毕竟隔得太久。冠军确实是很高的荣誉，但感觉也没有特别兴奋，就打了个电话回家，汇报一下情况这样子。家里人却很兴奋，特别是我爸爸。后来也有一场比赛印象很深刻，这是一场比较艰难的比赛。那一次是在上海世界锦标赛，当年是获得了世界冠军。和台湾一个棋王下了七八个小时，相当疲惫，基本上没离开座位，七八个小时后还成了和局，然后当天我还要继续比赛。

还有一次，2009年“九城置业杯”中国象棋年终总决赛这是奖金最高的比赛，在上海举行。当时我和年轻一点的选手进入决赛，三盘棋决出胜负，我第一盘赢了，可是第二盘输了。第三盘大家没有退路了，规则是不能和棋的，所以不是赢就是输，第三盘就是隔天下，前天晚上我整夜翻来覆去睡不着，一直在想着明天的应战策略，还好第二天赢了，不过其实精神已经很疲惫了。当时比赛基本就是凭意志和用坚定的求胜信念挺过去。

睡不着未必是坏事，好像每一次睡不着我还能赢棋，而且能下出好棋，当你脑子反反复复在琢磨一件事时，经常会有灵感蹦出来。有一回参加五羊杯，半决赛的对手来自江苏，比我小几岁，本来两盘棋定胜负，我第一盘就输给他，第二盘我必须要扳回才能获得加赛的资格，而且象棋又是可以和棋的，一般来说，如果先手抱着和棋的心态，那么后手进取的机会就少很多，所以当晚我是翻来覆去地琢磨怎样部署，寻找突围办法，后来确实也想到了一些比较有建设性的东西，背水一战，最终击败了对方，这也是一次印象比较深刻的比赛。

总之我觉得这些比赛都有一个共同点，就是过程很艰苦，自己要付出很大努力。

时代潮人：作为名声在外的棋手，您的套路会被挑战者反复研究，您怎样应对？

许银川：没有别的方法，只有不断地提升自己，改变自己，上一次下过的棋自己就要进行总结，看有没有什么漏洞，有什么值得改进的地方，要不断推翻自己原先下的棋。基本上每一盘都要创新，原来不管取得过多好的成绩，不管下过多好的棋，都被人研究过了，已经成为过去了，再用的话就没有这么好的效果了，也许人家已经找到破解的办法。

当电脑普及后，各种专业分析软件被开发出来研究名局，所以，我基本就在明处，以前所用的绝杀技，越是凌厉的，越容易被破解。如果哪个挑战者想研究我，很容易从网上找出我以前的棋局，比我本人的记忆还全面、准确。我下过的棋，全部都有，特别是晋级的对局和常用的开局，胜率多少都有，都可以量化分析。以前还有“一招鲜吃遍天”的说法，现在基本不可能。成名棋手都在明处，不成名的棋手你反倒很难去研究他。所以，成名棋手要保持成绩必须不断推翻自己，改变自己，不然，很快就有对手突破你。

时代潮人：象棋虽然是国粹，但当下的年轻人对象棋的兴趣普遍不大，您怎么看待这个现象？

许银川：这个问题比较大了，不知从何谈起。我觉得象棋应该走出竞技的定位，与文化和社会其他方面多结合。现在国家也有这些动作，把象棋作为进入校园的一个项目，开设象棋选修课。广州也有中小学在做这些事情，还举办一些比赛，甚至有几所学校把象棋作为学校传统优势项目。在象棋推广普及方面，广东做得早，有一定的群众基础，所以大家比较支持。

时代潮人：您自小除了象棋外，书法、绘画、作文都非常好，用今天的说法是一专多能，琴棋书画皆通。您觉得下棋与其他艺术之间有哪些关联？

许银川：其实写作和书法，就是小时候自己有兴趣练一下，根本谈不上精通。写字稍好一点，有时候临一下字帖，绘画就小时候对着画室里的静物练一下，都是自学的，没有人教，也没有往深处发展。其实下棋和书法绘画也有些相通，它们之间最大的区别就是，下棋的竞技性强，对人的心理稳定性要求比较高，每一盘棋都是一次胜负的争夺。书画艺术，一般而言是个人的艺术修行，创作过程不需要什么对抗。下棋还必须有求胜欲望，每一盘棋都要进取，不服输，但又不能太在乎输赢，否则你就会陷在里面了，就会输不起，如果输不起，就赢不下。

时代潮人：如果让您选徒弟，您倾向于什么类型的？

许银川：他能够静下来，然后还能够很专注，坐在棋盘边上能认真想棋，这是最基本的要求，此外还得综合考察他的个性各方面。

关于生活

时代潮人：您在兄弟姐妹中排行第二，除了您，他们从事什么职业？与象棋有关吗？

许银川：就我做了职业棋手。他们的工作都与象棋无关。我个性比较安静，从小就相对比较内向一点，所以可能比较适合下棋。哥哥一开始就陪我下棋，是他最早教会我走棋的。我的妹妹也学了一阵子，参加过汕头市的比赛，后来就没再下棋，读书去了。我就特别感兴趣，不知道为什么，就是可以站在那里看人下棋看很久。

时代潮人：您和太太文静都是职业棋手。作为家长是否计划对下一代也往职业棋手方向培养？平时在家会夫妻对弈吗？

许银川：我儿子现在7周岁，读小学。我应该不会特意去培养他下象棋。我爸爸是把象棋当成我的出路，当作从小地方走进大都市，改变命运的出路。他好像有这样一种信仰或者是理想，我感觉他看得很远，对我挺有信心的，认为我应该能够走下去，别人都对不看好我的时候，他就有这样的信心。

文静是我在省队时的队友，比我小一点，我们十几岁就在棋队认识了。我们在家里很少下棋，因为我在家里的时间太少。我目前是广东碧桂园棋队的队员，代表广东参加全国比赛。碧桂园赞助我们广东象棋队，但象棋比赛比较冷门，没什么直播，场面也很小，商业模式还没形成。

时代潮人：您平时有参与一些与象棋普及有关的活动吗?

许银川：会有一些安排，例如被邀请出席一些活动，作为嘉宾和小朋友下下棋，有时也会进校园。广州市荔湾区有一个象棋比赛经常找我过去颁奖，跟小朋友下棋。有一次，本来是陪小朋友下的，结果很多家长跑来跟我下。会下棋而且下得好一点的，可能对我有些了解，如果只是普通象棋爱好者就不一定认得我，我所住的小区挺大的，但没什么人认识我。

时代潮人：街头的象棋残局，您研究过吗?

许银川：其实那个很难破解，那些残局是在古谱里找的。明清时代有一些古谱，可能那时候学术研究的氛围比较浓，古人也不靠下象棋营生，有些棋局研究得非常精美，非常有艺术性，但这又到了另外一种范畴，不是竞技性的，是属于学术的研究，就是根据自己的想法来设局，然后找出最正确的办法来，摆出来让人破，其实应该是一种高深的艺术。

时代潮人：作为潮汕人，您对潮汕人的看法是怎样的?

许银川：潮汕人有一个很大的特点，亲情特别浓，人与人的感情特别亲切，潮汕人走在一起特别温暖，会互相帮助。像我小时候，就经常到别的地方去下棋，得到他们很多帮助，也没有给人家报酬，去找那些大人下棋，学艺嘛，有时候住到人家家里，一住就是很多天，最后还赢了人家，也不会不愉快。所以我觉得潮汕地区的文化氛围很浓，大家对文化、艺术这些事情挺重视的，还有潮汕人本身能够吃苦，责任心强，当然也有一些缺点吧，比较会经营，办什么事情都会找关系。

冠军之路

许银川是第三位集世界、亚洲、全国象棋冠军于一身的“全冠王”。

1986年　　第七届广东省运动会象棋比赛，夺得省少年冠军。

1988年　　获全国少年冠军。

2015年，许银川与象棋爱好者展开车轮大战

1993年、1996年、1998年、2001年、2006年、2009年　6次获全国冠军。

1989年、1993年、1999年、2000年、2001年、2002年　担任6届全国团体冠军广东队及2004年“将军杯”、2006年“启新高尔夫杯”全国象棋甲级联赛冠军广东队主力。

2003年　　首届象甲联赛，获最高胜率奖。

1993年、1995年、1998年、2003年、2005年、2007年、2008年　“五羊杯”全国象棋冠军邀请赛，7次夺得冠军。

1994年　　首届“高科技杯”冠军。

1995年　　第七届亚洲名手赛冠军。

1999年、2003年　　分别获得第六届、第八届世界象棋锦标赛个人冠军。

2001年　　BGN世界象棋挑战赛冠军。

2005年　　世界象棋大师赛冠军。

2010年　　1月在上海卢湾体育馆以2比1的总比分击败洪智，夺得2009年“九城置业杯”中国象棋年终总决赛冠军，独揽50万元大奖。

2013年　　中国象棋协会公布的国内棋手最新等级分排行榜上，许银川以2681分名列第一。

2014年　　第十二届全国象棋甲级联赛，广东碧桂园队以许银川等五位名将的阵容摘下桂冠，广东队第五度豪夺联赛冠军。

李大西：为中国与世界搭桥

像众多精英那样，李大西也有各种身份标签；不同的是，即便放眼全球，他的经历也是独一无二的。从20世纪72年踏进大学校门学习物理起，到1990年代初转身进入华尔街投行，将近20年潜心耕耘，在理论物理领域取得不俗成绩时，李大西主动选择离开。进入金融领域后，他致力于用所学的物理理论去总结经济规律，并试图建立可以预测资本市场趋势的模型。2001年，亲历了“9·11”给人类造成的巨大伤痛，李大西频频反思与人生及人类有关的命题。

深谙科技和金融规律的李大西，在知天命之年，逐渐将工作重心放在推动高新科技项目的转化上来。他以国际华人科技工商协会为撮合平台，一方面遴选有前景的科技项目，凝聚优秀华人留学生；另一方面，积极与对各类科技创新项目需求旺盛的中国市场对接。

如果一定要在“李大西博士”前面加一个定语，“潮人”无疑是更合适的：从潮汕大地走出去的子弟，引领科技创新潮流的学者，在时代大潮中奋力扬帆的行者。

“跨界”李大西：
一路前行，不改赤子心

潮汕大地，人才辈出。在人生不同阶段，李大西博士在不同跑道上切换，而且都出类拔萃。可以说，他的人生格局很大、看得很远，走了一条少有人走过的路，也为青年提供了一个关于人生与事业的路径示范。

从物理学家到金融专家，再到活跃于中美两国科技、金融、创投界的社会活动家，纵观李大西的个人经历，可以用传奇来形容。或者说，他是玩“跨界”的一把好手。跨界，说的不仅仅是他留美30多年间职业、身份的几度转变，更重要的是，他始终以一种高眼界来看问题、分析问题，指引自己前行的道路。

跨界，辗转腾挪间的传承与升华

李大西1948年出生在广东普宁。他少年聪慧，勤奋好学，对物理有着浓厚兴趣。20世纪60年代的“文化大革命”使千万青少年失去了读书的机会。幸运的是，下乡4年后，他作为工农兵学员被推荐到华南师范学院（现“华南师范大学”）物理系就读，毕业后又如愿考取中山大学研究生，并于1980年获得硕士学位。在中山大学学习期间，他就考取了公派留学资格。30年前，能公费出国留学者凤毛麟角，是精英中的精英。那时，中国改革开放的大门刚刚开启，欧美高校对中国高等教育状况知之甚少，李大西给美国两所大学写的求学信都石沉大海。徘徊中，李大西迎来了人生中最重要的一次机遇，他“赴京赶考”，参加中美物理研究生入学考试（CUSPEA）并获全国第二名，考取了“李政道项目”。峰回路转，他优异的成绩终于让美国哥伦比亚大学、耶鲁大学、纽约市立大学等名校抛出橄榄枝。在家乡，他也成了名人。

背井离乡对潮汕人来说从来都不是难事，外面的世界很精彩，虽然很多时候也很艰辛。此时李大西的心中满是兴奋，对大洋彼岸的生活充满了期待。

赴美后，他选择了纽约市立大学继续攻读物理专业。林立的高楼大厦，道路上如织的车流，还有那笔直平坦延伸向远方的高速公路，都给李大西带来视觉和心灵上的震撼，也让他更深切体会到繁华背后科技的力量。强烈的差距感给了他无穷的动力，他心无旁骛地学习、做研究，然而到了第三年，健康状况却出了问题。

有一天，李大西发现左耳听力似乎下降了。他很恐慌，后来去医院检查才发现听觉神经上长了一颗肿瘤。因为不想中断研究，他坚持先完成博士论文再做治疗，但家人、导师和同学都劝李大西尽早做手术。手术做得很成功，当时医生告诉他，如果在中国做同样的手术，死亡率高达25%。这个经历再次让李大西感受到，科技强大，对个人、对社会是多么重要。

2011年，李大西（右三）与“中国风险投资之父”成思危（左四）、诺贝尔奖得主恩格尔（左五）在中美创新与合作峰会上

康复后，李大西更加如饥似渴地学习。1985年，他获美国纽约市大学物理博士学位，之后历任加拿大麦基尔大学研究员，纽约市大学、纽约理工学院研究员和副教授。在理论物理领域，他一步步向巅峰迈进。与很多受李政道影响的中国学子一样，李大西对诺贝尔物理学奖也有野心，他选择当时理论物理界最热门的"超弦理论"作为研究方向，希望在短时间内取得突破。但做了几年物理博士后研究后，他遇到了瓶颈：牛顿、爱因斯坦等大家，除了自身极高的禀赋外，相关学科的发展，尤其是数学，为理论物理提供了重要的工具支持。一些顶尖数学家告诉李大西，要在他研究的"超弦物理"领域获得革命性成果，至少需要50年。这还是不确定的或然情况，也很可能坐50年"冷板凳"都得不到突破性进展。

作为研究者，李大西完全能理解这个残酷的现实。科学没有捷径可走，尤其是与理论相关的科研，几代人不停地试错，为那个最终摘取明珠的幸运儿铺路。但在情感和个人使命上，李大西无法接受这样的安排，机会成本太高了，人生就几十年，自己远渡重洋，身上的重托很多。

"为什么不睁开眼睛看看外面的世界呢？人生还有别的东西需要做。"

这是李大西当时的想法，但何去何从，他一时也下不了决心，人生之中，岔路很多，选择走上哪条路，结果可能天壤之别，但人生不可逆转，选择了就要笃定地往前。

在一次科普活动中，李大西就宇宙模型问题发表演讲。非常巧合的是，当时有一家金融猎头公司的负责人也在现场。活动结束后，他找到李大西，直截了当地说："你既然能做研究宇宙空间的模型，当然可以做金融领域内的模型，而且不用等50年，几个星期就可以验证你的模型对不对。"

理论物理与金融看上去风马牛不相及，实际上，通过建模预测趋势，有共通之处。后来，李大西动心了。金融对一个国家的重要性一点也不比科技低。美国能长期雄霸全球，除了创新能力强、科技发达外，金融管理及运作也领先全球。刚刚改革开放、准备重新融入国际社会的中国，需要国际先进的金融理念及管理经验。综合权衡后，李大西决定到华尔街接受未知领域的挑战。

1991年，李大西进入所罗门兄弟公司，1993年转入雷曼兄弟公司。

这两家都是华尔街知名的金融机构。世界上工商业领域内的重大动作，兼并重组等，背后其实都有金融力量在运筹和推动。

除了迅速掌握金融领域内的必备知识外，李大西如预期的那样，逐渐抓住了金融运作的本质，“理论物理做到一定阶段后可能就跟实验完全没有关系，而金融领域做出模型过几天就可以证伪或证实”。凭着智慧与勤奋，李大西坐到了雷曼兄弟公司助理副总裁的职位。在华尔街供职的华人很多，但跻身高管的很少。

转型成为金融专家后，李大西的主要工作就是为在世界各地的融资机会提供可行性研究。逐渐揭开华尔街的神秘面纱后，他对美国投资银行的运作机制有了深刻的认识。后来，在为中国企业管理者、有关政府机构官员做金融科普时，李大西经常提及某些案例。比如中国部分企业在海外上市，筹到了不少资金，但在股市中表现不佳，增加了后来者的难度。其中一个重要原因是，许多企业把上市作为终极目标，圈回股民的钱后就失去了进一步发展的动力。在国内企业纷纷去美国上市的那几年，国内一家报纸刊登过这样一篇报道《到纳斯达克抢钱去》，说的是中国公司在美国借壳上市圈钱的故事。李大西看了这则报道很难过：国内政府和企业家对国际资本市场的理解太简单了，因为这种心态不仅把这家企业的信誉赔进去，而且极大提高了其他企业去美国融资的成本。当然，时至今日，这早已成了最基本的金融常识。

从物理到金融，在李大西的认识及行动体系之中，都是用“力”去改变未知世界。他这一步跨了10年后，人生又开始变轨了。

2001年，“9•11”事件震惊全球。美国社会各界不断反思：再强大的国家，再有看似密不通风的防御系统，也依然危机四伏；这些恐怖分子为什么会扭曲到攻击毫无利益关系的对象？国家之间、民族之间、不同族群与文明之间，裂痕与分歧是如何产生的？又如何弥合？

李大西当时的办公室就在世贸中心双子塔，被撞击倒塌前，它是全球地标。李大西近距离目睹了恐怖袭击，他有同事、朋友不幸遇难。他因为正巧没在办公室而躲过一劫。灾难给了李大西强烈的触动。李大西开始重新思考人生方向，他决定抓住时间去实现自己真正想做的事，影响更多人。2002年，李大西从雷曼兄弟辞职，开始专注打造平台，通过他于1997年发起组织的国际华人科技工商协会，推动科技与商业融合发展。

从雷曼兄弟公司辞职是李大西的第二次转身。巧合的是，间隔都是11年。加上后来的这一阶段，李大西称之为人生、事业经历的三个“11年”。

2015年，在第四个11年开始的时间节点上，李大西接受哥伦比亚国际大学的聘请，任该校校长。他感慨万分地向《时代潮人》记者描述自己不同人生时段的转变：“第三、第四个11年之间是一个比较平稳的过渡，因为我想做影响更长远的事。现在，我一方面推动国际华人科技工商协会发展，做风险投资，把国外先进科技引进中国，把中国市场推向国际。另一方面，我觉得，要提高中国的创新能力，教育和人才是最重要的，教育对中国而言是百年大计，是可以留下一个百年的基业，带着这个心愿，我接受了美国哥伦比亚国际大学校长的聘请，力推创新创业教育。第四个11年，基本上是我前面经历的一个自然延续。”

人生上半场，无论做理论物理研究，还是纵横华尔街做金融，李大西能实际影响到的人毕竟有限；步入知天命之年后，他对人生和社会有了全新的看法；“9•11”后，他致力于搭建平台，连接科技与工商、中国与世界，这既能更系统高效地整合转化他多年积累的资源，又可以在更高更广层面上造福更多人。

跨界，跨越国界的拳拳赤子心

科学无国界，科学家却有国籍。李大西无论做什么、走向何处，他都心系祖国。无论是开始时的科技兴邦理想，还是后来转型成为金融家、社会活动家，祖国的利益始终是他考虑的一个重要因素。

李大西经常回中国考察，他深切地了解到，海外留学生群体是一个亟待开发的宝贵智慧资源。他认为引进国外资源，并不仅仅是融资，还应包括融智、外国公司的先进管理经验和寻求优秀合作伙伴。

1997年在台北举行的第二届世界华人物理学大会上，李大西碰到了朱棣文（他后来获得了诺贝尔物理学奖，当过美国能源部部长）。当李大西提出成立国际华人科技工商协会（CASB）的想法后，朱棣文也觉得很有意义。21世纪是中国的世纪，海外的中国人到底可以为中国做点什

1985年，李大西获得美国纽约市立大学物理博士学位，与章义朋教授合影

么?李大西觉得可以从引进高新技术，特别是金融改革方面入手。

1999年，李大西与80名协会的核心成员成立了“科商协会海外创业投资公司”，主要目的是为希望回国创业的留学生和科技创业者提供援助。随着中国经济在全球崛起，越来越多优秀中国青年有机会去欧美发达国家求学。如何提高学成人才的回流率，这成为中国政府的重要课题。作为新中国成立后的较早一批留学生，李大西深知，中国海外留学生有爱国热情，但对于回国存在普遍顾虑，尤其是已经在国外扎根多年的。

李大西在多种场合谈到“哑铃”理论：留学生回国服务面临着家庭、待遇及工作条件等现实问题，二通过“科商协会海外创业园公司”，可以与国内高新技术开发区或高新企业建立合作关系，这就是“哑铃”理论，“一头在内，一头在外，两头紧紧相连”。

通过国际华人科技工商协会和科商协会海外创业园公司，李大西逐渐把他的构想付诸实践。

1998年，李大西协助广州市政府筹备全国首创的首届广州中国留学人员科技交流会，任筹委会副主任，并带领108个美国留学人员回国参加会议。这场活动获得了极大成功。

2000年，李大西与深圳市政府合资创办深圳留学生创业园，任副董事长，派出留学生任总经理，管理留学生创业园，已经成功孵化迅雷、朗科等800多个留学生高科技企业，建立了一套行之有效的孵化体系。

2009年起，李大西再次积极推动协会成员回国创业。在受到俞正声、张高丽、李源潮、汪洋等党和国家领导人接见时，他多次抓住机会提出关于引进人才和项目的重要建议。

在整合资源促进项目落地方面，这几年李大西马不停蹄地在中美之间穿梭。中国各地政府普遍有转型升级动力，与他们做多范围、深层次沟通，做好顶层合作框架设计，才能为后面的有序合作创造最有力的条件。

2011年10月在纽约，2013年12月在深圳，李大西主持召开中美合作与创新峰会，讨论了中美合作创新共同应对世界金融危机的方法，在中美政府和学界有较大影响。

2013年后，他又组织国际华人科技工商协会“中国梦”代表团访问广东、江苏、广西，受到热烈欢迎，受到胡春华书记、朱小丹省长、罗志军书记、彭清华书记等领导人接见，提议并推动成立了与美国名校康乃尔大学合资的深圳广大——康奈尔中美技术转移中心，推动中美创新合作。

李大西一直围绕“促进中美融合、科技与工商融合”在奔走，而且推进速度极快，他既熟悉科技语言，又深谙金融运作，更重要的是，在与各级政府部门打交道时，他又展现出了一位出色社会活动家的才能。

其实，在这一轮创新创业浪潮面前，李大西已经为中国金融领域内的改革发展多次提供专业意见。

1997年亚洲金融危机爆发前，李大西考察了很多亚洲国家，察觉到那种投资过热、股市泡沫的危险气息。回美国后他通过国际华人工商协会向中国政府提交了一封建议信，里面分析到亚洲金融危机会形成怎样的路径，提议“一旦风暴来临人民币不能随之贬值，让香港在回归的关键点上应提前做好准备”等等，这些建议对稳住国家经济起到了很大的帮助，他因此收到全国人大常委会的感谢函。

2005年，李大西出席“两会”，他带了一本国际华人科技工商协会对中国“第十一个五年规划”的建议书，以侨胞身份向祖国建言献策。

这本180页的建议书由他组织协会20位专家合著而成，作者都是中国留学精英或海外对华友好的国际知名专家，内容涉及科技创新、教育和生产安全等12个方面。近10年，中国从经济、科技，到民生等方面的重要改革，有很多理念与建议书中提及的方向一致。

“海外侨胞既熟悉国内情况，看中国问题的角度与国内又有不同，能为政府献策建言，是我们海外侨胞的一件幸事。”李大西也曾提及，他策划的建议书中的很多内容，已经被政府引入治国理政的具体实践中。

从2008年起，为应对世界金融危机，李大西组织协会专家一起向中国政府有关领导提出建议，并奔走世界各地，做演讲，写文章，参加有关研讨，深入探讨金融危机的根源、教训和应对方法。

李大西在促进中美交流、科技引入、金融改革等方面所做的贡献，得到了中国政府和民间的高度认可。江泽民、胡锦涛、朱镕基等往届领导人多次接见并肯定他为祖国所做的工作。

1999年，李大西应邀参加国庆50周年观礼；2009年，他又应邀参加国庆60周年观礼。2015年，他作为海外华人华侨代表再次获邀参加“纪念中国人民抗日战争暨世界反法西斯战争胜利70周年”阅兵式观礼活动。

在美国生活了几十年，李大西感受最深的是，在美国人眼里，你永远是个中国人。

“只有发愤图强，才能站稳脚跟；只有祖国强大，你才是一个人！”李大西多次在不同场合寄语年轻留学生。

跨界，跨不出的潮汕情结

与很多潮汕海外游子一样，李大西对潮汕家乡有着浓厚的故土情结。虽然他和妻子、孩子都在美国生活，但每逢重要的传统节日，如春节、清明，他都会尽量安排时间，回到家乡，与家乡的亲人叙叙亲情。对于家乡的发展，他也提出了许多建设性的意见和建议。

李大西先后踏足汕头市区和南澳等地，探讨合作项目。当得知汕头

李大西（左）与李政道教授讨论

市委、市政府正积极引导海内外潮商，共同发起设立潮商投资发展基金，力争首期募集资金超过200亿元，实行现代的管理制度和运作方式，规划投资经营一批有发展前景、符合城市发展方向的项目时，李大西高度赞赏："这与我的想法不谋而合，我们正计划联合有实力的潮商，设立潮商基金，投资潮商企业，发展潮汕经济。"谈起自己的"看家本领"，李大西说，近年来汕头涌现出大批发展良好的企业，部分企业已经上市，但企业上市的工作力度还不够，还可以再加快。目前潮汕地区特别是汕头的民营企业非常发达，不仅企业自己可以争取上市，政府也可以在这里面做"推手"，创造条件让更多的企业上市。"上市的企业才能突破发展的瓶颈，更好更快发展。"

李大西一再强调人才对潮汕地区发展的重要性。在接受媒体采访时，李大西指出，汕头有很多优势，特别在新能源、新技术、医药产业上有一定的基础，可以创新思路引进项目加快发展，如南澳可以引进高空风能项目进行绿色发电。目前很多潮商企业在科技创新上的投入，远不及在营销方面的投入多。"企业要发展，人才是第一思维，汕头民企做强做大必定要突破'传统家族企业'这一想法，用高素质的人才队伍推动企业发展。”

2013年，在第五届粤东侨博会海外知名潮籍学者系列讲座中，李大西做了题为《创新与合作：准备第三次工业革命的到来》的主题演讲。他认为，教育、人才和创新精神是潮汕崛起的关键，汕头要紧紧抓住汕头大学和以色列理工学院在汕合办广东以色列理工大学的契机，着力提升创新能力，为汕头的产业转型升级发挥更大作用。李大西接受媒体采访时说，潮汕人的数量在全世界比例不大，但这个族群的经济成就非常有名，关键就在于潮汕人具有很强的创新意识。由于潮汕地区资源少，潮汕人只能开动脑筋想办法致富，因此我们一直以来就有创新的传统。在汕头加快发展、振兴发展的关键时期，更应发挥优良传统，培养创新意识和创新能力；同时，政府应从硬件、软件等各方面，为具有创新精神的人才创造环境，吸引更多人才留在这片土地，为家乡贡献力量。

李大西对潮汕文化也有自己的见解：“潮汕文化需要大家的共同努力，群策群力才更有发展。至于做法，我认为第一是重视教育，延续传统。我们潮汕地区历来重视家学、重视育人，从潮汕古人尊崇韩愈以及培养了一批大师级的当代人物等迹象可以看出，潮汕人从骨子里是尊重知识的，但现在潮汕的教育优势不明显了，要加大力度，保证教育的质量。第二是重视文化艺术的发掘与发扬，比如潮州音乐、潮州戏、潮州菜等，这些宝贵的文化艺术必须发扬光大，不能在我们这一代的手里毁了。”

传播传承潮汕文化，潮汕地区再发展腾飞，关键在于青年一代。李大西一向关注潮青，他曾寄言潮青要抓紧时代赋予的机会，努力学习，实现跨越式发展。浓浓故乡情，拳拳赤子心。李大西一步一个脚印，数次转身，数次“跨界”，不变的是铭刻于心的赤诚，对祖国的热爱，对故乡的眷恋。一路走来，身上带着无数的光环的他却风轻云淡，他说：“人总是要做些自己想做的事情，总要做些对这个社会、对这个世界有意义的事情，我只是尽自己的能力去做。”在喧嚣中回归本真，或许正是他所追寻的生命价值。

对话

科学与艺术结合可催生21世纪创新力

谈留学：

对国家来说，留学形成产业规模是一种进步

时代潮人：1980年您去美国留学时，中国刚刚打开改革开放的大门，有机会出国留学的人很少，但您已经成立了家庭，最终决定远赴海外深造的最大动力是什么？

李大西：年轻的时候，能有机会去国外学习是很幸福的事，更何况那是诺贝尔物理学奖获得者李政道教授的项目。1978年我考上了中大的出国研究生，虽然国家有心培养人才，但因为刚改革开放，大家都不懂留学的程序，学生不知道怎么联系国外院校。而我因为之前做研究时，与一位麻省理工的教授建立了联系，便尝试着通过他找到留学的门路，但由于那个年代的环境问题，外国学者对中国大学生的水平既不了解，也不信任，所以没有给予回音。

李政道教授了解中国大学生的情况，他想挑选一批优秀的年轻人出国留学，专门与邓小平同志说了这个事儿，所以后来制定了一个针对赴美物理学留学生的CUSPEA（中美联合招考物理研究生计划）专门考试，由美国资助奖学金。1979年，这个项目在国内17个重点大学里挑选100多人去参加考试，那情景相当于“上京赶考”，所以我印象特别深刻。当时我考了全国第二名，媒体都纷纷报道了。1980年我就去了美国，李政道教授还亲自来面试了，心情很激动。

对研究生来说，能去美国接触更高级的学问，显然是很重要的事情，那时我们的求知欲望很强，这也是我们不辞万里求学的最大动力。这次考试改变了我的生活、我的家庭。留美的第二年，我的太太也到美国留学，所以说，李政道教授的项目，给改革开放的中国又开了一道赴美留学的大门。

时代潮人：到美国留学的前几年，遇到过的最大困难是什么？

李大西：年轻的时候，我们都是野心勃勃的。一开始去到美国，各方面的冲击、文化的震撼都很大。因为被挑出来赴美进修的留学生成绩都很厉害，所以在学业上的压力并不大，主要是观念上的冲击。

留美的第三年，我感觉左耳听力下降了，后来一检查，发现听觉神经上长了一颗肿瘤。刚开始时，因为不想中断研究，我一直坚持先完成博士论文，再做治疗，但家人、导师和同学都劝我尽早做手术，以除后患，几番考虑和劝解后，我同意了，因为内心其实更希望能够把研究长久做下去。所以在写博士论文之前，我把肿瘤摘除了。幸运的是，当时美国的医疗条件比较先进，降低了死亡风险，医生告诉我，如果在中国做这样的肿瘤手术，死亡率高达25%，但也因为摘除肿瘤，最终动到了听觉神经，所以我现在左耳听力不再像常人一样。所幸捡回了一条命，没留下什么大的后遗症，这件事也让我切身体会到，科技强大对个人、社会的重要性。

时代潮人：20世纪80年代能去美国留学的，都是从精英中再挑选拔尖的人才；而今天，出国留学的数量上升了，走向了产业化、规模化，其中也有一些资质较差的留学生，应该怎样看待这种新的留学形势？

李大西：因为我们那时候留学的机会很少，门槛也很高，资源宝贵，因此在人才选拔方面会比较严格，更需要综合考察，千挑万选出来的学生必须要优质。但我觉得，学生当中永远存在水平高低的问题，世界那么大，出去看看终归是好事，现在中国输送了大量的留学生，也是祖国的一种整体进步，毕竟当时全国就只有几百人拥有机会出国进修，现在有了产业支持，个人发展、改变人生的机会就变得更加平等了。而对留学生自身来说，无论以前个人水平如何，出去走走总会有收获，因为有些影响是潜移默化的，没办法用现实的因素去考量他们的进步，也不应该再用往日的眼光去评价当前的形势。

时代潮人：您对现在的留学生有何建议？

李大西：根据自身经验，我有几点建议，希望对他们有所帮助。首先是兴趣，你想要学什么就去学；第二，每个人都有自己的长处和短处，去外面可以学习别人的长处，吸取他们的教训、取长补短。作为大学生来说，我认为学习不应该局限于自己的学科，除了学习专业知识和技能，还要多学学科学、艺术、人文等方面的知识，全面发展当然更好。

谈事业：

“科学家”“金融家”“社会活动家”都是虚的

时代潮人：您将自己的人生、事业经历划分成几个11年，这其中有什么关键因素影响了您的人生？

李大西：我在美国的第一个11年，主要研究高能物理理论，特别是超弦理论，想完成爱因斯坦一生努力的目标，把万有引力和电磁力、弱力、强力统一起来。我所研究的超弦理论，不仅需要在超导超级对撞机上完成实验（注：美国曾耗资数十亿美元建造的实验项目，但由于花费太大，被美国国会在1993年中止研究），而且至少需要50年才有一定的结论。这是一个令人失望的结果，我觉得需要适时做出改变。于是第二个11年进入了华尔街，主要研究金融模型，希望把探索科学规律的方法运用于金融市场，而且20世纪90年代初，中国急需引进国外先进的金融经验，也许转型后我能在金融领域帮助到祖国。“9·11”事件再次影响了我的人生轨迹，我目睹了恐怖袭击，我的同事、朋友不幸遇难，之后我开始重新思考人生方向，我要抓住时间去实现自己真正想做的事情。2002年从雷曼兄弟辞职后，第三个11年，我便开始专注打造平台，通过国际华人科技工商协会，推动科技与商业融合发展。

时代潮人：第四个11年是延续第三个11年的方向，还是有新的突破？

李大西：实际上，第三、第四个11年之间是属于一个比较平稳的过渡，因为我想做影响更长远的事情。现在，我一方面推动国际华人科技工商协会发展，做风险投资，这是把国外先进科技引进中国，把中国市场推向国际。另一方面，我觉得想要提高中国的创新能力，教育和人才是最重要的，教育对中国而言是百年大计，是可以留下一个百年的基业，带着这个心愿，我接受了美国哥伦比亚国际大学校长的聘请，力推创新创业教育。第四个11年，基本上是我前面经历的一个自然延续。

时代潮人：2015年6月接任美国哥伦比亚国际大学校长后，您当下主要的任务是什么？

李大西： 哥伦比亚国际大学的目标是成为世界一流的创新创业杰出大学，我们希望打造自己的创新创业教育品牌，办出自己的特色。比如我们聘请了很多交叉学科背景的大师任教，他们当中有美国州长、音乐家、科学家，透过科学、艺术和其他领域的结合，催生出更多的创新，培养出更多的maker（创客）。而我最主要的任务是找人才、找大师，把先进的科技引进中国来，虽然目前暂时只招收美国的学生，但我们已经计划在中国吸收优秀的人才，教育是中国提高创新能力的重要途径。

时代潮人： 您最近在广东外语外贸大学建校50周年讲座上做了“科学•艺术•创客”的演讲，分享这个主题的意义是什么？

李大西： 爱因斯坦说过，伟大的科学家也是艺术家。在研究超弦理论时，我发现，艺术和最前沿的科学其实是紧密不分的，像我致力研究的超弦理论，弦作为物质组成的最基本单元，所有的基本粒子如电子、光子、夸克都是弦的不同振动态，就如一根小提琴的弦，可以拉出不同的调子。整个世界，就如同一支浩大无比的宇宙交响乐。科学和艺术共同的基础都源于人类的创造力，追求人类社会的深刻性和普遍性，这又与创新创业有关系。而今天，21世纪的竞争是创新能力的竞争，中国要实现崛起的中国梦，需要大力加强培育创新能力，所以做了这样一个主题分享。

时代潮人： 您在很多场合都鼓励大家去做创客，这是基于目前大众创业的时代背景下提出来的理念吗？

李大西： 创客是我们一直在倡导的事情，创客和创业当然有关联，有的创客可以变成创业者，但也有的创客只是在坚持自己的爱好。我鼓励他们做创客，不等于鼓吹他们一定要去创业。如果这变成全民创业的社会，我认为这是不对的，并不是所有人都应该来创业的，有的人适合，有的人不适合。而且创业的失败率还是挺高的，重要的是要做好准备。年轻人通过创业经得起考验，得到提高才是好事。

时代潮人： 作为全国政协海外特邀代表，您在建言献策方面做了非常多的努力。广为人知的是为“十一五计划”精心准备了100多页建议，也为广东省及家乡潮汕地区的发展提供了视野非常开阔的战略建议。可以说您是以“智库”“外脑”的形式为祖国和家乡服务。在那些建言

2005年在广东外语外贸大学建校50周年讲座上演讲

中，哪些已经得到采纳并落地执行？

李大西：当时提了十条建议，中国政府都给了我们很大的认可。当然，并不能说我的提议直接带来了政策的落地，但起码证明，我们和决策层形成一致观念，达到共识，认同这样做是有利于祖国发展、符合人民利益的。比如我建议减轻农民负担、鼓励留学生回国、千年计划调整年龄、建立千人计划创业基地……如今都看到很多相关政策，鼓励人才回国创业的举措，也让更多人感受到祖国是求贤若渴的。

1997年亚洲金融危机爆发前，我曾考察了很多亚洲国家，察觉到那种投资过热、股市泡沫的危险气息，再加上华尔街流传的各种金融小道消息，危机似乎已经磨刀霍霍向亚洲而去。回美国后，我就发起国际华人工商协会向中国政府提交了一份建议书，里面分析到亚洲金融危机会形成怎样的路径，提议一旦风暴来临人民币不能随之贬值，让香港在回归的关键点上应提前做好准备等等，这些建议对稳住国家经济是起到帮助的，所以朱镕基总理很感谢外面的建议，事实证明我们的提议是符合形势的。

不得不说，中国的大部分决策都具备了长远目光。在离亚洲金融危机爆发的更早之前，人民币外汇储备并不高，中央有几次让人民币大幅度贬值，这其实是做好了一个抵御金融风暴的准备，让人民币不必在风暴来临前再贬。这对大陆、香港和国际经济都有好处，因此亚洲金融危机对中国直接的冲击不是很大，尽管当时面临了进出口的压力，但这是一个长远大计。

时代潮人：现在大家在介绍您时，提到您不仅是“科学家”“金融家”，还是“社会活动家”，您认同这个身份界定吗？

李大西：人总是要做些自己想做的事情，总要做些对这个社会、对这个世界有意义的事情，我只是尽自己的能力去做。这些头衔都是虚的，做事情的时候，谁会去想自己是什么“家”？

(8126)
陈伟南星

陈伟南：大爱无垠，潮人楷模

在潮汕地区，陈伟南的名字家喻户晓：他是成功的企业家，一生勤勉、建业聚财硕果累累；他是善长仁翁，乐济好施功德无量；他既是潮汕文化的代表，也是潮汕文化的杰出传播者。接近期颐之年，陈伟南依然在为提升潮汕文化的国际影响力、增强海内外潮人的凝聚力、推动潮汕地区的繁荣发展而奔忙。2015年10月29日，央视《记住乡愁》节目组走进潮州，开拍名为“心慈向善，造福桑梓”的陈伟南专题片。“伟南精神已经成为潮州文化的重要体现，成为粤东乃至全球潮人学习的榜样”，潮州市市长卢淳杰在专题片开机仪式上的发言代表了各界心声。2016年3月9日，陈伟南在香港接受采访时反复强调：事业成功在于努力，人生价值在于奉献。看似平常的话，其实既是陈伟南自身经历的写照，也是他竭力推崇的价值观。他的至交、同乡兄长——国学泰斗饶宗颐还专门为这句话做了题签。

近一个世纪以来，在纷繁复杂的不同时局穿越，陈伟南又是如何乘风破浪、驾驭人生与事业之舟的？

与时代同行，与社会同行

从潮州韩山师范毕业后的第二年，1937年，也是中华民族开始全面抗日战争的第一年，陈伟南终于说服父母，奔赴香港。这条路，对于那个年代有志向的潮汕青年来说并不陌生。个人即便天赋再好、再勤勉努力，如果没有稳定的社会环境，施展抱负的机会也极少。这或许正是老一代华侨们普遍具有强烈爱国爱乡情结的重要原因。

1941年12月25日，日军铁蹄踏入香港。由于内外交通几乎断绝，贸易立足的港岛顿时一片混乱。这年陈伟南23岁，正是他闯荡香港的第五个年头，供职于姐夫林树科的香溪公司，事业也渐入佳境，与林树科妹妹林碧婵新婚燕尔，生活其乐融融。然而，战争的疯狂蔓延令他蒸蒸日上的小康生活化为泡影。公司因日军查封被迫歇业，家有孕妻分娩在即，生活的目标陡然从追求幸福陷入谋求生计中。

与生意场上常见的跌宕相比，这或许才是他一生最为坎坷的经历。75年后的今天，陈伟南再度忆起这段岁月，他表现得越发云淡风轻："没什么，公司不开工，我就去街边摆摊。一个人啊，勤俭刻苦就没问题。"

当年，他又是如何迅速做出调整的？

顺势而为，创造奇迹

一个人对时局的选择能力是非常有限的，但即便时局再不好，只要用心，顺势而为，同样可以创造奇迹。有所成者，往往能审时度势、绝处逢生。

香港营商环境的急剧恶化没有让陈伟南退却。孩子出世后，他将妻女送回潮州沙溪老家暂住，自己只身留守香港寻求出路。面对如此冷清的街市，又能做些什么呢？在许多人一筹莫展之际，陈伟南却开始展露出独特的眼光。

他认定，只要香港人没有逃尽死绝，就一定离不开吃穿日用，那就干脆从卖杂粮开始。于是每到日出之时，香港德辅道西的昌隆竹器店后门口，就会出现一个年轻小贩摆卖杂粮的身影。这些粮食是陈伟南用自己5年间省下的积蓄从大商家那里批发来的，待客热情厚道的他很快将这方小小天地经营得有声有色。

与后来那些“大手笔”的商业决策比起来，人们可能会低估陈伟南年轻时迈出的这一步。在那个困顿的年代，他首先考虑的是香港人真正需要的是什么，他带着善意并看准了时局的刚需。

与摆摊经营粮食生意相比，陈伟南身后的竹器店生意就要冷淡得多。当时人民最缺的就是粮食，而对竹器需求不大，无所事事的店老板每日打量着忙碌又乐观的陈伟南，既羡慕，又日渐欣赏他的人品和商业才能，便尝试邀他一起合作经营粮食。陈伟南被其诚意打动。于是，店老板的资金与陈伟南的才干聚成合力，让往日冷清的店面重焕生机。陈

2009年3月，陈伟南与国学大师饶宗颐（中），广东省委原副书记、广东省潮联会会长蔡东士（右）交流第十五届国际潮团联谊年会的筹备情况

伟南仿佛也看到了事业发展的新契机。然而，一封十万火急的家书再次改变了他的前行方向。

原来，在战乱之中，陈伟南的父亲遭受日军威吓，精神受创，以致无法照顾家庭，并且家中兄长患有眼疾，三弟年幼。百行孝为先，所以他不得不搁下日渐红火的事业返回沙溪老家，一面侍奉父亲、处理家事，一面换上农装下地劳动。

陈伟南清楚，事业的中断并非由于自己能力不逮。在不可抗拒的外力面前，蛰伏也许是必要的，经验丰富的船员不会在暴风骤雨时硬行出海。就这样几年过去了，志在四海的陈伟南终于等来了好天气。日本投降后的第二年，他再度回到香港，任职于复业的香溪公司。

抗战胜利后的香港快速恢复了活跃与繁荣，正如战争时期看准社会对粮食的需求一样，陈伟南这次看到了香港新兴工业和交通运输业的广阔前景。橡胶是新兴工业的重要原料之一，陈伟南建议姐夫林树科做橡胶贸易，然而姐夫和当时许多商人一样，并未充分意识到橡胶市场的巨大潜力，因此毫无兴趣。陈伟南见无法说服姐夫，只能自己找人合作，一起创办星洲胶业公司，并开始代理销售东南亚的橡胶。

2001年3月，在香港潮州商会就职典礼上，时任会长陈伟南向李嘉诚（前左）赠送纪念品

陈伟南的眼光再次得到市场的验证，星洲胶业公司的业务不断扩大，后来又发展出经营多种商品的星洲贸易有限公司。

当时，新中国初立，神州大地百废待兴。曾经饱受列强肆虐之苦，又对殖民地“二等公民”政策久已不满的陈伟南，即刻燃起为建设祖国贡献一己之力的澎湃热情。在突破西方国家对新中国经济封锁的过程中，星洲和其他爱国华商的贸易公司一起，扮演了极为重要的角色。他们利用香港的特殊地位，协调各方关系，为内地输入急需物资，运出内地需要出口的货物以换取外汇。

正是因为抓住了这一历史机遇产生的巨大需求，陈伟南的生意得以不断发展壮大。

20世纪下半叶的亚洲风云诡谲。一个商人须时刻保持对社会需求和发展趋势的敏感，方能指挥商业舰队长期领航。20世纪60年代，香港掀起了工业化浪潮。此时陈伟南已在商海沉浮20余年，作为舰队的瞭望者，他能够越来越娴熟地从纷纭复杂的市场万象中锁定社会殷切的呼唤。

由于各种政治运动的影响，中国内地对香港家禽的供应量逐渐减少，港英政府为此鼓励扶持发展本地养殖业。养殖业对饲料有着很强的依赖性，陈伟南敏锐地眺望到一个新产业的曙光。

1964年，他创建屏山企业有限公司，并在新界元朗手把手地建起了屏山饲料厂。事实证明，他对未来趋势的判断是极准的：随着香港饲养业的兴旺繁荣，屏山饲料厂的规模也不断扩大，越来越多人知道了陈伟南这个名字。1970年，香港粟米饲料进口商会成立，50多家会员单位一致推举陈伟南担任主席。

花无百日红，香港饲养业终于在20世纪80年代走到了盛极而衰的拐点。新界的饲料厂纷纷关闭，提示着不折不扣的危机来临。不过，冲浪好手总懂得借助浪的威力。陈伟南知道，每一个变局当中，都存在着一股引领局势的力量，如果能找到它，驾驭它，就能成为打开局面的英雄。

香港饲料业衰弱的背后是养殖业的低迷，而养殖业低迷又与中国内地输入香港的禽畜肉类数量增加有关。此消彼长，内地饲料市场需求将会极大释放。然而，长期关心祖国发展的陈伟南发现，虽然内地有着十分明显的成本优势，其饲养生产技术却非常落后，这让他看到了与之合作的可能。

1983年初，屏山企业刚刚引进了当时在世界上处于领先地位的新品种混合饲料生产技术，用这种技术生产出来的混合饲料营养价值高，能让禽畜快速生长。陈伟南打算将这项技术引入内地，既推动自己事业的持续发展，同时也促进内地饲养业的升级换代。这个双赢的方案非常契合内地需求。1985年，陈伟南开始拓展中国内地的业务，先在广州合资创办穗屏企业有限公司，兴建大型现代化饲料厂，后又不断扩大投资，业务逐渐遍布大江南北。

通过陈伟南在内地的业务发展布局，世人不仅看到了一个企业家的身影，更看到了一个先进技术和理念的传播者。多少年来，陈伟南一直与时代、与社会同行着，他总能在熙来攘往的市场洪流中辨别出哪些船只能够稳定前行。

陈伟南有件事迹一直被人们津津乐道：在韩师求学期间，陈伟南最爱爬到校园后山上远眺千帆流动的韩江。那无数次遐想中，可能隐藏着后来不断循环升华的精神力量。借助那萌发的力量，他一定看到了远方，更看到了未来。

“克己”与团结：做海外潮人的扛旗者

“时代精神”这个词，也许有些狂飙突进的感觉。洞悉时代风向的陈伟南，以他自己的话来说，其实是一个“稳健”的人。日据时期的香港不容大商业阳光运营，他就委身于摊贩经济，后遭逢家庭变故，他亦能急流勇退。每当行至交叉路口，陈伟南总是量力而为，不会让欲望超过自己的力量。

这种不偏不倚的儒家中道精神，让陈伟南的步履充满了坚实。在跟随时势一伸一屈的过程中，陈伟南始终不变的是“天道酬勤”的信念，这种信念亦强化了他对诚信的坚守。

陈伟南用亲身经历告诉我们，诚信对事业成功有着实际的助益。星洲胶业公司成立之初，橡胶销量很好，资金却严重不足。在此情形下，陈伟南并没有效仿那些“信用冒险家”，而是坚持有多少钱就做

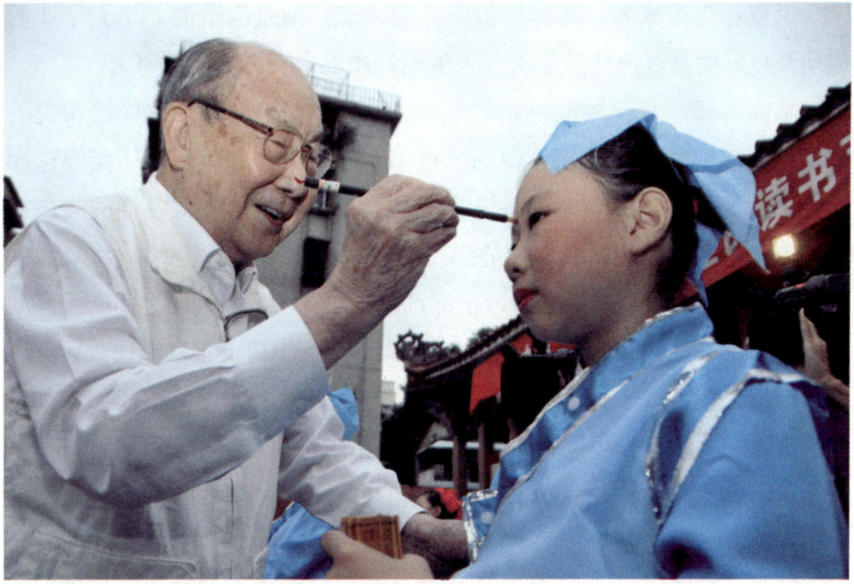

2015年10月2日，“书香潮州”读书节举行开笔礼，陈伟南为小学生点朱砂

多少生意，货一出手就立刻将款项清还货主，宁愿受饿也绝不拖欠。他的诚信让货主相信星洲公司确实业绩良好，从而愿意源源不断地供货，甚至扩大供货规模。就这样，对短期利益诱惑的克服，反而促成了长期的目标。

这种“克己”与“利己”的深层关系，自古以来便是儒家仁义思想的基石。“克己”既然可以“利己”，自然也就有了“利人”的坚固基础。正如陈伟南所说：“一个人的用度是有限的，赚钱除了自己够用，用来帮助别人才是人生的价值。”

儒家中道也让屏山公司的治理摆脱了资本逻辑，充满脉脉温情。在那里，没有私营企业中惯见的上下级间的砥砺，也没有频繁的人员流动，甚至没有裁员。在香港未有社会养老之时，陈伟南就率先在公司内部建立起养老福利制度：年老的员工不强制退休，量力而做；不做或主动提出退休的员工，亦照发工资。他对待伙计就如对待家人一样，常常主动慰问或资助生病的员工。司机病逝后遗下两个儿子，他资助他们一直到完成学业。“仁道”的治理原则并未拖累陈伟南，更没有压垮他的企业，相反铸造了一个极具归属感的团队，这让屏山公司充满活力，使之成为香港养殖业衰退时笑到最后的赢家。

“克己”带来的“团结”效应，想来陈伟南是深谙的。个人事业的成功及良好的商誉已使陈伟南在香港潮汕族群中拥有很高的声望。

学高为师，身正为范，或许与读过师范有关，陈伟南总能给相交的人平和、包容的印象，无论他们来自哪个阶层。2000年，陈伟南当选为香港潮州商会主席。当时的香港，潮汕人已过百万，各式各样的潮属社团不下数十个，而潮州商会只是芸芸社团中的新兵。

民间社团本身就相对松散，虽然都是潮籍社团，但彼此之间交流互动并不多，大家在各自的领域内谋事，在大一些的事情上难以形成合力。这么多潮汕人在香港，而且几乎在每个领域都有人做得风生水起，大家都是喝韩江水长大的，如果彼此之间能加强联系，互通有无、相互提携，那么无论对于香港的发展，还是对于潮汕人自身，不都大有裨益吗？

但是，如何让各个社团达成“克己团结”的共识呢？

陈伟南决定从建立最基本的信任开始，只有越来越多社团领袖之间彼此信任，合作就会水到渠成。而建立互信离不开充分沟通交流。

回忆香港潮团总会成立前的那些经历，陈伟南总忘不了当年创造的一个又一个茶局和饭局。“我先邀请一些兄弟商会的会长共进午餐，用餐时也不谈总会的事情。请他们吃午饭、喝茶，一来二去就比较谈得来。有人就说，中午时间太短，聊得不痛快，不如改成晚餐。我说好。这样十几次后，有人就提议咱们是不是来组织一个总会？这对我来说是正中下怀。我说你们要组织，我赞成，不过有一个条件，要全部（潮籍社团）参加。他们全部举手赞成。”

2001年10月，由陈伟南首倡的香港潮属社团总会正式成立，陈伟南众望所归担任创会主席。他的同乡兄长、至交国学泰斗饶宗颐特地为总会题写了两个字：“团结”。团结力量大，但团和结的过程并不容易，作为创会主席，陈伟南带领香港潮属社团总会，加强社团之间的联络，不断汇聚乡亲力量，参与香港社会事务，表达潮人心声，在支持特区政府依法施政、配合支持家乡建设等方面做出了卓越贡献。

而为了促成内地潮汕地区的团结，陈伟南也早早行动。1987年，陈伟南开始以汕头市政协委员的身份参政议政。适逢潮汕地区调整行政区域，陈伟南意识到对大潮汕意识的加强势在必行。在他的奔走联络、精心组织下，潮汕港澳政协委员联谊会于1993年成立，为潮汕港澳地区的合作做了大量工作。

进入21世纪，广东省将振兴粤东经济提上议事日程。2006年在汕头召开“促进粤东地区加快经济社会发展”主题会议，陈伟南利用这个时机，向粤东各市领导提出粤东四市经济社会协作构想，当即得到热烈回应。2007年，粤东四市联合签署了《粤东四市经济社会协作框架协议》，陈伟南的呼吁终于开花结果。

奉献社会，爱国爱港爱乡

1984年，陈伟南回到阔别38年的潮汕平原出席民间艺术晚会。会上，有人问及陈伟南的家乡，答曰沙溪，对方随口表示“沙溪很穷”，这句无心之言深深刺痛了陈伟南的内心。此后，陈伟南回到故乡，亲眼见证了乡土的凋零，更坚定了要为家乡做些实事的决心。

反哺桑梓的义行由此开始，三十余载至今未歇。在沙溪，陈伟南捐资逾亿元，先后捐建了幼儿园、中小学校、卫生院、自来水厂、无公害

2016年2月，家人为陈伟南庆贺98岁华诞

厕所等机构设施，为之付出了极大的心血。对母校韩山师范学院的捐资，他亦不遗余力。陈伟南每到韩师，总是边走边看边问，发现需要完善之处便主动提出捐资。自己解决不了的，就积极奔走牵线搭桥，直到事情完全解决。迄今为止，他为母校已累计捐资超过1300多万元。受惠于陈伟南奖教金、奖学助学金的师生超过2000人。

陈伟南的捐资主要集中在医疗和教育。这两个领域，即使放眼全国也是公共事业不折不扣的短板。由于认识的局限，许多地方视其为财政负担，然而这两样恰是陈伟南最为看重的。医疗给人健康的体魄，使人凭借自己的劳动能够持续创造财富，使人有更多的时光享受自己的劳动成果；而教育启迪人的思维，赋予人们知识、技能和眼界，鼓励人们不断精进，为社会做出更大贡献从而收获更多果实。这两项事业，都关系到人民的长远福祉。

陈伟南将慈善当成自己的天职，称之为“取之社会，用之社会”。许多时候，他还自愿担起公益机构的部分职责，比如许多捐赠都是他身处其地、考察实情后主动而为的。捐赠后他不忘跟踪情况，保证善款取得实效，一旦发现资金不足，还要立即追加捐款。有人总结了陈伟南慈善的“三不”原则：不等提出，主动捐赠；不图留名，重办实事；不提要求，无私奉献。这些原则，只有真正将公益视为“公义”的人方能做到。

唯有教育方能传承，否则黄金时代也只是昙花一现。陈伟南深深懂得教育的重要性，因此除了捐资，他还亲自以网络对话的方式参与到教育中来。他常常在个人网站的留言板上为年轻潮人答疑解惑。“与年轻人沟通，教导年轻人，是我们老年人的责任，引导年轻人向上亦是我的理念，凡有益于家国的事情，必须支持，使他们觉得有人认同，定会更积极去干。”虽然陈伟南事务繁忙，但仍乐于回复年轻人的询问，这些回复都是陈伟南亲手写作，再由秘书代传上网的。

陈伟南的义举也影响了一大批年轻潮籍企业家为家乡做好事、做实事。在本刊记者进行专访时，就有两位潮籍企业家带着公益方案来咨询他的意见。陈伟南开心地接待了他们，并将自己的意见建议倾囊相授。

除了从事慈善工作，陈伟南还积极支持潮汕地区的文化学术事业。随着经济发展和信息全球化，文化越来越成为指导人们行为的重要因素，文化竞争也越来越成为影响族群兴衰的关键因素之一。陈伟南明白，弘扬中华文化和潮州优秀人文传统迫在眉睫，这对于凝聚世界潮人有着至关重要的作用。多年来，陈伟南一直大力支持潮汕历史文化研究中心、潮汕历史文化研究基金会、饶宗颐学术馆、侨批文物馆等专门机构的建设，同时还响应饶宗颐的倡导，积极支持建立“潮州学”，号召世界学人参与到潮学研究中来。为了切实支持潮学的发展和传播，陈伟南接受饶宗颐的建议，将国际潮团总会年会和潮学国际研讨会绑定，形成与国际潮团联谊年会每两年同时召开的固定制度，为潮学研究推向国际交流建立了一个长期平台。

在这一点上，陈伟南再次展现了他作为时代瞭望者的本色。随着“一带一路”国家战略的实施，围绕海上丝绸之路的研究将会越来越多，而正是在这条古老的商路上，潮人们曾发挥了不可取代的作用，书写了可歌可泣的历史。著名历史学家冯承钧曾说：“南海诸国与中国交际有两千年之久，而近数百年来华侨之往来居留者，何止千万人。不惟经营实业，且有拥众自王者，此种殖民成绩，设无记述，其事迹终必湮灭而不彰。”由此观之，潮州学肩负着在历史长河中留下潮人乃至中华民族声音的重大责任，而陈伟南极具前瞻性的领头支持，利在长远，功在千秋。

“如果在商言商，只顾赚钱，那没什么意思。”陈伟南用极平实的话语表达了他对“大义”的推崇和秉行，也触及了人性深处的需要。“穷则独善其身，达则兼济天下”，这是儒家的经典理念，不过陈伟南也许有着独特的理解。他认为，既然奉献并不限于金钱，那么奉献亦不只是富人的专利，各种条件下的人都能按自己的能力，为他人、为社会做出自己的贡献。

如果社会的进步总需要一些领头人，他愿意只做一剂良药的引子。

薪火相传：事业、家风从弘扬到创新

大树参天，离不开幼苗时期的浇灌。支撑陈伟南善行的内在精神很早就播下了种子。生于耕读世家的陈伟南从小就受父祖辈言传身教的熏陶。“老实终须在，作恶无久奈”，此类谚语从未让陈伟南产生逆反心理，相反，他用后来的人生经历证明了它们的正确。也许是受益于良好的家庭教育，陈伟南非常重视家风的传承。

据陈伟南的儿子陈幼南回忆，父亲虽然比较严肃，却极少训斥他人。陈伟南创业时期非常繁忙，仍经常抽出时间陪孩子们去沙滩玩耍。虽然相聚时间不多，但他的一言一行无不被孩子们看在眼里。

陈伟南常常对孩子们说：交朋友不要带有目的性，要对别人好，但不要图回报。这种信念在陈幼南的心中潜移默化。他说，自己一家人都很赞同父亲这种观念，因而都拥有许多朋友，“只要待人真诚，别人就会对我们好，便能交到朋友，这是很自然的事。我的孩子也很认可这些道理”。

在陈幼南的成长经历中，陈伟南一直扮演着开明家长的角色。小到平时的兴趣爱好，大到国外留学、工作的选择，陈伟南对儿子的决定一直抱着支持鼓励的态度。

陈幼南现任屏山企业有限公司的董事总经理。当初选择回到父亲的企业，不能不说是一种情怀的传递。1985年，在国外工作的陈幼南回港探望父亲。陈伟南对儿子提及内地改革开放的巨大机遇，描述了在内地发展事业的美好蓝图，也表达了自己造福乡里的决心。陈幼南被父亲的想法深深打动，毅然辞去国外工作，回到香港帮助父亲。30年来，陈幼南将国外规范化的制度管理与家族企业人性化的“儒商”管理结合起来，为公司注入了新的风气。陈幼南没有辜负父亲的期望，在他的领导下，屏山企业有限公司取得了长足的发展。

追随父亲的脚步，陈幼南也积极投身到社团工作当中。1998年，陈幼南发起组织了国际潮青联谊年会和国际潮青联合会。2013年，他又发起组织了国际潮籍博士联合会，意在整合国际潮籍博士的优势资源，开展扶贫救灾、助学兴学等各项慈善事业。国际潮籍博士联合会以宗亲乡情为纽带，在推动潮汕地区与外界交流合作方面做了诸多有效的探索：邀请外国专家在潮州市中心医院做心脏手术示范，陈幼南亲自充当翻译；举办各类讲座，让附近医生都来听课；推动潮汕地区医院与上海、广州等地知名医院的交流培训，等等。

“父亲很多理念在无形中影响着我。社团的工作，我答应了就一定会尽力去做。我和太太现在经常过去父亲家里吃饭，很多问题我都会向他请教。”

对此陈伟南感到由衷的开心，自己的企业和慈善事业不但后继有人，更在发展中不断创新。

职衔与荣誉

香港爱国实业家、潮人楷模陈伟南先生，1919年出生于潮州市潮安区沙溪镇，1936年毕业于省立韩山师范学校。1937年赴港谋生，艰苦创业，先后创办香港星洲胶业有限公司、香港星洲贸易有限公司、香港屏山企业有限公司，成为港澳工商界的佼佼者，曾受到江泽民、李瑞环、李岚清等中央领导人的接见。

如今，接近期颐之年的伟南先生除了担任屏山企业有限公司董事长、星洲贸易有限公司董事总经理、广州穗屏企业有限公司副董事长等企业职务，还在社会事务方面尽心尽力。

2010年9月，香港大学向陈伟南颁授名誉大学院士证书

主要社会职务

香港特别行政区首届推选委员会委员、香港潮属社团总会创会会长、香港潮州商会永远荣誉会长、香港饶宗颐学术馆之友创会会长，国际潮学研究会会长、国际潮团总会常设秘书处顾问，澳门潮州同乡会永远荣誉会长，广东省第八届人民代表大会香港区代表、广东省海外交流协会海外荣誉顾问、广东省归国华侨联合会顾问，广东省潮人海外联谊会名誉会长、广东金融高新区股权交易中心“华侨板”名誉理事长，政协汕头市委员会名誉主席、特聘委员，潮州市人民对外友好协会名誉会长，揭阳归国华侨联合会名誉会长，还在北京、上海、四川、泰国、新西兰等潮人社团担任职务。

主要荣誉与勋衔

香港特别行政区政府颁授铜紫荆星章；广州、汕头、潮州、揭阳四市“荣誉市民”称号；泰王御赐五级白象勋衔；第二届港澳与粤东北县经济投资论坛全球潮属商家典范；广东省政府颁授南粤慈善家；潮州市政府授予弘扬潮人精神特别贡献奖；北京第三届潮商大会颁发世界杰出潮商荣誉宝鼎；国际小行星中心和国际小行星命名委员会将8126号小行星命名为陈伟南星；2008年华人慈善（南方）盛典颁发慈善人物奖；2008年度广东十大慈善人物奖；广东省侨务办公室、省海外交流协会授予“服务华社·真情奉献”荣誉人士称号等。

对话

奉献其实是为自己增添力量

关于“业”：成功在于诚信和努力

时代潮人：从1937年您第一次去香港至今，几十年间您曾在不同年代、不同地区经商创业，您认为能有所成需要具备哪些必不可少的条件？

陈伟南：一个人的成功，第一，最重要的是诚信，就是有信用的人才会成功，没信用的人不会成功；第二是要努力。不努力，读书也好，做生意也好，都不会成功。

时代潮人：据我们了解，您现在还没有完全退休。那么除了慈善和潮团工作外，您是否还参与企业管理和商业决策？

陈伟南：我没完全退下来，是因为我身体还可以。公司的生意主要由我儿子在打理。我年纪大，朋友也多。很多朋友说要退休了，我问他们退休要做什么，他们说“钓鱼、旅游什么的”。我看到很多，（退休）改变了他的人生，生意越来越萎缩，最后没有了。这是我的经验，所以几十年前我就说我不退休，半退，不全退。如果我不来公司，一个人在家对着四堵墙，没意思。生活不要改变得太厉害。所以过去几十年我都去爬山，现在不爬山了，我还是四五点起床，在楼下花园散步。这个习惯坚持了几十年。运动对人很重要，你不运动的话，老是坐着，不动，对人的健康有影响。

时代潮人：当前全球经济形势复杂多变，当下企业家或正在创业的年轻人应该如何应对？您是否可以给他们一些建议？

陈伟南：我的座右铭是“事业成功在于努力，人生价值在于奉献”，我这几十年一直遵循这两句座右铭来做人。很多年轻人问我，说

“事业成功在于努力”能理解，“人生价值在于奉献”意思是说我赚了钱就像您一样去奉献？我说你第一句说对了，第二句就错了，奉献不是以金钱论的，不是说赚了钱才去奉献。邻居老人家没吃的，你给他一碗饭吃，这也是奉献。有人走路要摔倒了，你去扶他，也是奉献。不是说给多少钱才是奉献。

时代潮人：您是成功实业家，也是知名慈善家。做实业与做慈善，一是创造积累财富，一是分配使用财富。在形式上是“得”和“舍”的矛盾关系。您是如何平衡“得”和“舍”的？

陈伟南：这两件事是绝对有关系的。你努力了事业就会成功，能赚钱，或者有本领，能造飞机、火箭。赚了钱不去帮助别人，赚钱来干吗？一个人的用度是有限的，你赚钱除了自己够用，用来帮助别人才是人生的价值。会赚钱就要帮助别人，有本领就要贡献国家，这才有意义。

关于“家”：
重视文教，科教兴邦

时代潮人：“老实终须在，作恶无久奈”是您父辈的嘴边话，想必对您的影响很大。您的儿孙辈们也都事业有成，为国家、为社会做出了很大贡献。在引导后辈成人、成才方面，您有什么经验？

陈伟南：我认为最重要的是言传身教，耳濡目染。儿子陈幼南现在对国家，对社会，对香港的社团，做得不错。他最近组织潮籍博士联合会是一个创举，潮籍博士都是卓有成就的专家学者，对国家对地方有好处。很多企业家非常赞成，大力支持，潮汕地区政府也非常重视。

时代潮人：潮汕籍企业家很优秀，但潮汕地区的发展却并不快，甚至很多地方不如人意。您认为症结在哪里？

陈伟南：这里边有很多原因。第一，我们说路通财通，过去潮汕地区交通不方便。交通不方便，就吸引不了投资。不像珠江三角洲交通方便，接近省府，它就容易发展。这是咱们潮汕地区所欠缺的。第二，老

板们都到别的地方投资，比如东莞、深圳，没人来投资，就吸引不了人才，甚至人才外流，所以当地的人才越来越少。我认为潮汕地区应该联合起来，共同发展。很多年前，我就提倡潮汕四市合作，当时四市的领导都非常赞成。这几年由省政府组织的潮汕三市合作，就是对我提出的“大潮汕”理念的认可。

时代潮人： 过去几十年，您心系桑梓，在扶贫救困、文化教育、医疗卫生等多个方面，您出钱出力，慷慨相助。您对这些慈善行为的结果满意吗？

陈伟南： 效果非常好，出乎我的意料。有一次我去汕头，有一位副市长问我，您的家乡是哪里。我说沙溪。他脱口而出，说那地方很穷。这对我的触动非常大。我不是很有钱的人，我没能力花大钱，只能尽己所能帮助家乡。我在家乡捐建幼儿园、小学、中学、医院，道路、自来

2008年3月，“陈伟南星”雕塑在韩山师范学院落成

水厂和无公害公厕。家乡最脏的就是露天厕所，苍蝇蚊子很多，而且就建在居住区。我出资建了20多个公厕，非常好，文明卫生。一个公厕5万元，那时建一座房子都不用5万元。我失望的是，我带头来做，希望有人响应，一起来做，可惜邻村无人跟着做。

时代潮人：您做慈善事业往往能取得好的效果和效应，您认为最主要的原因是什么？

陈伟南：一般人碰到募捐，捐个几百万元，就不理了。我不是，我出了钱，还要看你做得怎样。你不够，我还要增加投入。当时建中学，我说给500万元。人家说建中学不用这么多。现在什么情况，到现在我投入了6000多万元，但是我觉得很有意义。总而言之，这几十年来我做慈善事业，绝对没有后悔，到处都有人赞扬。

关于“己”：
提携后进，乐为人师

时代潮人：您是读师范出身，这辈子您做了很多事，唯独没有当过教书先生，但您对后生提携很多，甚至在网上为年轻人答疑解惑，这不是另一种形式的“教书育人”？

陈伟南：在那个年代，读书出来是要教书的。当时有两条路走：一条是教书，合同都给我了；另一条是去香港，姐夫已经在香港做生意，可以挂单。我考虑来考虑去，还是觉得应该去香港，所以就没去教书。青年很重要，现在咱们国家要靠青年，如果这一代青年接不上，国家就乱了，影响很坏。现在国家也好，香港政府也好，对青年寄予很大的期望。这两年我回潮汕，还去学校跟孩子们谈话，教他们做人做事。校长说我讲得非常好，他说“你说一句顶我说很多”。孩子们也很崇拜我。

时代潮人：回忆过往，您觉得这辈子遇到过的最大困难是什么？您是如何走出来的？

陈伟南：我一生以稳健为主，做生意也好做人也好，我不会去做过分的事，没本钱去做大生意是困难，或者说欠人钱没办法还也是困难，我不曾做这样的事。如果说困难，就是日本侵略香港时比较困难，但如今回想也没什么，公司不开工了我就去街边摆摊。你只有1万元的本钱就不要去做5万元的生意，我1万元就做一万元的生意，输了也是1万元，不会欠人的钱。所以说，一个人啊，勤俭刻苦就没问题。我初到香港，一个月挣10块钱，4毛钱剪头发。咱不乱花钱，公司又包吃的，也不觉得艰苦。钱，够用就行，有多的不去做善事，不去帮助别人，存银行里做什么？

姚璇秋：雅歌妙舞，潮剧之魂

作为中华文化的重要组成部分，潮汕文化源远流长，形式丰富。潮剧作为潮汕文化的重要载体，据考证迄今已有超过500年历史。提及潮剧及其在当下的传播，自然离不开姚璇秋，她是名副其实的潮剧符号、当代潮剧表演界的扛鼎人物，也是潮剧爱好者心目中的巨星。如今，姚璇秋已届八十高龄，却仍心系潮剧，身体力行传帮带，为潮剧的传承和发展贡献着自己的力量和热，“潮剧的发展必须后继有人”，这种“当然”的使命感支撑着她。虽然已经定居广州，姚璇秋每年会安排出一定的时间到汕头进行传承工作，手把手地教授、提携后进，恪守作为潮剧代表性传承人的责任。

在文化部2016年“中华优秀传统艺术传承发展计划”戏曲专项扶持项目“名家传戏——当代戏曲名家收徒传艺”工程入选名单中，姚璇秋榜上有名，这是潮剧唯一获此殊荣的代表。

倾心为潮剧，万里共乡音

——记著名潮剧表演艺术家姚璇秋

1953年的一天，正是子夜时分，正顺剧团的师傅从睡梦中醒来，隔着朦胧的眼帘，忽然瞥见庭院墙角的树下，晃荡着两道悠悠白影。师傅顿生疑惑，于是壮着胆子悄悄上前窥看，定眼一瞧，才恍然大悟：原来是团里新来的“小姚”正乘夜练习水袖功的身段。

这个“小姚”，正是后来推动潮剧走入黄金时代的姚璇秋。

春风践约到园林

1935年出生于澄海的姚璇秋，在成为正顺潮剧团的一员之前，曾度过了极为清苦的童年。抗战时期，小璇秋的父母于贫病交加中离世，留下她和五个姐姐、两个哥哥在生存的边缘挣扎：其中两个姐姐没能挨过黎明前的黑暗，另三个姐姐远嫁南洋，两个哥哥不得不进入救济院，姚璇秋则跟着守寡的大伯母艰难过活。

恰恰在这样困绝的环境中，小璇秋与潮剧结下了不解之缘。两个哥哥所在的救济院面临运营压力，于是请来教戏先生，将孩子们组建成业余戏班，以此挣钱来作为补贴。哥哥们一个拉弦，一个做小生，小璇秋便常常跑到救济院里偷偷看他们学戏。谁也想不到，这双胆怯又好奇的眼睛里，一朵明日之花正悄然含苞。

抗战结束后，为了分担大伯母的压力，八岁的姚璇秋进入火柴厂当童工。在此期间，小璇秋对潮剧的兴趣日渐浓厚，她不时从本已十分微薄的工资里抠出一部分来买票观看“天光戏”。顾名思义，这种戏是从半夜开演到天明，所以价格非常便宜。

此时两个哥哥已离开救济院到街上做起了小贩，他们在业余时间常到璇秋家附近的阳春儒乐社表演，见到妹妹喜爱潮剧，也常带她到乐社参与清唱。阳春儒乐社是民间自发的音乐兴趣组织，没有报酬，但哥哥拉弦妹妹唱曲，小璇秋亦乐在其中。这种贫中取乐的生活方式一直持续到了新中国成立后。

由于生活的局促和不安，姚璇秋只断断续续念过一些书，小小的精神世界主要靠潮剧来滋养。从潮剧中，她学习了不少汉字，也明白了许多事理。多年以后，她几次谦虚地表示童年鲜有机会学习文化。但其实，潮剧所蕴含的乐教和诗教恰以不同于文教的方式为她举行了成年礼。

转折的一天终于来临了。1952年夏天，正顺剧团的主管人郭石海和陈炳光路过阳春儒乐社，听见里面丝竹悠扬，飘出清亮的女声，唱着连排的潮曲，不由刹住脚步，挤进乐社，意欲一睹究竟。拨开人群，只见身材窈窕、鹅形脸蛋的姚璇秋脚着木屐、眼眸蕴神。这不正是理想的戏苗子吗？两位主管人相视会心。

然而，当郭石海和陈炳光正式向姚璇秋发出邀请让她来剧团学戏

姚璇秋（右）与梅兰芳先生（中）交流

时，最初姚璇秋的态度却是极犹豫的。这种犹豫，与旧社会潮剧专业演员尤其是戏班童伶的悲惨遭际有密切的关系。

潮汕地区旧时流行一句话：“父母不修世，卖仔去做戏。”新中国成立前的潮剧主角基本由童伶担任，而童伶是以卖身的形式加入戏班的。由于教法严格，又从事着强度极高的训练和演出工作，往往“轻则伤，重则死”，且“在班期间，关津渡口，各安天命，与班主无关”，童伶的基本权益完全得不到保障。

由于常常偷看戏班排戏，姚璇秋曾目睹台上光鲜的童伶们背后辛酸的生存境遇，也曾亲见两位哥哥被救济院的教戏先生用藤条狠狠惩罚。因此，尽管那么喜爱潮剧，小璇秋却从未萌生过加入戏班的念头。

1951年，随着潮剧改革工作的启动，残忍的童伶制被废除，以童伶为主的潮剧一时面临着青黄不接的困难。由于女生的音色较为接近童伶，以正顺为代表的潮剧团便四处寻觅有资质的女青年，仿佛冥冥自有安排，他们遇见了姚璇秋。

剧团多次上门做思想工作，1953年春天，这个穿着木屐的女孩终于出现在正顺剧团的门口。正如后来风靡海外的曲子所唱的：“春风践约到园林”。即将到来的，是姚璇秋的春天，更是潮剧梨园的春天。

一自扫窗压轴，定二十年场屋

几百年来，潮剧在形成和发展过程中，不断吸收当地民间艺术精华，使其音乐、唱腔、表演形式日趋丰富，逐步形成了自身的风格。而20世纪50年代的潮剧正处于改革转型、重整待发的当口，与时代的剧变相呼应，潮剧也抖擞着新旧交融、兼收并蓄的开放精神。在此背景下，从票友到文艺工作者的角色转换，自然给年轻的姚璇秋带来了前所未有的挑战。

加入剧团后，第一关是要掌握潮剧的传统功法。根据剧团安排，杨其国负责教姚璇秋唱念，黄蜜、陆金龙则教基本功，三位先生的执教风格带着深深的民国印记，特别强调程式的规范和严谨。

每日凌晨4点半，姚璇秋便起床练功。《扫窗会》是她的开蒙戏，这

魏莲芳先生指导姚璇秋兰花指

部列入潮剧教材的经典剧目难度极高。光是曲牌，就对平仄、音韵、抑扬、轻重、缓急等方面有着十分细致的规定，姚璇秋跟着老师一字一句地唱念，不能出现半点差错。

著名的《扫窗会》开头那一声叫板“苦呀”，姚璇秋校正了数十次才达到老师的要求。看过《扫窗会》的观众，一定会对女主角王金真扫地的动作印象深刻。为了显得优美，姚璇秋要穿着裙子表演矮步，其间不断蹲下起身，大小腿不得接触，还须保持气顺，背后所付出的努力可想而知。

除了表演外在的“形”，姚璇秋也渐渐在老师指点下学着体会戏中角色的深层心理，通过外在的“形”来揭示内在的“神”。《扫窗会》中，王金真见到久违的丈夫，问出一句：“你是何人？”璇秋起初不得其解：为何还要问丈夫是谁呢？便向教戏先生卢吟词求教，先生反问一句：“你又是何人?”这句话点醒了姚璇秋：先生的用意是要自己充分融入角色所处环境当中，这样才能参透看似反常的台词里所隐含的言外之意。

这种“由内而外”的表演思路源自现代导演制度的引进，这是潮剧在新中国成立后继废除童伶制又一项重要改革。导演是“戏剧生产”的枢纽，通过对剧情、人物进行整体把握，将演员、服装、布景、灯光等要素统筹起来，从而改变了过去“各扫门前雪”的情况，使潮剧的艺术性得到了有力提升。

在这项变革中，起关键作用的是导演郑一标，他的引导深刻地影响了姚璇秋的艺术理念。“郑一标先生在组织舞台行动之前，总是深入挖掘剧中人物丰富而复杂的内心活动，帮助我寻找人物行动的心理依据，感受剧中人物的思想、处境。”

戏剧表演的程式往往给人以刻板的印象，但在郑一标先生的启迪下，姚璇秋从人物深层心理出发，尝试对固有程式进行再加工和组合，从而变化出新的身段动作，达到以神御形的效果。《扫窗会》里有三次矮步的扫地动作，姚璇秋细心揣度每次扫地时王金真心情的微妙区别，最终呈现出三次各不相同的矮步，令观众回味无穷。

璇秋的勤奋与老师们的点拨相得益彰，终于结出硕果。在进入正顺剧团短短八个月后，姚璇秋与名小生翁銮金先生合作，以一折《扫窗会》参加广东省文艺会演获得优秀奖，从此一战成名。

潮剧专家张华云先生后来称其为“一自扫窗压轴，定二十年场屋”。这句美誉既是对《扫窗会》本身艺术价值的褒扬，亦是对姚璇秋台下扎实苦功的赞颂。这初出茅庐的八个月，为潮剧即将到来的“金色十年”奠定了坚实的基础。

雅歌妙舞动京华

接力《扫窗会》的是《荔镜记》（又名《陈三五娘》），这是姚璇秋艺术生涯中演得最久、影响最广的剧目之一。这部戏的排演，让姚璇秋的艺术潜能得到更为充分的开掘。

作为古典潮剧与时代精神的结晶，1955年《荔镜记》的广州公演获得了巨大的成功，原计划两个月的演出实际连演了四个月。适逢梅兰芳先生出访日本途经广州，也观看了此剧。“全国二百多个剧种，我还没有见过哪个剧种这么富于艺术表现力！”戏罢，梅先生登台相贺，对姚璇秋的表演更是大加赞赏。

广州公演后，璇秋调入新成立的广东省潮剧团，排演了《苏六娘》等剧目。

1957年，姚璇秋随广东潮琼汉剧赴京汇报演出团来到首都北京。这一年，无论对于璇秋还是对于潮剧，都极具纪念意义。这是在潮剧长达五百年的历史中第一次站上北京的舞台，潮剧团为北京观众带来了四台晚会，其中姚璇秋主演了《荔镜记》《苏六娘》和《扫窗会》。

许多人都是头一回接触潮剧，对京城文艺界来说，此次会演颇有遗珠现世的气势。著名电影编导蔡楚生先生对《扫窗会》的表演“惊叹不已”，京剧艺术家李少春先生则将《扫窗会》为首的三个潮剧折子戏喻为“百花园中的三块宝石”。众多夸誉如潮涌至，不一而足。

由于表现出色，潮剧被推荐到中南海的怀仁堂演出，毛泽东、周恩来等中央领导人均出席观看。时任中国剧协主席的田汉先生赋诗盛赞：“法曲久曾传海国，潮音今已动宫墙。难忘花落波清夜，荡气回肠听扫窗。”演出结束后，毛泽东主席还到后台看望了剧团演员，那一幸福的瞬间，让璇秋此生难忘。

在京期间，姚璇秋还随剧团多次拜访了梅兰芳先生。此前广州会面时，姚璇秋由于不会讲普通话，未与先生多做交流。而此番，梅先生给予了姚璇秋许多宝贵的意见。潮剧团即将离开北京之时，梅先生应璇秋之请，信笔题下“雅歌妙舞动京华”之句，以做留念。

首度赴京演出开启了潮剧的黄金时代。离开北京后，潮剧一路南下，先后在上海、杭州等地做巡回演出，对“海崖雅曲”的潮剧进行了进一步的宣传。1959年，姚璇秋借建国十周年献礼演出之机再度赴京，在怀仁堂得到周恩来等中央领导的接见。此后，剧团陆续赴各地演出，潮音一时回荡大江南北，盛况空前。

在潮剧黄金发展的十年里，以姚璇秋为代表的潮剧表演艺术家，在继承传统潮州戏精华的基础上，以空前开放的姿态与兄弟剧种交流碰撞，积极吸纳各家所长，令潮剧迸发出了前所未有的艺术活力。以《辞郎洲》的陈璧娘为例，姚璇秋既吸收了京剧的双剑功和翎子功，又融入

《辞郎洲》剧照

昆曲的趟马，还借鉴了川剧《白蛇传》的身段。融会贯通，使得这位巾帼英雄的表演显得更加丰满感人。

同时，潮剧还主动探索戏剧与电影的结合，姚璇秋先后拍摄了《苏六娘》《陈三五娘》等戏曲电影。借助这种新兴的技术手段，潮剧的艺术魅力得以跨越时空，传播到香港、东南亚甚至遥远的西欧与北美。

1960年，姚璇秋随中国潮剧团首次到香港演出，立刻在本港点燃了一股“潮剧热”。同年10月，又随团赴柬埔寨做文化交流访问演出，并在皇宫接受皇后授予“国家骑士”勋章。其间有一次，剧团在金边演出，当晚演出《陈三五娘》，无票观众群集门外，戏院周围人山人海。访问团团长王昆仑见此景，立即吩咐敞开院门，让外面的人们能够一睹五娘真容，于是皆大欢喜，成为一时佳话。

然而，这一切热闹繁华，不久便戛然而止。

经霜青松志益坚

1964年，传统题材的潮剧被批为“毒草”而禁演。此后，“文革”逐渐荼毒了整个潮剧界。

黑名单下来，姚璇秋作为其中唯一的演员，与广东潮剧团团长林澜、导演郑一标、卢吟词等人被列为“重点批斗对象”。

她被送到农村劳动改造，在田间劳作的时候，不时听到某某领导落马的广播，其中不乏接见过她的领导。姚璇秋说那段日子让她学到了很多，“由它去吧，种自己的田。树高迎风，是必然的。”磨难反使她的心更纯净了。

由于“革命事业”的需要，姚璇秋1971年被调回汕头地区潮剧团，召回的目的是要她演样板戏。但是一开始，她被安排在剧团里负责服装、道具乃至下厨等后勤工作。

“文革”对潮剧人才队伍造成了近乎致命的伤害，大批优秀潮剧演员遭迫害，有的被迫改行，有的在“劳改”中身体受到摧残，还有的因此失去了生命。

无数潮剧工作者发掘、整理、传承下来的1300多个剧本、七大本潮曲乐谱，还有各团辛苦积攒下的服装、道具、乐器等等，都在十年动乱中付之一炬。

随着对外开放被新确立为一项基本国策，潮剧迎来了重生的契机。1978年，广东潮剧院恢复，并接到赴泰国、新加坡开展文化交流的任务。

突如其来的出国通知急坏了姚璇秋和她的伙伴们：“因为经过十年动乱，剧团是两手空空！没有剧本，演什么戏呀？只好发动大家献剧本。有些残缺不全的，就硬是靠大伙一句一段地把曲词回忆、拼凑起来。”

光有剧本还不够。出发之前，姚璇秋夜以继日地排练、改剧目、录音。由于缺乏休息，致使肝病、气管炎、声带充血集中爆发，到了曼谷一度不能开口说话，经过五天治疗才登台演出。姚璇秋的首次访泰获得了极大的成功。经此一役，潮剧的元气也迅速恢复，《春草闯堂》《续荔镜记》等新剧佳剧频出。此后，姚璇秋又多次赴泰国、新加坡、马来西亚、法国、香港、澳门等地访问演出，为世界各地的侨胞带去乡音的问候。姚璇秋的声音成了联通海内外潮人情感的纽带，每到一处，都勾起四海潮人绵绵的回忆。

1987年，姚璇秋应《欧洲时报》邀请访问巴黎、里昂。旅法侨胞中，有许多都是当年在金边观看“黄五娘”的故人，他们因“红色高棉”运动逃至法国，重组家园。

又添新韵入诗篇

不过，进入新时期以来，整个传统戏剧的生态正发生着剧变。对内改革促进了商品经济的发展，对外开放加速了西方流行艺术的涌入，两股潮流相互配合，日渐蚕食着潮剧等传统艺术的生存空间。年轻一代兴趣转移，传统戏剧的表演场所日益减少，各种问题接踵而来。

潮剧十年受摧残的后果开始显现：无论潮剧工作者还是观众，都发生了断层。吴玲儿是姚璇秋的首徒，身为60后的她入门前从未看过传统潮剧——自她懂事起，传统戏便已被禁，当她初次接触潮剧时，几乎无法体会到其中深厚的古典美学气质。

为了使潮剧后继有人，姚璇秋也投入了大量的精力，尤其是在培养后辈潮剧艺人方面，她不遗余力，和剧团的老一辈艺术家们一起，以传承潮剧艺术为己任，致力于启发新人对潮剧的热爱，并将毕生所学倾囊相授。

例如，姚璇秋从不强求吴玲儿对自己动作依葫芦画瓢，并总是鼓励她根据自己对人物的理解来表演。这种教育理念有当年郑一标先生的影子：“只有演员自己设计出来的动作，才是最有情感表现力的。”

每一次交流演出，都被姚璇秋视为带年轻人见世面、学本领的难得机会。同时，每一次到海外，她都密切关注当地年轻潮剧艺人的成长状态，并给予真诚的指导。2006年在马来西亚，姚璇秋正接受记者采访，恰逢潮曲爱好者们有一个即兴表演，璇秋立即暂停采访，认真观看表演，并为他们鼓掌。

在进行创新时，姚璇秋从未忘记要以继承潮剧传统为前提。正如她所说："无根的枝叶是不能繁茂的，有根底的树，越受阳光的照拂，就越长得好；没根的树，越受阳光雨露的照沐就越容易枯朽。"

2008年，姚璇秋被国家文化部确定为潮剧的代表性传承人；2010年，姚璇秋获广东省首届文艺终身成就奖。

尽管退休多年，姚璇秋的艺术之路从未休止。无论是业余的潮剧兴趣小组、民营潮剧团，还是潮汕地区的文化盛会，只要邀请她，姚璇秋都鼎力支持，义不容辞。

2016年，姚璇秋作为潮剧代表传承人入选了文化部"中华优秀传统艺术传承发展计划"，推进其中"名家传戏——当代戏曲名家收徒传艺"工程。4月以来，姚璇秋常驻广东省潮剧院，亲自向各团选派的青年演职员传授经典潮剧折子戏《扫窗会》。她曾苦练八个月，打下了身段和唱腔的基本功，如今将这一颦一蹙、一嗔一笑背后的学问传递下去。

"几十年来，数不清多少幕后英雄为我奠基，没有大家的支持，我只能一无所成，因此，我没有资格可以高高在上，更不会做高高在上的人。"

姚璇秋从前辈那里撷取精华，酝酿成蜜，又如同她的前辈那样，将艺术的芳馨悉数回馈世界。

对话

潮剧是贯穿一生的理想和责任

爱上潮剧，在职做好在职事

时代潮人：您孩提时代就开始与潮剧结缘，到1953年进入正顺潮剧团开始潮剧的职业生涯。您当时对潮剧和潮剧演员这个职业的认识是什么？

姚璇秋：我从小就喜欢潮剧。当时我是火柴厂的工人，业余空闲的时候就看看戏。我经常去看我两个哥哥排练、演出，童伶的生活很苦。当时看到这样的情况我就说我不要（当“戏子”）。当时来负责招聘我的剧团领导开导我说，不会被人叫“戏子”，是为人民服务，是宣传员、文化工作者。剧团的人跟我说：“小妹，来试3个月。”一进去，他们就教我《扫窗会》，打基础，学到差不多可以彩排了，就学一个长戏，然后两个戏一起彩排。1953年10月，广东省第一次全省的文艺会演，我被选为潮剧代表团成员，演《扫窗会》，没想到获得很多掌声和肯定，也获了一个奖。1953年入团，1956年入党，这一生就要为革命事业奋斗到底了，自己的任务就要做好，在职做好在职事。

时代潮人：您进剧团的时候刚好也是潮剧“戏改”工作进行得如火如荼的时候，“戏改”也打造了潮剧的“黄金十年”。作为潮剧“戏改”工作的见证者和参与者，您当时的感受是什么？

姚璇秋：“戏改”是改制、改人、改戏，废除童伶制。新中国成立前夕，就是这样的童伶制班子制度。学得太好也得打，学得不好也得打。到我们这一代，共产党建新中国，就取消这个枷锁，老艺人最感谢共产党。改戏就是拿几个代表性的剧目来改，包括《扫窗会》《大浪淘沙》《陈三五娘》《蔡伯喈》等，做文字的整改，有拖沓、重复的，就修整、改革，拿出最好的精品来作为剧种的代表。1957年去北京演出，人家说你们潮剧的根基很雄厚。

《荔镜记》剧照

传承潮剧，就是弘扬潮汕文化

时代潮人：您与潮剧结缘一生，至今仍为弘扬、传承潮剧文化奔波劳累。您认为潮剧文化的核心价值是什么？弘扬与传承潮剧文化的价值是什么？

姚璇秋：潮剧是中华民族文化艺术瑰宝，是潮汕文化的集中体现，弘扬潮剧艺术就是弘扬潮汕文化。1957年去上海等地巡演，那时候的上海听说有40万潮汕人，报纸有说潮剧团要来上海，家乡人“轰轰轰”就来买票了。演出几天，每场都满座。家乡那些年纪很小就逃生来上海的老人都六七十岁了，带儿子孙子来看，说如果你们不来这里演出，我们的地方语言就消失了，后辈都不会讲潮汕话了。文艺界的，像越剧、沪剧、昆曲的演员也来看，特别是上海的戏曲学校，老师看了之后都让学生去看潮剧。从潮剧看出我们地方的文化还是非常古老的、非常好的，看剧本就知道，看戏路就知道。北京、上海的文艺界都在讨论，都不知道中国原来还有潮剧这个东西，想不到这个地方剧种做得这么好，所以议论是很热烈的。《陈三五娘》《苏六娘》这些家庭戏可以做得这么好，非常有特点，他们觉得我们地方的家庭生活、文化水平也是非常高的，所以也是在宣传我们的好家风。

时代潮人：《苏六娘》《荔镜记》被拍成电影，您认为剧场表演和拍电影有哪些相同和不同？您拍电影时的感受是什么？

姚璇秋：电影剧本在舞台剧本的基础上有所改变，充实了很多，场景也比较现实。合理修改剧本，加强人物舞台的呼应，加强现实的场景，这个剧本里面有说到的情节故事都拍出来，在舞台的话就只能唱出来。拍了潮剧电影之后，才知道舞台和电影剧本结合可以这么丰富，拍起来非常好看。这是第一部戏曲电影。我们在香港的时候，电影公司的主角夏梦等在座谈会谈到潮剧舞台的东西很热烈，觉得可以接受，虽然听不懂，但是非常好听，所以说戏曲的生命力和潜移默化的能力很厉害，情节故事艺术是共通的。电影一出来，影响到美国、法国，一些业余潮剧团通过电影就学潮剧，每场都看，边看边把剧本文字记录下来，熟悉音乐的人就把乐曲记下来，喜欢哪个角色，就专门看那个演员的动作、表情、唱腔。所以这就是潮剧的影响。虽然家乡人身在异国他乡，心里还是记住地方的艺术，还是喜欢，离不开自己家乡的文化艺术生活。

潮剧传承，重在“保根基”

时代潮人：随着人民群众休闲娱乐方式的不断丰富，生活节奏加快，潮剧与其他传统剧种一样遇到受众萎缩、传承艰难的窘境。您认为，应通过哪些方式来改变这种情况？

姚璇秋：潮剧跟其他剧种面临的问题是共通的，就是习近平主席开三次座谈会提出的问题，潮剧也是存在这些问题。没根基，没做好传承、改革，现在变得没有规格，自己剧种的特色没有了，受到很多方面的冲击。现在习主席说保根基，剧种的精华要保护好，做好再发展，好比千年大树，为什么要修枝剪叶，因为会长新的东西，树木是自然新陈代谢，树身就会壮大，戏曲也是这样。要一代培养一代，也是这个道理，就是要把根基拿出来学，树没根，这个树就会死。

时代潮人：潮剧要传承和发展，必然有一个改革的过程，您认为这个改革的过程中，该坚持的是什么，又需要在哪些地方加以改进？

姚璇秋：还是要强调保根基，保剧种特色，演员也要踏实练好基本功，这是基本，不能丢掉。现在有一个不好的现象，就是舞台的东西太多，都没地方站，练功没处使。还有学京剧派的，两边袖子转两朵花，那是特定人物才需要这个，现在什么戏都要有这个动作，什么戏都要写跳舞场，没有就过不了关，学了别人的就把自己的东西流失了，弄得五花八门，对戏曲就有冲突。当然我们可以吸收其他剧种优秀的东西来补充、提高，这些改革要合理利用，也可以利用电视连续剧、歌舞等等一

《穆桂英捧印》剧照

些好的因素来充实我们。

时代潮人：您教出了许多优秀的学生，撑起了潮剧艺术的大梁。做对于教育您有哪些心得？育人育德，您除了教授表演技艺，还对学生作出哪些指导？

姚璇秋：其实在（20世纪）70年代我自己就在做传承工作了，培养一些青年来接班，这个剧种才有得生存。我到四五十岁要演五娘就不像了，角色是十六七岁的，就得培养青年们来演。我的老师也是演员出身的，会写剧本，改剧本，会作曲，会打鼓，全部都会，培养新学员就要选择每个人适合的行当，我跟我的老师就比不了，我没读书，不会写剧本。老先生没有退休制度，整天在这个氛围里，机制很好，自强、自爱，不会演戏就写剧作曲。我现在退休十几年，一直向我的老师学习，为这个剧种做传承工作。

洗尽铅华始见真

——我眼中的姚璇秋

文/黄剑丰

姚璇秋是名闻海内外的潮剧表演艺术家，在舞台上可谓星光闪烁，而舞台下的她洗净铅华，朴实、平易，却又难掩言行举止的优雅与美丽。我与姚璇秋老师认识，不在潮汕，却在羊城，可谓缘分。因为潮剧，十几年来，彼此成了忘年交。

姚璇秋这个名字，与潮剧的腔调从小深铭脑海之中。我记得，在我还很小的时候，奶奶曾经带我去村里的老寨阳埕看电影《荔镜记》，那就是姚璇秋主演的。艳丽、典雅的电影镜头一直留在童年记忆中。

由于长年远离潮汕在外学习与工作，我对于乡音非常敏感，身边也曾带有几出潮剧，空闲的时候，经常会拿出来听，因此对于潮剧，我虽谈不上特别喜欢，但是也不抗拒。毕业后来到广州，曾经在广东省文化厅属下的一家杂志社当编辑记者，有一年，刚好碰到举办广东艺术节，来自广东各地的剧种都齐聚广州，粤剧、汉剧、潮剧、山歌剧等省内地方剧种汇集省城，各展风华。当时我们杂志社做了一个艺术节专版的报道，几个同事兵分几路，有的负责跑粤剧剧场的新闻，有的负责跑汉剧剧场的采写，很自然，作为潮汕人，我被分去负责潮剧剧场的报道，记得当时潮剧演出的剧场就在火车站对面的友谊剧院。我平生第一次走进剧院近距离地看潮剧，在远离潮汕的广州，随着潮州大锣鼓响起，潮剧在广州友谊剧院上演了，听着开场前熟悉的潮州大锣鼓，坐在台下的我感觉浑身毛孔一紧，起了一阵鸡皮疙瘩，泪水突然悄无声息地流了出来，心中涌起一种作为潮汕人的自豪感。艺术节结束之后，主编不知道从哪里要了一个电话，交给我说，这是你们潮剧界的权威，叫姚璇秋，住在广州，你跟她打个电话，尽可能让她老人家谈一下对本届广东艺术节的观点看法，顺便了解一下潮剧在当前的发展及传承状况。我当时接到这个电话，又惊又喜：喜的是，曾经童年的偶像居然住在广州，而且通过本次的艺术节，要直接跟她对话；惊的是，作为潮剧的前辈，能否接受一个毛头小子贸然的电话采访？

一切的担忧都是多余的！电话接通之后，电话那边的老阿姨用生硬的粤语在向我问好，当我说明来意，对方的粤语即刻改为熟悉的乡音。如一位邻家的老太太，姚璇秋的亲切让我的陌生感消失殆尽。采访结束，电话挂上之前，姚璇秋不忘亲切地邀请："有闲来食茶！"这一幕一直让我感念。

因为潮剧，接下来的几年，我跟姚璇秋都保持着密切的联系。我后来因为工作需要，先后接触了粤剧、昆曲、汉剧、黄梅戏等其他剧种，发现其他剧种比如昆曲的岳美缇、粤剧的红线女等当家名旦，都出版了各自的传记与相关的评论文集，但回头来反观潮剧，姚璇秋的传记与舞台艺术的研究并没有系统出版。于是在后来的几年，我先后通过搜集与整理，为姚璇秋老师有系统地出版了《姚璇秋潮剧艺术评论文选》和《璇韵秋声——姚璇秋从艺65周年纪念画册》。由于对姚璇秋老师的艺术以及经历有着深刻的了解，我还应广东省档案馆、广东省文联、广东省潮剧发展基金会等单位之邀为姚璇秋老师主持过"姚璇秋从艺65周年艺术专场讲座""璇韵秋声——姚璇秋潮剧艺术品鉴会"等专场讲座及沙龙。2014年，广东省档案馆口述历史工作室为姚璇秋老师录制资料，我作为嘉宾与姚老师对话，通过对话形式让姚老师口述了从艺60多年的坎坷经历。

2010年，姚璇秋获得首届广东文艺终身成就奖，接到这个消息的时候，我既意外，又觉得一切都在意料之中。意外的是，首届广东文艺终身成就奖15位德高望重的艺术家，他们来自文化艺术的各个领域。作为地方戏曲演员，姚璇秋代表了潮剧在广东文化圈中占有一席之位，确实是难能可贵。而意料之中是因为姚璇秋一贯以来以其精湛的演技演绎传播潮剧，让潮音传遍大江南北与海内海外，为潮剧的发展与传播做出了突出的贡献，获此殊荣当之无愧。

秋姨的颁奖现场我没有时间去，等到广东卫视重播的时候，我正好在开平出差。当天晚上接到重播颁奖晚会的信息，我一个人静静地在宾馆里看着秋姨上台领奖，听她那带着浓浓潮汕乡音的普通话，感觉格外亲切。尽管不是在现场，但是看着秋姨捧过奖座，我还是由衷地为她鼓掌。那一年，秋姨76岁。当天晚上她容光焕发，迈着轻巧的步伐上台，主持人夸秋姨漂亮，秋姨却认真地说："我要是化妆了，再穿上戏服，就更漂亮！"

在我印象之中，秋姨的漂亮与高贵气质，与打扮无关，似乎是从骨子里透露出来的。有时候，秋姨甚至可以说是不大修边幅的，她大半生的时间都贡献给了潮剧。未退休的时候，秋姨的生活很简单，基本都是舞台、练功厅、宿舍这三点一线。上舞台穿戏服，到练功厅穿练功服，回到宿舍穿普通的便装，长期的职业习惯，秋姨对衣服的要求并不太高。然而，长年演绎深闺名媛，无论陈璧娘、苏六娘、黄五娘、李半月等，古代有教养的女子那种有礼有节的气质深深渗透在姚璇秋的骨子里，因此不管她怎么穿着，总是透露出一种独特的韵味。在台下的时候，她有时候像位邻家老太，但是一旦她站起身，睁大眼睛，踏着台步，神韵顿至，登时判若两人。秋姨主演的《春草闯堂》，一直是我保

广东省原省长朱森林会见粤剧演员红线女（右一）和潮剧演员姚璇秋（右三）

留观看的潮剧经典剧目。当时已经40多岁的她，将相府未出阁的千金小姐演绎得无限娇羞，那种点到为止的韵味与唱功，毫不做作的演绎，让人赞叹不已。

记得许多年前，秋姨应邀去新加坡客串演出，当晚的晚会秋姨着便装登台，演唱《江姐》选段之《盼亲人》。原本台下嘈杂，但是秋姨略施淡妆，穿着便服上台一站，顿时满场寂静，气场无限大，名旦的风采立刻出来。后来摄影师拍了几张照片，秋姨感觉非常满意，将它冲洗出来。她略带幽默地对我说，这身简单的服饰都是从广州王府井街头买来的，黑色的裤子35元，红色的T恤25元，再加上一条围巾，所有的费用还用不了100元。秋姨就是穿着这身行头出国演出，捧回无数的掌声。那时，秋姨家住广州东山口，王府井大街就在家的附近。秋姨经常自己上街买东西，超市也好，街边小贩也好，常有帮衬，很少人会想到这位如邻家奶奶的老太太就是享誉潮剧剧坛的名旦姚璇秋。

退休后的姚璇秋，一直从事潮剧的传承工作。洗去铅华始见真，姚璇秋卸去浑身华丽光环，朴实、平易地出现在观众面前，岁月的流失，没有为她增添太多的沧桑，她的美丽气质却随着时光的流逝积淀着，让她多了一份豁达与沉稳的风度。

姚璇秋在从艺65周年开幕节目中亮相

一直以来，我很喜欢杜拉斯在《情人》中写的一段话："我已经老了。有一天，在一处公共场所的大厅里，有一个男人向我走来，他主动介绍自己，他对我说：我认识你，我永远记得你。那时候，你还很年轻，人人都说你很美，现在，我是特地来告诉你，对我来说，我觉得你比年轻时还要美，那时你是年轻女人，与你年轻时相比，我更爱你现在备受摧残的容貌。"谨借这段话以及这篇小文献给姚璇秋老师，祝愿老人家健康长寿，永葆艺术青春！

（作者系广州市白云区作家协会常务副主席）

职衔与荣誉

姚璇秋，著名潮剧旦角，国家级非物质文化遗产传承人，是全国第三、第四次文代会代表，中国戏剧家协会理事，广东省戏剧家协会副主席。曾先后任汕头市人大代表、广东省人大代表、汕头市政协委员、广东省政协委员、广东省妇联执行委员会委员。

1958年任广东潮剧院一团副团长，1960年被评为全国劳动模范，1975年任汕头地区文化局副局长，1978年任广东潮剧院副院长，1979年、1980年、1991年、1996年先后赴泰国、新加坡、香港、马来西亚等国家和地区演出，担任副团长、艺术指导、团长等职。

1953年，《扫窗会》获"广东省汇演优秀奖"。

1960年，柬埔寨皇后授予其"国家骑士"勋章。

1974年，获"广东省政府事业贡献奖"。

1989年，《井边会》荣获中国唱片总公司颁发的"第一届中国金唱片奖"。

2007年，获评"当代岭南文化名人50家"。

2008年，被国家文化部确定为潮剧的代表性传承人。

2008年，广东省潮剧发展与改革基金会成立，基金会授予其"艺术终身成就奖"。

2010年，获广东省首届文艺终身成就奖。

2011年，获"汕头文艺奖·成就奖"等。

林佑钦：儒雅潮商，春风化雨

从一个农家小子到飞晟投资的董事长，他用30年的青春成功打造了创业的梦想；从音像业启航，历经影视、文化、房地产、能源等产业，他将潮商的名字结结实实地楔入了产业的名簿；他“自嘲”读书不多，却拥有着“远智创卓越、价值同铸造”的经营理念，拥有着“超越自我，缔造经典”的远见卓识，拥有着“世事洞明皆学问”的通达。

“穷则独善其身，达则兼济天下”，他坚持怀感恩，行慈善，讲原则，系乡情；坚持赠人玫瑰，手留余香；坚持濡养一方却精微内敛，吞吐天下却默默无闻……我们说他在“坚持”，可他早已将这些坚持内化为一种习惯、一种品行。如今，他用“英雄”的气概续写着创业征途上的一个个“传奇”，他以雅士儒风裹挟着潮商的韧劲行走在爱的田野上，他，就是广东飞仕影音的缔造者，广东飞晟投资有限公司董事长林佑钦。

从农家小子到飞晟投资的董事长

——记广东飞晟投资有限公司董事长林佑钦

从《英雄》中声名鹊起的音像“英雄”

在电影音像发行权最高价仅仅40万元的时代里，2002年12月1日，张艺谋导演的《英雄》竟以1780万元的天价落槌，成功竞拍的主要企业之一广东飞仕影音有限公司迅速声名大噪，老总林佑钦的名字也第一次不胫而走，声名鹊起，成为音像业界的一名“英雄”。

多年后谈及此事，林佑钦的云淡风轻让我们窥测到了这位“英雄”企业家的格局。他坦露自己当年的想法说：“我们用这种（巨资投入购买正版发行的）模式让国内的投资者和发行商认识到，大的投资有大的回报。……（《英雄》）之前没有一部影片投资超过3000万元的，但张艺谋《英雄》敢投资两亿多元，最终它不仅收回了投资，而且还赚了钱，这就将国内电影产业拉起来了。这几年有很多影片，虽然没拿到奥斯卡奖，但国外发行得也不错……《英雄》成功的真正意义是其操作模式，它引发了后面国内一系列商业大片，推动了中国商业电影的繁荣发展。”我们可以看出，他一掷千金的举动不仅仅是为了购买《英雄》VCD、DVD的音像版权，不仅仅是为了商业盈利，更是为国内电影制作与行销的自信心买单，为一个产业的兴盛买单，为中国影业的发展略尽绵薄之力。

明知山有虎，偏向虎山行。中国俗语云，吃得苦中苦，方为人上人。林佑钦在此役中的“苦中苦”，主要集中在前期投资的风险上，“当时拿1080万买张纸，还要压碟、宣传投入……我当时在买《英雄》时就知道，这十年内不可能有一部影片可以超过《英雄》的，到现在（2007年）为止真的就没有超过。”他明知道可能会承担很大的风险，但是仍然履行自己当初对几个合作商许下的诺言，拿下了竞标。对此，他从未后悔过当初的决定，他说，这是他的诚信，也是影视行业的希望。以此为契机，林佑钦启动了一系列“捍卫正版，保护知识产权，用实际行动抵制盗版”的主题活动，这是他的诚信品质使然，也是他用正版正风正能量为行业希望保驾护航的使命感使然。或许在我们看来，《英雄》的竞拍不像林佑钦一贯稳健推进、步步为营的作风，但确实体现了他超越自我的理念，也展现了他基于鏖战商场多年经验基础上高瞻远瞩的果敢。

“英雄”林佑钦一发不可收。借助《英雄》事件的成功，飞仕影音也迅速壮大起来，相继推出了《环游地球八十天》《2046》《七剑》《可可西里》等电影，还先后发行了《大汉天子》《军人机密》《萍踪侠影》《逆水寒》等众多国产优秀电视剧。同时，公司还拥有超过2万个品种的卡通、幼教、百科等优秀节目资源。飞仕的各种殊荣也纷至沓来，它先后荣获了中国音像业明星发行品牌称号、优秀音像分销单位称号，《英雄》《半生缘》等音像制品荣获国家文化部授予的优秀音像制品奖。诚如林佑钦所料，《英雄》的成功也令大家看到了音像市场的巨大需求，在此之后的几年内，国内影视制作空前繁荣。

《英雄》竞拍成功对林佑钦的企业和整个国内影视行业的发展起到了近乎两全其美的作用，“英雄”林佑钦知足而常乐。

林佑钦（左一）与《英雄》导演张艺谋（左二）等合影

国家音乐产业基地 “英雄”的下一个经典“传奇”

一个人干成一件轰动全国的大事儿已属不易，更令人难以想象的是，林佑钦仍在不断缔造着属于自己、属于广州，更属于这个时代的“传奇”。

诚如知名潮商李嘉诚所说：“成功都是过往的成绩，不代表你明天一觉醒来，生意还在。我唯一相信的是，未来之路还会崎岖不平，必须如临深渊、如履薄冰地面对明天。”林佑钦的身上同样有这样一股子韧劲儿，他关注的焦点始终是现在、是当下、是“明天”。而今，国家音乐产业基地广东飞晟园区（以下简称“飞晟园区”）成为他超越自我、缔造经典的又一大“传奇”手笔。

国家音乐产业基地广东飞晟园区于2010年获批建立，位于广州黄埔区（原萝岗区）科学城开源大道，占地面积8万多平方米，总建筑面积25万平方米，以创意音乐为主线，横向拓展、纵向延伸，贯通文化产业上中下游，将引进数字音乐、移动媒体、数字投放等国内外先进音乐生产模式，推动艺术、科技、经济和金融跨界融合，形成音乐机构聚集、音

林佑钦（右）与徐克合影

乐人才汇集、音乐活动集中、产业服务集成的效应，建设成为实现“优秀业态、优良形态、优美生态”三元合一的人文新天地。这一园区是国家新闻出版总署（现为“国家新闻出版广播电影电视总局”）和广东省政府批准的省部合作项目，已纳入广东省委、省政府《广东省建设文化强省规划纲要（2011—2020年）》十项工程之一，由林佑钦执掌的广东飞晟投资有限公司负责建设与运营，以“飞晟”命名。我们不难看出林佑钦在此台前幕后付出了多少巨大的努力。对林佑钦个人来说，基地的奠基标志着自己的飞晟公司在文化产业领域的发展和投入踏上了一个新的台阶，并奠定了高速稳健的发展格局。林佑钦的“传奇”手笔得到了中共中央政治局委员、时任广东省委书记汪洋的青睐，并寄语音乐产业基地“要努力做出‘名堂’来”。

缔造经典是林佑钦在房地产业上的一贯作风和执着追求。飞晟园区总体规划包括文化创客空间、大师工作室、文化交流中心、百年音乐展馆、音乐街以及近2万平方米的音乐广场等。为了将飞晟园区打造成房地产中的经典，林佑钦除了大胆参考国内外一系列成功文化创意产业园的经验外，还聘请美国著名建筑设计上市企业AECOM集团实施规划设计，邀请王受之教授结合萝岗的自然生态及文脉进行景观设计，将岭南文化、音乐元素与现代设计手法相融合。诚如林佑钦自己所说：“既然要打造一个文化的产业基地，文化内涵的融入是必不可少的重要元素。”

从文化行业起家，林佑钦的事业中无不蕴含着“文化”情怀。林佑钦将园区一期工程命名为极具中华传统文化底蕴和人文情怀的“沁园”，打造的是大师工作室及文化中心产品，为艺术家及艺术爱好者提供创作、展示、艺术沙龙、休憩、交流等多功能空间，打造顶级的艺术交流平台。在沁园的规划中，林佑钦完美地再现了魏晋时期《兰亭序》中所描述的“兰亭”“流觞”遥相辉映，“九曲流觞”的人文景观，以“景幽、事雅、文妙、书绝”弘扬中国传统文化精髓。他以“梅兰菊竹”花中四君子为园林命名，打造沁梅径、沁兰径、沁菊径、沁竹径四条人文主题路径，隐喻大师“傲、幽坚、淡”的不凡气质，让整个园区无处不透露着浓郁的文化韵味。

细节之处见精品。林佑钦在打造沁园时，光一个院门就上百道工序，耗时720小时；门前一对石鼓、墙面浮雕全为青石经手工雕刻而成；门楣上方嵌入“户对”，形成“门当户对”之势；宅院门前台阶均设为三级或以上，这也是源于古代的“进阶”之说，寓意步步高升；外立面采用天然白麻花岗岩，并用干挂工艺铺装，硬度大，经久弥新，就是为了能够匹配“大师”的身份；极具特色的镂空花格窗也是设计师从上百个繁杂的岭南窗花中挑选再次创作设计而成。这重重的细节考量，无论是设计费、施工量、制作工艺还是材料成本都比市面上同类产品高出好几倍。

“建筑就是流动的音乐”，这是沁园，也是林佑钦的建筑理念之一。“琴棋书画养心，梅兰竹菊寄情”，6000平方米的沁弦馆文化中心以五线谱造型的流畅曲线，配合大面积竖向玻璃幕墙，犹如甩出的水袖，像吹响的号角，呈现一场永不落幕的文化盛宴，文化中心中庭更是以8000余根木条装饰，犹如一个个钢琴键盘，回荡着优雅的琴键韵律。

飞晟园区作为重要的文化交流平台，虽然以音乐为主线，但在实际运作中并不拘泥于音乐，而是向文化艺术领域拓展，同时加以融合创新，致力于在多媒体时代对中国优秀文化再创造，面向国际进行文化输出。目前已完成了一期开发项目，二期则打造为由数字大厦、文化创意大厦、音乐主题酒店及裙楼组成的文化创客空间，歌迷、乐迷及文化爱好者的购物天堂——音乐街，能承载举办盛大文化活动的万人音乐广场等。飞晟园区已先后举办过多场大型文化活动，包括2012年广东流行音乐节35周年庆典“萝岗之夜”两场大型演唱会、2013年广东国际旅游文化节、2014年教育部第八届全国信息技术应用水平大赛“飞晟杯”数字音乐创意比赛、“2015社区音乐汇”全省启动仪式、国家新闻出版广电总局《关于大力推进我国音乐产业发展的若干意见》座谈会等，逐步成为黄埔乃至广东新音乐文化产业聚集、辐射的发祥地。

飞晟园区的目标是建成集文化原创、数字传播、金融投资、演艺展览、文化活动等文化产业各环节于一体的综合型产业园，它俨然也是林佑钦房地产业发展的一个缩影。自2006年一个偶然的机会涉足房地产开发行业后，林佑钦就坚持“不走寻常路”，诚如他自己所说，“我们是做文化产业起家的，无论做什么都离不开‘文化’的根，我们做的产品（即房地产等），更多的是这么多年文化产业积累和沉淀的一个展示载体……可以说是我的文化情怀的实物展现”。林佑钦对中国传统文化传承的重视，对品味的追求，对文化积淀与提升的夙愿已经昭然著闻，他正带着自己对中国文化的那份爱和情怀，谱写着自己又一幅“传奇”般的商业蓝图。

从借资创业到实力儒商

假如他曾有殷实的家族投入做保障，假如他曾有雄厚的政治资本做后盾，假如他曾有一点点儿创业成功的先天优势，人们也许不会对林佑钦的身世经历如此感兴趣。可惜，除了一双勤劳的手，除了一颗吃苦耐劳的心，除了“路漫漫其修远兮，吾将上下而求索”的精神，林佑钦真的是环堵萧然。

从明末清初到现在，天然的政治、地域和生产技术等因素造就了潮商智慧又勤劳、开拓又保守的文化内涵与群体性格，他们至今依然保持着惊人的韧性和活力，被称为“东方犹太人”，林佑钦就是这样一名再典型不过的潮商。

1969年，他出生于广东潮阳仙城镇七陂乡的一个普通家庭，在他小时候的记忆里充满着吃咸菜的“好滋味”和喝白开水的“真清甜”。也

林佑钦（左）与甄子丹合影

许正是这种成长中的记忆与经历，才培养了林佑钦勤劳吃苦、敢做敢当、不断寻求改变的性格；也许正是这种成长中的酸甜苦辣，才让如今的林佑钦体会到了“思想的升华，胸襟的博纳”。

发展如登山，一步一重天。1987年，他18岁，怀揣家里亲戚朋友拼凑的1000元开始到广州创业谋生。起初，他在火车站摆过地摊，卖过服装，卖过游戏机，卖过电器，经营过卡拉OK录像带、麦克风、空白录像带，年轻的他想法很单纯，也很简单，就“只想做点儿小生意”。机会总是留给那些有准备的人的，当第一台VCD面世，松下、索尼等国际大企业都在犹豫观望的时候，林佑钦“该出手时就出手”，果断决定专攻VCD机和碟片。

从1993年开始，他逐步与深圳先科、白天鹅等影音出版公司合作；1996年成立“金飞仕批发部”，铺开音像制品全国发行网络；1997年，林佑钦成立广东飞仕影音有限公司，为日后《英雄》音像发行权的竞拍成功埋下了伏笔，成为当时推动音像业在国内发展的第一批人。他瞅准当时影音市场上SVCD和VCD两大阵营竞争激烈并且大量派送随机碟的时机，再次果断进军随机碟的生产和配送，为自己赚取了第一桶金，也为飞仕的发展奠定了基础。不到5年的时间里，林佑钦又创建了广东新飞仕激光科技有限公司。值得一提的是，新飞仕是专业从事CD、VCD、DVD-5、DVD-9、DVD-10等各类光盘生产、母盘刻录等业务的高新技术企业，它拥有世界一流的各类兼容光盘复制生产设备，包括多条德国SINGULUS、KM制造的光盘复制生产线，美国ODC公司和德国OMP制造的母盘刻录生产线，英国SIBERP无尘打磨机以及台湾HANKY柯式印刷机和五色丝网印刷设备、检测设备、ID码检测机和配套包装设备，只读类CD/VCD/DVD兼容光盘复制生产线二十多条，母盘刻录生产线五条，进口检测设备9套。由此，林佑钦的音像产业组成了集版权交易、编辑制作、录音、全国批发、连锁店零售、光盘复制、进出口于一体的大型音像企业。

有道之士，贵以近知远。有远见卓识的人不但能赚今天的钱，并且能赚到明天的钱。就在文化产业公司步步为营的同时，林佑钦多样经营的“再次创业”理念已经形成。除了飞仕到新飞仕的纵向攀升外，自2004、2005年开始，他的飞仕就开始试水影视拍摄制作领域，参与投资拍摄电视剧《楚汉风云》等影视作品。2004年3月，飞仕参与了广东11家音像公司成立的广东联合传媒有限公司，以市场模式开展反盗版工作；

林佑钦（左二）向到场祝贺美国中国音像城开业的洛杉矶市议员（左一）赠送纪念品

2005年，响应国家“走出去”的号召，飞仕加入8家国内外企业在美国洛杉矶成立的中国音像城公司，林佑钦在立足音像发行业的基础上开始横向进军影视制作业。

行动上的一小步，思维转变上的一大步。林佑钦由此开始涉足更多的产业和领域，2006年4月，他成立了广东飞晟投资有限公司，集房地产、金融投资、文化创作、版权交易、激光光盘、母盘制作生产、音像店连锁、进出口、网络、传媒等业务于一体，下属广东置美地产有限公司、广东飞仕影音有限公司、广东新飞仕激光科技有限公司、广东飞仕传媒有限公司、广东联合传媒有限公司、美国中国音像城公司。2013年8月，林佑钦投资创立了广东精诚所至艺术品拍卖有限公司，主要拍卖中国字画、油画艺术品、版画，雕塑，名人信扎，古籍善本等，至今已成功举办大型艺术品拍卖会九场，推动艺术品市场长期的繁荣与发展。林佑钦长期坚持的“精品化”经营方式，使他的文化大事业逐渐展露出品质与市场契合的良好局面。

在企业的战略管理与文化塑造上，林佑钦坚持以人为本，注重创新，提出“远智创卓越、价值同铸造”的经营理念。以实业为基础，以科技为先导，以国际贸易为龙头，以金融投资为依托，放眼国际、国内市场，实行文化、流通、生产、科研、金融、服务相结合，追求多元化发展，开拓创新，不断超越。他以其先进的理念、科学的管理、丰富的经验、良好的信誉，迅速领导其公司发展成为综合化、实业化、国际化的集团公司，并形成了良好的国际品牌和成熟的企业文化，凝聚和培养了大批志同道合、高度忠诚、执行力强、具有飞晟文化特质的核心骨干队伍，为其持续发展和壮大奠定了基础。

吃水不忘挖井人。林佑钦继承了潮商的优秀品质，对生他养他的故乡常怀感恩之情，知恩图报。他不断支援家乡建设，提供智力支持，2014年5月，在飞晟公司参与举办的“潮汕文化传承与文化产业 ”沙龙上，林佑钦提出了 “建立一个真正体现潮汕文化的产业园”的设想。他从文化传承与积淀的角度，以可持续发展的指导理念回馈着地方的繁盛与发展。

我们清晰地看到，林佑钦从一个地摊主奋斗成地道的投资人。他的每一次转型、每一次商场博弈里，都有着再次创业的艰辛与风险，好在曾经的一无所有让眼前的林佑钦无所畏惧，凭借着自身多年量力而行的睿智和远见，凭借着历经商海浮沉的果断和胆识，林佑钦完成了一个又一个华丽的转身。正是因为能够审时度势，林佑钦才能保持着长期的成功，在他的意识中，锐意创新、与时俱进应成为一种习惯。他似乎从未

飞晟国家音乐产业基地奠基仪式

在乎过那些以往取得的荣誉和成就，却非常在乎什么可能会导致自身未来的没落，然后未雨绸缪，以巧妙避开或坚定执着地克服跨越遇到的困难；他以行业领军人物的眼光集中精力于飞晟未来的挑战，保持着虚怀若谷，保持着学习的饥渴，保持着足够的灵活。

风筝飞得再高，都有一根线在牵着；事业做得再大，他都紧靠着“文化”。他从音像文化业起家，历经影视制作业、高新技术产业、飞晟国家音乐基地，到目前的飞晟投资有限公司，林佑钦非常清楚自己企业的“根”在文化产业上，所有的产业都是文化产业积累和沉淀的展示载体，是自身文化情怀的实物展现。也正是因为“文化”情怀，他才会用“最快的思维”去选书，用“最笨的方法”去读书，收获“最有效的个人价值体系”；他才会主动去读书，在书中寻找让自己内心静而思想动的内驱力；他才会在充斥着极端功利的生意场上，将感情和意义放在首位；他才会用“内涵”和“沉淀”来概括工匠精神，懂得“君子爱财，取之有道”的原则性，懂得“欲速则不达”的真谛，懂得“慢工出巧匠”而主动摒弃“快快快”的现实，懂得在自己身上克服这个时代普遍存在的浮躁现象。

林佑钦，一介儒商。

情系桑梓，心系苍生

一个人优秀是“小”优秀，能够影响身边的人一起优秀才是“大”优秀。林佑钦的善举深深影响到了企业的文化建设，甚至每个员工的品行。飞晟集团像一个大家庭，每一个企业都紧密联系，彼此信任；每一个员工都对林佑钦的大爱举动如数家珍。而对于外界的危难，他们总会默契得慷慨解囊，毫不吝啬。林佑钦说：“慈善行为与金钱财富的多寡关系不大，它不是施舍，而是一种精神境界。”也许正是因为这种潜移默化的感召力，林佑钦及其飞晟才有了今天众人拾柴火焰高的辉煌成就。

老吾老以及人之老，幼吾幼以及人之幼。或许是为了弥补自身因为家庭贫困而无法读书的遗憾，或许是为了避免再次看到孩子因为贫困而中断读书场景的上演，林佑钦用自己辛苦赚来的钱进行社会财富的再分配，推动着社会的文明与进步。从1998年全国水灾到2003年非典，从2005年捐款修路到捐助大批量的音像制品……多年来林佑钦筹集助养孤寡老人、扶贫助学、修建学校桥梁公路，累计慈善捐助超过2000多万元。

但行好事，莫问前程。即便捐助金额已经超过了2000万元，可林佑钦却从未在意过这个数字，他甚至没统计过这些年自己究竟资助了多少人，捐了多少善款，这些善款在全年营收中占多大比重。他对于“慈善家”的溢美之词更是功成不居，他说：“只要钱都用在实处，我就觉得很好，我不需要做宣传，助人的社会意义是没法用商业价值去衡量和对比的”，他相信一次善举能传递无限的正能量，甚至能改变一个人的命运。他屡屡强调自己只是做了举手之劳的好事。这些好事之于苍生来说已经太多太多，而之于他个人对自己的要求来说却还远远“不够”。

林佑钦用韬光养晦的智慧，创造了持续的卓越；用优秀的品质和特色的理念，打造了持续的辉煌。他一直走在时代前列，从音像“英雄”到谱写国家音乐产业基地的“传奇”，从孜孜以求地超越自我，缔造经典到款款深情地情系桑梓、心系苍生；他仰望星空，脚踏实地，用自己春风化雨般的努力，改变着广东音乐文化产业的格局，也悄然打磨着自己的那一种人生境界。

林佑钦（右二）出席精诚所至2013秋拍会

对话

大事业中的文化坚守

文化之于地产事业

时代潮人：你是不是偏爱中国传统文化？文化对于你的事业来说是一个怎样的存在？

林佑钦：我本人很热爱书画艺术，收藏了很多大家作品，也举办过书画展览。我觉得是一个指引力。很多时候我认为，多去思考，然后多去了解，随之换位思想就会更强。有了这个换位思想，做很多事情就不会那么离谱。做生意都是希望赚钱，但我觉得做生意赚钱不是第一目的，第一目的是守住你自己的底线，守住了底线你才有本事去赚钱，所以有时候觉得自己的思想可能跟不上时代了。

时代潮人：是怎样的机缘巧合让你进入了房地产领域？在地产板块，飞晟地产与文化、音乐产业之间有什么连接？

林佑钦：严格来说我们不算做房地产项目的，恰巧有偶然的机会碰上偶然的事情，结果就把房子盖起来了。不像做生意的那种房子，我只追求品格和内涵，最后忘记追求利润效益了。

像“沁园”，原本我们对它的定位就是大师工作室，所以整个设计都是按照艺术家的喜好来做的。它既是书画名家的工作室，也能作为接待宾客的场所。有点像古代的四合院，书香门第，门楼、窗户以岭南独有的特色和风格为主，返璞归真又不呆板沉闷，同时伴随着一种社会风尚，它有一种文化内涵在里头。

时代潮人：你说的这种设计风格代表的是你的审美观念？

林佑钦：它代表的是我这种较为传统、“落后”的思想，估计跟我一样传统的人才会喜欢这房子。我们追求的是慢慢看、慢慢品味，而不是第一眼很夺目，但看完之后就没有味道的。譬如这条“水梁过堤”，就是借用了王羲之《兰亭序》中有关九溪的典故设计出来的。这个园子叫“沁园”，大家都知道毛主席的《沁园春》，但这个“沁园”是从东汉开始的，是汉明帝赐给他的女儿沁水公主的一个庄园，后来成为了文人墨客常常聚集的地方。因此这里面也包含了很多故事。

时代潮人：你对沁园的未来有什么构想？

林佑钦：沁园里面总共只有100套房。我现在的整个构想是希望能在这里营造一种人文的艺术氛围，能有一个地方供大家聚集，能让大家静下心来，看书写字喝茶。现在不都说大隐隐于市嘛，我尽量想找一些喜欢这种感觉的人来，形成一个很好的小圈子，也学学他们那种风范。

文化之于时代潮流

时代潮人：曾经有一段时间中国发展得非常快，中国制造也被打上一个标签，现在我们重新强调这个匠心，你怎么看待现在的“匠心热”？

林佑钦：20世纪90年代提倡物美价廉，物美价廉是在解决温饱问题，你在解决温饱问题上提倡物美价廉就是偷工减料，世上没有物美价廉这回事，价廉必须降低成本和品质。为什么国外有那么多百年企业，中国却没有？中国的品牌都是吃的，例如全聚德烤鸭和同仁堂，一个是吃进去香的，一个是吃进去苦的，除了吃的之外没有别的，现在确实需要强调品质。

时代潮人：现在是移动互联网时代，追求效率、结果，一些企业甚至为了追求速度，为了成功而不择手段，你怎么看待这种现象？

林佑钦：我最近在研究法国红酒，从中学习其酒庄的精神内涵。其实法国的红酒从根本意义上来说，是一个品牌一个故事，而不单单只是一瓶红酒。不像我们中国的长城牌红酒，1992年的酒喝几十年都喝不完，你要什么牌子它就给你贴什么牌子，你要怎么样的推广效果它就给你去做怎么样的广告。我这几天很关注“莆田系”的新闻，发现全国各地都有莆田系四大家族投资的性病医院，就他们所在的地方没有，都是用钱推出来的广告。太急着想赚钱了，太急功近利了，所以不去考虑会带来的后果。这是一个很大的社会问题，为什么这些医院可以存在那么久却没有人管？这是社会弊病。我认为不管在什么环境下，人的头脑应该保持清醒，而且还要忍得住气、要静下来。

时代潮人： 你似乎对互联网的一些规则不太认可。但是毋庸置疑，它对我们来说可能是一次新的革命，那对于你现在所做的文化事业而言，是挑战还是机遇？

林佑钦： 对做文化这一块来说，听起来是好事，做起来也是好事，但想赚钱就没那么容易了。想要做文化，就要有本心和初心。假如只是想快速赚钱，是做不出好的文化的。就像我们国内拍的电影，为什么花了一大堆钱去拍去制作，却没有几部让观众印象深刻、眼前一亮的？因为大家都在追求速度，一年拍几部电影，再投几十亿元也不会制作出好东西来。相比之下，国际上一些知名的导演，例如卡梅隆，购买出名的剧本，花费几年的时间修改，再琢磨几年的时间拍一部电影。

时代潮人： 你觉得在这股互联网风头当中的文化产业将会怎么发展？要做出哪些调整来适应当下的环境？

林佑钦： 我觉得做文化产业还是要多些不懂算账的人，假如要用互联网的精神来做文化产业那是行不通的，最重要的是要明确，到底是想要做文化产业还是商业。做商业要有商业的模式，无可厚非，可是做文化产业，就得对得起“文化”两个字，要有内涵、有沉淀，这都不是一朝一夕就能够做出来的。做什么事情都好，不要觉得自己很了不起，别太计较得失，做好自己就行了。我刚到广州工作的时候，什么都没有，但因为觉得自己能够做好，所以无论怎么吃苦也不怕。关键是不要去偷不要去抢，凭借自己的能力，用心去做，总能做好的。

文化之于生活观念

时代潮人： 你是一个对生活有极致要求的人吗？是如何平衡工作和生活的？

林佑钦： 生活中不是吃得好就好，你愿意吃五谷杂粮多喝白开水身体才好，喝白开水才能品尝白开水的甘甜，在简单中体验真谛。作为民营企业的老板，很多工作内外的事情还是没有办法分开的，但我觉得还是得尽量分清楚，学习国营企业八小时内和八小时外的方式。一个人如果长期处在紧张状态其实也不是件好事。

时代潮人：有想过培养子女成为你的接班人吗？

林佑钦：没有。我觉得教育的关键就是尽量培养孩子自己的爱好，不要强求什么。我个人希望我的子女千万不要去做生意，也不要去搬砖，最好就做个专业人士。

时代潮人：中国这几年掀起一股迅猛的创业浪潮，而你作为创业的成功者，会给年轻创业者们一些怎么样的建议？

林佑钦：我认为年轻人还是不要用互联网的速度去创业，太快，而且有时你只考虑快的话你可能会忽略其他方面。想要确定自己的步调跟节奏就要静下来，要能静下来。

譬如说像“两会”期间提出工匠精神，所谓的工匠精神，就是说你要静下来才能去做好一件事，只有静下来你才能看清楚形势，看清楚后就需要时间沉淀。所谓的工匠是要有功底，是需要沉淀下来的，沉淀不下来就成不了好的工匠，一件精雕细琢的产品，是一点一滴做起来的。工匠精神跟做企业的本心是一致的。

时代潮人：现在不是很流行一句话吗，“生活不只有眼前的苟且，还有诗和远方”，经营眼前的事业还是直奔诗和远方，对待这个问题你是怎么看的？

林佑钦：我觉得这个应该反过来说，年轻人就不应该去考虑诗和远方。刚读完书，一肚子墨，不好好发挥，还去想诗和远方，那就是本末倒置，忘记他该做的事。反倒是我们这些做生意的，就该多去看诗和远方，不要总想着生意。其实人是有阶段性的，你在什么阶段就该做怎样的事，在什么阶段就必须要有怎样的思想。没解决温饱问题的话，要先去解决温饱，才能谈远大理想，才能去想怎么提升个人的品质品味，为社会做贡献。当你没达到那个阶段，连自己的温饱都解决不了却总想着为社会做贡献，不仅仅是对自己不负责，还是对家里不负责。

职衔与荣誉

林佑钦，1969年出生于广东潮阳，是国内最早从事音像制品发行的企业家、飞仕影音的创始人，现任广东省政协委员、中国出版协会常务理事、广东省企业联合会、广东省企业家协会副会长、中国音像与数字出版协会副理事长，中国版权协会、中国光盘协会等单位常务理事。20世纪90年代初，立足文化产业。2006年4月，设立广东飞晟投资有限公司，形成以文化产业为主导、多元化发展的大型投资控股企业集团，实现了由生产经营为主向资产经营为主的转变。目前拥有全资子公司8家，设文化、地产两大板块。其公司主体运营建设的“国家音乐创意产业基地”，是国家新闻出版广东总局和广东省政府批准的国家级基地。

飞晟大事记

2016年　国家新闻出版广电总局《关于大力推进我国音乐产业发展的若干意见》座谈会在国家音乐创意产业基地广东飞晟园区举行。

2015年　社区音乐汇启动仪式暨岭南名家书画展，展出“岭南四杰”等百幅大家珍品。

2014年　举办第八届教育部全国信息技术应用水平大赛“飞晟杯”数字音乐创意比赛。

2013年　国家旅游局广东国际旅游文化节岭南民间艺术展演。

2012年　广东流行音乐节“萝岗之夜”两场万人演唱会。

2005年　独家发行徐克电影《七剑》，并在京隆重举行“保护《七剑》版权——打击盗版”新闻发布会。

2003年　成立广东新飞仕激光科技有限公司，是国内首家获得国家新闻出版总署批准光盘复制许可证的民营文化企业。

2002年　发行张艺谋电影《英雄》，成为当年十大热点新闻之一。

2000年　成为国内第一个香港TVB、ATV总代理。

1997年　广东飞仕影音有限公司挂牌成立。

郭小东：妙笔生花，立传乡土

潮汕大地，人杰地灵，除了哺育出一大批广为人知的工商业巨贾，还滋养了为数众多的文化精英，他们是记录、传播中华文明的重要力量，汕头潮阳籍当代作家、文学批评家郭小东就是其中一员。从20世纪70年代后期开始，郭小东一直活跃在中国当代文坛，并因为在知青文学上获得的卓越成就被人们所熟知。他既是知青文学的实践者，又是知青文学理论的重要建构者。作家无法脱离其生活的时代场景，但又要保持恰当距离。郭小东把握得很好：他以广阔的视野、冷静的笔触去刻画他所经历的时代。

用“笔耕不辍、求变创新”去评价郭小东是合宜的。太熟悉的题材往往不好驾驭，已届花甲之年的他，却将眼光投向了家乡铜盂。铜钵盂不仅是一座名人城，更有着一段鲜为人知的侨批史。侨批是现代潮汕文化中的重要组成部分，记录着特殊历史时段潮人漂洋过海拓展生存空间的丰富细节。郭小东借“侨批”这一特殊载体，在家族记忆与历史风云的交织中，成功创作出潮人文学和岭南文学的最新力作长篇小说《铜钵盂——侨批局演义》。这部力作，不仅是作家郭小东在文学创作历程中的自我突破，更是潮汕子弟郭小东对家乡及族群文化的虔诚致敬。

笔尖上的人生

——专访著名作家、文学批评家郭小东

2016年1月13日上午，汕头市委大楼一楼西会议厅，知名潮籍作家郭小东新作《铜钵盂》首发仪式及大型研讨会现场，书香四溢、宾朋满座，来自全国各地70多位著名评论家、作家、学者及媒体代表济济一堂。评论家们纷纷盛赞《铜钵盂》：侨批是特殊历史时期海外中华儿女与国内亲友沟通的重要载体，在中国大力发展海上丝绸之路的今天，以生动的笔触书写历史文化细节，意义远远超越了文学本身……

时代之痛与作家之幸

如果不是出现剧烈的时代变迁，郭小东的少年生活环境会完全不同。

郭小东出生于人才辈出的“郭信臣家族”，其曾祖父郭信臣，是唐朝三朝元老郭子仪的五十六代孙。这个已有一千七百年家谱的家族，可谓代代有才贤。其叔公郭任远，是世界100位杰出心理学家之一，是中国心理学创始人，20世纪早期曾先后担任过复旦大学、浙江大学校长。叔公郭承恩是上海圣约翰大学校长，陆军中将，国民政府中央造币厂厂长……说起家族里那些颇具影响力的人物，郭小东难抑自豪。

潮汕人向来重教，郭小东的家庭更是如此，父母对他要求十分严厉。他记忆犹新的一个片段是：中午放学回家是不能休息的，饭后端一盆水，拿一支毛笔蘸水在地上练字。一盆水练完了，就到时间回学校上课了。

然而显赫的家族背景并没有为郭小东铺平人生的道路，反倒成为他的成长羁绊。

1966年，灾难如潮水般涌向他的家庭。随后十年，不管是对中华民

族还是郭小东而言，都是一场前所未有的浩劫和噩梦。对于作家，剧烈的时代变化，在某种程度上是“好事”，但他的痛感更为直接。

1966年岁末，一日清早，天色方才微亮，潮汕码头却人山人海。在熙熙攘攘的人群中，年仅15岁的郭小东被时代大潮卷起，背着简便的行囊，朝轮船走去。与他同行的，还有数百名与他一起准备到海南下乡的年轻人。他们的年纪大多与郭小东相仿，最小的15岁，最大的也不过20岁出头。与今天大学生下乡社会实践完全不同的是，那个年代知识青年下乡接受再教育是没有返程时间表的。伴着徐徐的汽笛声，带着无奈迷茫，怀抱巨大革命激情的他们，挥动双手、撒着热泪向亲人告别。郭小东远眺着渐渐模糊的海岸，心里既揣着对未知的期待，又充满了迷茫与不安，他不知道自己将面临的会是什么，更不知道自己是否能适应新的生活。经过两日海上飘摇，一路颠簸，郭小东与伙伴们终于踏上了海南

2014年5月，郭小东（后排左一）与广东省委原书记吴南生伉俪、中国人民解放军海军战斗英雄麦贤得伉俪、花城出版社社长詹秀敏等人合影

岛的土地，在黎母山农场插队伐木。郭小东长达7年的知青生活便就此展开了。这段特殊经历也成了他日后文学创作的重要素材来源。

对于一名少年，到荒凉的地方当知青难免让他在身心上受到严峻的冲击。他们被分到各个连队，从事着不同的体力劳动，清晨踏着山岚瘴气出工，白天冒着40摄氏度高温，头顶烈日作业，在原始森林伐木，放火烧山，开荒，挖环形山道，挖洞穴，种橡胶……在下乡期间，郭小东当的是伐木工，日复一日的砍伐异常枯燥。为了节省时间，郭小东和伙伴们就长期在山上用树枝和葵叶搭窝棚居住。海南气候湿热、瘴气肆虐，很多知青都患上了溃疡性皮肤病，甚至是疟疾、肝炎等传染性疾病，人心惶惶。一时间，知青群体里竟掀起了一股“偷渡风”。然而，能够侥幸逃脱的甚少。但谁也不知道，这样的日子什么时候到头，也慢慢模糊了当年出发时的梦想。

尽管生活苦闷、前途未卜，郭小东还是踏踏实实地按质按量完成自己的工作。其间，读书成了他消遣的最好方式。每日入夜后，郭小东就会在他狭小的窝棚里点上马灯，借着微弱的灯光读一些从家里带来的书。尽管被抄家后，他只能带来少许毛泽东、列宁等革命导师红色经典，但他乐此不疲，一遍又一遍地翻阅，尝试在书中找到作者所渗透的

2016年1月，在《铜钵盂——侨批局演义》首发式上，汕头市委常委、宣传部部长周镇松向郭小东（右）赠送纪念品

理想、憧憬。

即便如此单调苦闷的生活，还是随时会受到冲击。

1970年10月，海南岛山洪爆发，28名晨星农场知青奋不顾身抢救团部刚建的养猪连的财产，20名女知青、2名男知青丧生。让郭小东心如刀绞的是，其中7位女知青是他的中学同学。这些年轻生命的陨落，给他带来前所未有的痛楚。他心里明白，不能再这样下去了。

“汝果欲学诗，功夫在诗外”，文学也是人学，一个作家不仅仅要有丰富的社会阅历和思想深度，良好的写作能力和扎实的知识基础功底必不可少。

1973年，大学重新开始招生。但由于高考制度取消，大学新生便直接从工人、农民和士兵中推荐产生。郭小东清楚地意识到，他想上大学就必须把握好这次机会。得益于他上山下乡期间工作的辛勤，再加上对文学的热爱之心人尽皆知，上级领导对他的才能赏识有加，便推荐郭小东返城读书，以工农兵学员的身份进入了海南师专中文系学习。此时，他已经在海南岛生活了七年。因为在大山里缺乏系统的学习资源，尽管他读了不少书，但还是有些力不从心。为了跟上学习进度，在大学的那几年，他每天都花大量时间在阅读上，将图书馆里收藏的“文革”前的文学作品、理论文章都读了个遍，以恶补缺失的知识。

“文革”前后持续了整整十年。在历史长河中，十年很短暂，但对于个体，这是漫长、压抑、命运颠沛的时间黑洞。

“文革”结束后，虽然禁锢开始解除，但大量返城的知青一时找不到方向，他们普遍茫然、不知所措，因为修复心灵创伤需要时间。像郭小东这样，能够返城读书并快速找到自己社会位置的人，可谓极其幸运。

20世纪80年代初期，梁晓声、韩少功、张承志、史铁生、叶辛等一大批作家纷纷推出知青题材作品。“知青文学”成了当时中国文坛中的现象存在。郭小东在新时期文学的影响下，开始关注这些知青作家的作品，随后在当代《文艺思潮》《光明日报》《当代文学研究资料》等权威的刊物上发表对张承志、梁晓声、铁凝等知青作家作品的臧否、评论，并对知青文学的走势进行追踪评判。

知青文学，多数是从情感层面记录或刻画蹉跎岁月，缅怀逝去的青春，普遍缺乏更深、更广的思考。郭小东意识到，仅仅依靠知青“幸存者”回忆的形式去记录是远远不够的。他想为知青文学找到一种系统的解释，并为知青文学创作提供理论指向。在逻辑结构上，他率先提出了“知青文学”的时间体系，将知青文学分为“知青时期文学”“知青记忆文学”及“知青后文学”三个时段，其中“知青后文学”又进一步细分为知青记忆时期、知青后时期、后知青时期。1988年，郭小东出版了知青文学理论专著：《中国当代知青文学》。暨南大学中文系教授、知名文学评论家饶芃子欣然作序：“不可多得的人生机遇，诱发了评论家与评论对象精神气质的重叠化合，内部的沟通使他的批评充满着感觉的真实魅力，同时又不乏理性的辉耀。”

除了在知青文学评论上有不俗的建树，郭小东还是当代文坛少有的创作与评论双栖的作家批评家，他的文学活动，始终是创作与评论同步。在经历了多年的知青生活后，郭小东始终被一种情结纠缠着——一个人文知识分子的责任心和归属感，他深知知青一代人遭遇过怎样沉痛的苦难。与福克纳、海明威等人一致的是，郭小东最终选择了用文学发声，撰写知青文，这是对一个特殊历史时段的记忆和反思。作为庞大知青作家队伍中的一员，郭小东以“中国知青部落”三部曲迅速在文坛声名鹊起，并获得“南郭北梁”的称誉（“梁”即作家梁晓声）。

1978年秋，全国上山下乡工作会议在北京开了40多天后，形成了一个决议——《知青工作四十条》。《四十条》彻底破灭了滞留边疆的200万兵团知青的愿望。他们不仅为边疆建设贡献了整整十年的青春岁月，最后连回城的权利也被剥夺了。同年底，震撼全国的云南知青大返城运动爆发。“写血书”“卧轨”“绝食”，这些触目惊心的字眼又一次触动了郭小东。他昼夜不停地打听、了解大返城运动发生的起始经过，大量搜集有关信息和资料，挖掘里面所发生过的、扣人心弦的故事，随之创作出《中国知青部落》三部曲的第一部《1979•知青大逃亡》。这也是他三部曲中最为成功的一部。

1990年，在经历了12年的精心准备及创作后，“中国知青部落”三部曲——《1979•知青大逃亡》《青年流放者》《暗夜舞蹈》正式出版。随即引起强烈反响，一年内再版两次，一时洛阳纸贵。当时在许多城市的书店里，都能看到不少郭小东知青三部曲的新书广告，不但印刷精美，语气更是撩人：“思想者号叫，行动者凶猛”“这是千万人的集体下跪而又是跪在人类苦难之前的写照”“这是每一个诞生于20世纪后半叶的人们不可不知的历史，不可不知的爱情，不可不看的事实”……这些广告措辞夸张，甚至主观色彩强烈，但也是当时民间的一种主流情绪。

至今，这套作品已经七次再版。北大教授洪子诚在其专著《中国当代文学史》中，介绍了郭小东知青三部曲的梗概及在中国当代文学中的地位。他评价道：郭小东这一扩大“知青文学”边界的处理，提供了通过纵向梳理和横向比较，以达到有效把握这种曲折多变的历史进程的可能。

郭小东文学馆的使命

除了在知青文学上成就非凡，郭小东也一直关注着广东文学和中国文学的发展。自“文革”结束至20世纪80年代末，广东文学界很活跃，作家创作热情高涨、佳作频出。但彼时的中国文学仍旧以北方文学为旨归，岭南成为了一块被遗忘的土地。作为已经在全国有影响力的作家，郭小东想为广东文学发声，让广东作家、作品汇入中国文学主流之中。经过深思熟虑后，他提出了“南方精神的再度崛起”的口号，并呼吁开掘、弘扬南方精神。郭小东的提议引起了极大反响和回应，这是一名作家对区域文化形象的关怀，提振并鼓舞了本土作家的创作热情。

在提出南方精神的同时，郭小东也在积极拓展自己的文学创作新方向，并开始研究心态小说。他以红色经典、都市生活等为题材的作品相继推出：其中《非常迷离》关照女性内在成长，《关系》和《红庐——雅加的沉香》解剖当代人内在的焦虑和迷茫。这三部长篇小说分别获得第七、八、九届广东鲁迅文学奖。很少作家能像郭小东这样不断在题材方向及写作手法上突破自我，并接连获得成功。

荣誉纷来沓至，但郭小东却淡泊名利。写作最本源的动机是修复自己的心理创伤。当获得越来越多外在声名后，郭小东感到欣慰的同时，使命感也越来越强烈。如果说，以作家身份提出南方精神是为一个圈层说话；那么，他经年累月教书育人与积极筹建郭小东文学馆，则是向社会传递和贡献其独特的精神财富。

1976年，从海南师专毕业后，郭小东被分配到广东民族学院（广东技术师范学院前身）中文系任教，从教至今，除了是著作等身的作家，他还是桃李满天下的教师。在学生心目中，郭老师虽然很严格，但十分自信而且教学方法独到。他上课从来不点名，也不反对学生在课堂上看小说。“如果学生不喜欢你的课，强迫他们坐在课堂上有什么意义呢？学生在课堂上看小说，难道不比睡觉好吗？”实际上，学生们不仅没有离开课堂，反而整整齐齐地听郭老师讲课。“郭老师的知识像是长出来的，生动、细腻。”他的知青经历与写作经历，本身就是生动的教科书，加之他对待教学一丝不苟，学生们自然十分认同。从2007年开始带研究生至今，郭小东已经培养了53名研究生。对于“郭氏门徒”，从入门到毕业，他言传身教、尽心竭力。“搞文学创作，除了热爱、勤奋，就是要多体验生活。每个时代都有鲜明的特色，作家要有鲜明立场并选择好视角。”郭小东时常这样鼓励弟子。

年逾花甲，每每回顾过往，郭小东都感慨命运对自己的眷爱。少年时下乡的磨难早已升华为成长的动力。几十年如一日，从事写作与教书育人，硕果累累、桃李芬香，郭小东却坦言，写作与教书，是他最热爱、也最诚惶诚恐的事业，唯有一辈子虔诚待之。

“文革”是新中国成立后的一场全民劫难，数千万知青在这场劫难中被突然扭偏人生方向。过往的荒谬和悲痛逐渐沉埋在历史里，但“文革”所带来的教训不能被遗忘。2013年初，广东技术师范学院文学院院长周卫忠教授提议在校内建立郭小东文学馆。作为几近是一个时代的人，周卫忠非常认同郭小东的工作。虽然以个人命名的文学馆在国内高校中凤毛麟角，但建立郭小馆文学馆意义非凡，绝不仅仅是对作家个人创作成就的认可。郭小东在知青文学创作与研究方面成就卓越，他的名字俨然一个内涵十分明晰的符号。周卫忠说服了郭小东。学校领导一致同意《关于建立郭小东文学馆的请示》，这个文学馆建成后，将是南方唯一一家收藏、陈设、展示知青文学作品及创作细节的专业馆。该消息迅速传向海内外，国际国内40多家潮籍社团纷纷表示将大力支持这一特殊的文化举措。更有企业家捐资45万元用于文学馆的前期筹备。郭小东原本的顾虑进一步被打消，这个文学馆的确需要他的名字。汇聚过来的

2016年1月，郭小东（右一）与著名军旅作家、《欧阳海之歌》作者金敬迈（中）陪同广东省委原副书记、广东省潮人海外联谊会会长蔡东士（左一）参观海湾大桥

各种资源加快了郭小东文学馆的成立速度。

2015年1月，位于广东技术师范学院内的郭小东文学馆正式建成开馆。文学馆里收藏有大量文学信札、上千万字的郭小东作品手稿、丰富的郭氏家族文脉史料及康有为、胡适、于右任等清末民初名人题词……

开馆后，一时热闹非凡、宾朋云集，不仅吸引校内师生参观学习，更有校外，甚至海外的学者专程来参观、影印资料。郭小东不满足于常规意义上的收藏、展示、研究，他更希望以他命名的文学馆具有更多功能，甚至成为一个文化人才、文创项目孵化基地。

任何意识形态的社会都离不开文学，但从事文学创作或文化研究大都无法产生经济效益。在发达国家，官方及民间有各种各样的基金支持文化活动，但中国目前在这方面还比较缺乏。早年在海南读书及工作期间（注：广东民族学院于1961年迁至海南黎族自治州首府通什，1976年，郭小东从海南师专毕业后被分配到该校任教），郭小东经常为那些因交不起学费不得不辍学的优秀学生惋惜，但其时心有余而力不足。文学馆成立后，还有少量社会捐助余款，使用方向也由郭小东自行安排。

于是他牵头成立“郭小东奖学金”“郭小东文学创作基金”，专门用以资助那些有文学梦想、有创作热情、有创作行动的青年作家和业余作者。在接受本刊记者采访时，郭小东描述了文学馆的前景，既展示过往，更面向未来；既鼓励、支持文学及文化活动，也积极参与广东省文化强省建设。“文学的空间应该更大，文学馆承载的功能可以更广泛。文学馆虽然以郭小东命名，但它不属于我个人，而是公共文化财富。”

15岁离开故土潮阳，当时的懵懂少年，在岁月中穿梭，虽功成名遂，却也到了花甲之年。“树高百尺，落叶归根”，这辈子，如果还有遗憾，那就是还没好好为家乡做点事。实际上，这几年郭小东一直在寻找回馈故土的合宜时机。而机遇，从来都愿意垂青有备而来的人。

《铜钵盂》：侨批里的潮人文明

“一方水土养一方人”，虽少小离家，但郭小东时刻眷念家乡。对于家乡，多数人爱恨交加，而所谓恨，其实是更多期待。作家生性敏锐、批判意识强，郭小东坦言，他曾一度“看不起”潮汕文化，甚至自己连潮汕话都讲不好，对家乡的文化传统备感陌生。长年身居故土之外，加之阅历日益增加，他对潮汕文化及潮汕地区的态度变化很大：作为岭南文化的重要组成部分，潮汕文化极具特色，自己应该像潮汕族群的众多乡贤那般，为潮汕文化的传承、传播贡献自己的力量。

回馈故乡，对于郭小东而言，再合适不过的，就是用笔为家乡立言。

其实早在13岁那年，郭小东在处女作《达濠岛》里就写过潮汕风土人情。《达濠岛》描述的是他从小跟随父母客居的一个位于汕头市管辖范围内的小海岛，小说里透露出浓厚的书写故土的情怀。而现在，不过是他曾经沉睡了的记忆和情感被唤醒了而已。

为了进一步加深对潮汕生活、文化和潮汕文学的认识，重新打捞起脑海深处的乡村记忆，20世纪80年代，郭小东曾跟随中国当代散文家秦牧先生等十多人组成的调研组到汕头交流学习，并受聘成为汕头文学创作顾问，与陈焕展、黄廷杰等汕头本地作家进行过密切接触和交流。

机会往往眷顾有准备的人。

2014年初，广东省委宣传部召开2014年广东省重大题材创作咨询会，召集了12位作家、评论家参与会议。郭小东就是其中一员。同为潮汕人的顾作义副部长在会议上提出了侨批这个题材，希望交由郭小东主笔。郭小东欣然受命。从那时候起，他开始系统地收集整理海内外与侨批有关的资料。

潮汕地区自古属于省尾国角，人多地少。从清代开始，大批潮汕人坐红头船漂洋过海，去往东南亚寻找发展机会。民国初年到1949年新中国成立期间，为了躲避战火，潮汕人再次下南洋。东南亚的潮汕人通过侨批与国内亲人联络，侨批是“银信合一”的载体。华侨在海外将书信及钱财托付给当地钱庄，当地钱庄再通过特殊渠道转给国内对应的钱庄……侨批上印刻着极其丰富的潮汕文化、风俗以及与海外潮人的沟通细节。以侨批为抓手，解剖潮汕文化成了郭小东的创作思路。

虽然潮汕精英在世界范围内声名显赫，但潮汕地区近年来也出现了不少损害地区及族群形象的事件。身为作家，郭小东既没有无视这些负面事件，也没有刻意辩解，而是试图将它们放到一个更大的潮汕历史文化背景中去解读。一个文人以笔发声，用文学来呈现潮汕与潮汕人的文明真相，显然比声嘶力竭地辩白更具力量和影响。于是，他决定以铜钵盂这个小村庄为背景展开创作，并将新作命名为《铜钵盂——侨批局演义》。

铜钵盂是闻名遐迩的“名人古村”，自清末以来才人辈出，素有“小上海”之称。为了更全面认识侨批，郭小东先后五次前往汕头搜集资料，并就创作问题与熟悉侨批的汕头市委宣传部部长周镇松进行深度交流。

侨批史作为潮汕文明史的重要部分，一时间引起了当地的广泛关注。随后，汕头市作家协会议决将这次创作列入汕头重点扶持项目，并给予了郭小东诸多扶持。

2015年6月，郭小东完成了新书《铜钵盂》的创作。这是一部真正意义上的寻根小说，讲述的是潮汕一个小乡村从清末到土改过程中发生的故事，贯穿了侨批文化的发展史和一个家族的变迁史。在某种意义上，他笔下的《铜钵盂》已经不仅仅是一部长篇小说，更是解读潮汕文化的一个新观点。

潮汕是一个保留了很多中华民族优秀传统的族群。尽管保守，但更体现了强烈的文化自信和文化保护的自觉。让郭小东印象最深的是潮汕的英歌舞。英歌舞本发源于山东的梁山地区，却在传入潮汕后，被原汁原味地保留了下来。

还有许许多多难以细述的优秀品质和人文精神，都孕育在潮汕这片广袤的土地上。《铜钵盂》中所散发出来的人文气息就是潮汕精神的反映，侨批的历史就是潮汕人的历史，是潮汕精神中傲立于人世间的文明标杆。在郭小东看来，《铜钵盂》仅仅是一个开始。

风起潮涌，搭载IP概念再创文化新景

近几年，因为IP概念大热，掀起一股“影视改编潮”，小说开发成影视作品逐渐成为行业趋势。郭小东一下子就认准了《铜钵盂》发展的新方向——改编影视剧。在确定了方向之后，他便积极地寻找专业人士进行沟通，以获取多方意见。

《铜钵盂》的文化影响力正在这里扩散。2016年3月，在北京举行了《铜钵盂》长篇小说改编电视连续剧的初评会议。此后，有多家影视机构如拉近网娱、南方领航、珠江电影制片公司都在接洽电影和电视剧的制作工作，铜钵盂影视文化公司也因此成立。潮汕铜钵盂电影城、文化创意IP以及影视教育培训、“铜钵盂”商标也已注册。

《铜钵盂》已逾越了一部小说的范畴，正推动着潮汕文明的传播。

“文化越来越立体、丰富”，郭小东为家乡撰写《铜钵盂》，表达游子对家乡的敬意之时，却有意无意拉开了一场盛大的文化产业序幕。这出乎郭小东所料，却给他带来更多惊喜。

提及未来计划，郭小东表示，他将继续创作《铜钵盂》三部曲作品中剩下的两部《光德里》《仁记巷》。仁记巷、光德里分别是其父母郭氏、马氏两大家族的聚居地，与郭小东有着千丝万缕的关系。待《光德里》《仁记巷》两部作品面世后，又将会引发哪些全新的文化景象，值得每一个潮汕子弟期待。

职衔与荣誉

郭小东，广东汕头潮阳铜钵盂人，中国作家协会会员。国务院政府特殊津贴专家、一级作家、文科二级教授。现任广东技术师范学院学术委员会委员副主任、文学院教授、广东省作家协会副主席、中国当代少数民族文学研究会副会长兼秘书长、广东现代作家研究会会长、广州国际中华文化学术交流协会理事长，第八届广东省政协委员。

1985年被评为“广东高教战线先进工作者”。

1988年首届“广州市十大杰出青年”获江南文学奖。

1990年获首届全国当代少数民族文学研究评论奖。

1992年获国务院表彰突出贡献专家奖。

被授予“广东省优秀中青年专家”称号。

1994年被授予“广东省优秀中青年社会科学家”称号。

1995年获庄重文文学奖。

1996年获广东省宣传文化精品奖。

199620032009年获全国当代少数民族文学研究园丁奖。

1992200620092013年获广东省鲁迅文学奖。

198819962010年获中国当代文学研究奖。

2004年获广东省2003年度优秀理论成果奖。

获第四届中国文联文艺评论奖。

2007年广东省第六届精神文明建设。

“五个一工程”优秀作品奖。

2009年获广东省中国文学学会优秀学术一等奖。

2011年获广东省哲学社会科学优秀成果奖。

2014年获中国当代少数民族文学研究突出贡献奖。

郭小东主要著作

著有长篇小说、中篇小说、散文及专著等作品50多部，累计逾1000多万字。

长篇小说《当太阳成为河流》《红庐》《1966的獒》《风的青年时代》《非常迷离》《非常迷惑》《罪恶》，“中国知青部落”三部曲《1979·知青大逃亡》《青年流放者》《暗夜舞蹈》，《中国纪事》《七月肖邦》《突破北纬十七度》《官位》《关系》《红色娘子军》；

中篇小说集《雨天的曼陀罗》；

散文集《走失的小酒馆》《南方的忧郁》《知青人信札》；

专著《中国知青文学史稿》《现代主义视野下的知青文学》《失落的文明：史图博〈海南岛民族志〉研究》《中国叙事中国知青文学》《中国当代知青文学》《想象中的时间》《逐出伊甸园的夏娃》《文学的锣鼓》《转型期文学风度》《诸神的合唱》《黎族民间文学概说》《老三届——与共和国同行》。

对话

文学的使命不止于记录

谈新作《铜钵盂——侨批局演义》

时代潮人：《铜钵盂——侨批局演义》这本书是省委宣传部2014年广东省重大创作选题，也是汕头市2013—2014年度文艺创作基金的重点扶持项目，政府为何如此重视？

郭小东：2014年初，省委宣传部召集了12位作家、评论家，召开了2014年广东省重大题材创作咨询会。会上顾作义副部长列出了十几个候选题目，他特别说到侨批。他刚刚参观了侨批博物馆（汕头），充分肯定它的文化价值。侨批历史久远，却少为人知。与会的专家们对侨批也很陌生，对此也就没有展开太多的议论，但我内心的想法，与顾部长不谋而合。是年五月我去了潮汕，在汕头市委宣传部，见到了周镇松部长，他对侨批非常熟悉。周部长认为侨批是潮汕重大的历史物件，是潮汕文明史不可忽略的重要部分，同时更是潮汕文学的重要题材。因此他建议将之列入汕头重点扶持项目，并在生产和创作上都给了我很大的支持。

时代潮人：书中没有按照过去传统的历史小说或者革命历史小说的创作模式，但仍旧涉及相当繁多历史和人物，您在搜集和整理资料的过程中有什么难忘的经历吗？

郭小东：当然是有的。侨批在20世纪30年代抗战时期，是最凋敝也是最鼎盛的。凋敝是因为日本人的封锁，繁盛则是由于他们的封锁而导致的国内民生、民业资源极度匮乏，因此需要侨批用各种各样的手段从国外输入资本和物料到国内。在这之中有很多感人至深的故事，我的书中有写到一个当了30年水客和批脚的人物马伯良，到了老年仍旧珍藏着在战争动乱年代留下来的错批、死批，与它们相依为命，终其一生为这些错批、死批奔走努力。但因为一直没有找到送批的地方，他到死都良心不安，耿耿于怀。

时代潮人： 听说《铜钵盂》要改编成电影和电视剧，现在进展如何，能跟我们分享一下吗？

郭小东： 电影和电视剧的拍摄都还在筹备当中，现在在寻找编剧、演员以及拍摄场地等等。其中电视剧是由北京的拉近网娱负责拍摄筹划的。电影则是由珠江制片厂负责，拍摄成上、中、下三部曲的形式。除此之外，还准备拍摄一系列有关于潮汕文化的纪录片，每一部大概时长20分钟，分人情风俗、文化遗产等几个专题进行拍摄。

广东文学的兴旺需要聚集全国的力量

时代潮人： 谈起潮汕文化，自然会想到潮汕文学。曾有作家批评“共和国后的潮汕文学似乎远不如民国时期的潮汕文学”，您如何评价这种判断？

郭小东： 我不认同，因为这不是文学本身的问题。在我看来，现代的文学比当代的文学更丰富一些。文学是语言的艺术。潮汕母语与普通

郭小东奖学金颁奖仪式

话有很大差距，基本不互通。母语思维与普通话写作，隐含的冲突从大的方面说，有南北方文学的差异；从小的方面说，是官方话语与民间话语在语文生态上的冲突，潮汕话是以古代汉语为基础的，而普通话是以现代汉语为基础的。潮汕话的历史更为悠久，自成一体，两者难以交流。这种母语的思维直接地影响到了文学创作的交流和传递，这种冲突似无法调和。我们现在的文学评论，或说文学史建构，基本上是以北方文学评价为基准的。因此不可否认，不管是潮汕文学，还是扩大来说南方文学，一直以来都处于被动的地位。

时代潮人：您如何看待当下潮汕文学的发展状况？

郭小东：这些年来，潮汕文学已经在渐渐苏醒，很多作者在大体上也开始能够体会到我们的文学创作、文学思维和生活观念之间的密切联系。过去很少有这种互动和启发，现在在互联网等媒介的作用下，世界紧密地联系在一起，人们文学思维及创作观念的转变指日可待。但当下的潮汕文学存在的一个弊端是，向北方文学全面看齐，丧失本土和个性，看不起潮汕本土的人文，漠视潮汕丰饶的人文成果，在学不好且学得生硬的普通话里，勉为其难地构造夹生的艺术思维，在完全没有北方文化与文学熏陶的前提下，靠着大一统的教科书知识，逆着母语的流畅，而去制造流行的陌生。不过，怪不得作家们，这是逃无可逃的意识形态状况所由。

南方与北方不同，北方的语言较为单一，尽管有方言，但也与普通话十分接近。文学就是一种语言的艺术，语言上已经“逊”了一筹，文学成果自然就不是跟别人在同一个平台上评估了。再者，潮汕人尤为怀恋故土、恪守传统。他们的思维习惯和生活方式，不会随着生活地域的改变而轻易更改。这也是影响文学走向更开阔的地方，让潮汕文学为更多的人所理解和认同的重要因素。现如今随着下一代基础教育的统一、普语教育的普及，年轻一代的普通话讲得比潮汕话更好些，这又带来了乡土意识的流失和消淡的问题。潮汕文学或者说南方文学，仍旧面临很多的困境。

时代潮人：您一直很关注广东文学的发展，自改革开放以来，广东文学在国内地位层次也在不断变化。在您看来，广东文学该如何发展？

郭小东：广东文学一直处于讨论中，从省里的领导到基层的文化活动组织者，对广东文学的兴旺发达都抱有很多期待，然而在讨论过程中并没有很突出的、让人觉得满意的结果出现。这其中有一个很重要的原因是，广东向来是各种革命的发源地，从近代到现在一直占据着至关重要的地位。在过去，不管是广东人还是来广东生活的人，都提出过许多有现代意义的主张和口号。但是由于地域条件的限制，广东在我国的影响力和辐射力仍不够强大，特别是文化影响力，因此需要聚集全国的力量，获得更多人的支持和拥护，方可承载和发扬。不管是广东文学、广东音乐还是岭南画派，都需要大时代、大舞台，来成就大文豪、大画家。

写作闲余的生活与远方

时代潮人：接下来您在文学创作上有什么计划？

郭小东：我是一个没有太大志向的人，走一步算一步，比较散淡。可能很多读者就是喜欢我的这种随性，觉得很符合他们的欣赏习惯吧。我写了《铜钵盂》这本书之后，在潮汕地区引起了较大的反响，因为潮汕人的认同，让我真正地理解和进入了潮汕文化之中，以至于我现在看到潮汕生态中的任何事物，都觉得它背后的文化底蕴十分殷实深厚，对潮汕文化产生了极高的敬意。所以我接下来准备写两部作品《光德里》《仁记巷》。光德里、仁记巷这两个地方分别是我的母亲马氏和父亲郭氏家族聚居的地方。经过这段时间的积累，很多一度被尘封的生活体验被瞬间打开了，有种不写不快的感觉。《仁记巷》在今年底就能完成，而《光德里》也争取在明年底和大家见面。

时代潮人：您是怎么平衡学校的工作与文学创作两者关系的？

郭小东：我从2008年开始就不再做本科教学了，只负责研究生的培养工作。我的教学与创作，包括文学研究，是同构的，这是我多年以来的工作与生活。生活就是工作。我虽然很少在教学过程谈到自己的创作，但我的教学工作，从内容到形式，全是我研究与创作心得体会。我讲中国现当代文学史，讲中国知青文学史，讲现代小说理论，我的创作包含我的教学与学术研究实践。教学是一个双向研究的过程，创作与评论也是一个双向逆正的运动。我努力让研究生明白这个道理，进入这个流程。

时代潮人：听说在忙碌的创作和教学工作之余，您还喜欢玩收藏？

郭小东：喜欢上收藏，是这十几年的事。忽然就钟情于旧时事物，只要见得雅致、稀奇罕见，便买，居然成了习惯。先是和收旧物的交了朋友，去玻璃厂，去长寿路，去西南西北偏冷之地，逛天光墟。你只有进入一个古旧的时间，一条永不重返的街巷，你才会尝到古旧于现代的意义。多年以前，我曾在湘粤赣交界的山里乡村，从垃圾堆里淘出几十幅明清的家族官画，有一幅竟是画有20多位女官的大画，明末清初的画风，至尊至贵，精美非常。

时代潮人：众所周知，潮汕人很重教。您在儿女成长教育的过程中对他们有什么要求吗？

郭小东：我这个家族追溯起来有五代人都是从事教育工作、当过老师的，我的叔公郭任远、郭承恩分别曾是浙江大学和上海圣约翰大学的校长，曾祖父郭信臣尽管主要从商，但也捐资办过学。20世纪30年代曾给浙江大学捐了30万银元，也扶持资助刘海粟等人的上海美专。我认为在当下，家庭教育很重要，比社会教育承担着更重大的责任。西方的教育除了家庭，更重要的是教会，孩子从小有一个教父。但中国少有教堂，在中国，孩子的教父就是孩子的父母，家庭就是教堂。中国家庭教育在某种程度上，比外国的家庭教育和社会教育加起来还要重要得多。所以有优良的家庭教育的孩子，在社会上理应自立和优秀，最起码知道礼义廉耻，我认为潮汕人在这方面特别突出，潮汕人的家庭教育是非常出色的。我对子女没有特别的要求，放任飞翔，如我的童年一般，没有任何拘束，我只负责为他们创造他们喜欢的条件。他们各有自己的人生，我在他们身上看到了我们这一代人无法达至的人境。他们一出生，就有忠于自己选择的权利，而我们没有。

后记

林惠俗

2010年广东省潮人海外联谊会第六届常务理事会履新时，会刊《广东潮讯》还只是一本反映会务动态的刊物。当时我就想，潮汕文化历史悠久、灿烂多彩，遍布海内外的潮汕人，更是英才辈出、各领风骚。作为潮联会的会刊，应该在弘扬潮汕文化、彰显潮人精神方面做得更好、更深一些。

于是，我们广泛征求意见，集思广益，2012年，终于有了更名为《时代潮人》的新会刊。刊物栏目、版块也随之全面更新、调整，其中最为重要的决定就是设置人物版块，每期推出一位封面人物并作深度采访报道。《时代潮人》的封面人物定义很明确：潮汕人，勇立时代潮头、引领时代潮流的杰出潮汕人。为保障权威性和公信力，我们专门成立了编委会，由蔡东士会长亲自担任编委会主任，许德立、黄伟鸿、李统书等常务副会长任编委会副主任，秘书处和杂志社有关人士任编委；每年四期四位封面人物人选，由编委会集体讨论研究后确定。

几年下来，《时代潮人》杂志已先后报道了近20位各行各业的潮籍精英。杂志在全世界30多个国家和地区发行，每期封面人物都在四海潮人中广为传扬，他们的人格魅力、人生感悟、卓越成就，感动了许多人，激励了许多人。我自己每期必读，有时是读了一遍又一遍，心中敬佩不已，并渐渐地有了一个愿望：把分散在每期杂志的封面人物结集出版，以群体形式集中呈现潮籍精英为国家、为社会、为潮汕族群所做的突出贡献，用榜样的力量传承优秀的潮汕文化，引领、激励更多的潮人见贤思齐、砥砺奋进。如今，愿望得以实现，《时代潮人》人物丛书正式出版。由衷感谢本会荣誉会长、原广东省委吴南生书记为本书题写书名，感谢本会会长、广东省委原副书记蔡东士和常务副会长、广东省人民政府原副省长许德立分别为本书写序，感谢为本书顺利出版作出努力的所有同仁。

因本书是将《时代潮人》杂志报道的封面人物结集出版，书中人物前后顺序按照杂志出版顺序编排，个别图片有所增减。今年第四期将要刊登的封面人物也编入其中，在此一并说明。

（林惠俗系广东省人大原秘书长、广东省潮人海外联谊会常务副会长兼秘书长）